智慧应急发展及基础理论

邹逸江　著

天津大学出版社
TIANJIN UNIVERSITY PRESS

图书在版编目（CIP）数据

智慧应急发展及基础理论 / 邹逸江著. -- 天津 : 天津大学出版社, 2024. 6. -- ISBN 978-7-5618-7743-2

Ⅰ. C934-39

中国国家版本馆CIP数据核字第2024TS6229号

出版发行 天津大学出版社
地　　址 天津市卫津路92号天津大学内（邮编：300072）
电　　话 发行部：022-27403647
网　　址 www.tjupress.com.cn
印　　刷 北京虎彩文化传播有限公司
经　　销 全国各地新华书店
开　　本 787 mm×1 092 mm　1/16
印　　张 13.25
字　　数 331千
版　　次 2024年6月第1版
印　　次 2024年6月第1次
定　　价 58.00元

前　言

智慧应急是在我国开启全面建设社会主义现代化国家新征程的历史背景下，依靠科技创新推进应急管理能力现代化的重大战略举措，是应急管理信息化的升级版，是助力安全发展的重要技术保障，是实现应急管理能力现代化的关键举措，是破解当前应急管理工作难题的有效手段。

但是，长期以来，智慧应急建设因受应急管理体制机制的制约，以及应急管理理念和技术水平的限制，从未对智慧应急基础理论进行系统的抽象、凝练和研究，至今没有建立起一套完善的智慧应急基础理论。由于缺乏智慧应急基础理论的指导，智慧应急建设始终在一个较低的水平上徘徊，得不到有效提升；智慧应急建设实施标准化程度太低，存在重复建设、自行其是、各自为政、不能相互共享等问题；所建设的智慧应急平台的能力得不到有效的发挥，运行不正常等问题时有发生。这些都大大影响了智慧应急的建设和实施，深刻影响了政府应急管理工作效能提升。因此，建立智慧应急基础理论十分必要和迫切。

基于当前智慧应急国内外发展现状以及展望，本书尝试从新的理论、技术、实用性、可操作性的视角解决上述问题，试图研究出理念超前、理论扎实、技术先进、路线明确、框架合理、功能全面、接口统一、操作有效、标准规范、运维适度的智慧应急基础理论，丰富和发展应急管理理论体系，为智慧应急建设提供有利的指导和支持。

本书共分 13 章，包括：第 1 章 概述；第 2 章 智慧应急发展现状综述；第 3 章 智慧应急发展趋势展望；第 4 章 智慧应急基础理论总体架构；第 5 章 应急管理体系内容描述；第 6 章 应急学科体系内容描述；第 7 章 应急预案体系内容描述；第 8 章 智慧应急过程全生命周期支撑内容描述；第 9 章 智慧应急技术研究范式支撑内容描述；第 10 章 智慧应急内容复杂巨系统支撑内容描述；第 11 章 智慧应急组成系统工程支撑内容描述；第 12 章 智慧应急笛卡尔三维坐标系内容描述；第 13 章 智慧应急平台通用框架内容描述。

本书是作者在主持国家重大科技支撑计划项目子课题“城市脆弱性分析与综合风险评估技术与系统——宁波应用示范”（2011BAK07B02-05）、浙江省公益项目“城市重大突发公共事件应急救援系统效能理论框架与评价模型研究”（LGF19D010001）、浙江省社科联新型智库研究选题项目“浙江省综合应急救援能力提升路径及内容研究”、浙江省高校重大人文社科攻关计划项目“浙江省综合应急救援能力提升路径理论架构及内容研究”（2021GH014）），以及出版专著《综合应急救援能力提升理论架构描述及技术实现途径》（浙江大学出版社，2022 年）、《智慧应急原理与方法》（浙江大学出版社，2023 年）等研究成果的基础上，经研究、抽象、提炼、实践等著述而成的。

本书适合从事应急管理工作的各级政府领导、机关干部，以及在企事业单位、社区、农村等从事应急管理工作的人员使用；可作为设置应急管理学科、公共管理学科的大专院校的教材，适合应急管理专业的 2 至 4 年级本科学生使用，也可供应急管理专业的硕士和博士研究生使用；还可供从事智慧城市研究、设计与建设工作的管理部门、教学科研单位、企事业单位使用。在撰写本书的过程中，作者得到了宁波市应急管理局、宁波大学土木工程与地理环境学院及地理与空间信息技术系众多领导、老师和同学们的大力支持，在此一一表示感谢！

由于智慧应急发展及基础理论研究内容庞杂，研究难度艰深，涉及领域众多，覆盖范围广泛，牵涉大量现代信息技术及相关专业，再加之时间仓促，错误和不妥之处在所难免，恳请广大读者批评指正！

邹逸江
2024 年 3 月于宁波大学

目　　录

第1章　概述

智慧应急的内涵包括5个方面。一是智能的风险感知。包括对应急管理要素的感知、对经济社会影响的感知、对用户需求的感知、对应急工作运行状态的感知等,这些感知是智能化的。二是精准的预测。包括各类危机要素的预测、灾害的预测、社会经济级联影响的预测3个层次。精准包括精细化和准确率,精细化包括时空分辨率、预报预测的更新频次,指在信息技术的支撑下,实现更加精准的预测。三是普惠的服务。是指能敏捷响应社会需求,并将智慧应急的元素融入各行各业和人们的衣食住行之中,让人人都能享受到个性化、专业化的高端应急服务,并在生产生活的决策中获得巨大的经济、社会价值和最佳体验。四是科学的管理。是指能智能分析各种业务、服务、管理数据,为应急管理内部事务、社会事务、行政审批、事中事后监管等精准管理提供辅助决策支撑,提高管理效能。五是持续的创新。是指应急管理部门内外的个人、组织能依托应急管理信息化体系进行科技和业务创新应用,开放的应急管理数据信息资源为万众创新提供支撑,使得应急管理事业能获得源源不断的发展动力。

由此可知,智慧应急的本质是利用新一代信息技术来实现应急管理工作的数字化、信息化、智慧化转型,其核心是要构筑集应急智慧连接、应急智慧交互、应急智慧中枢、应急智慧应用于一体的多功能应急生态体系;打造具备日常智慧应急管理、智慧应急感知、智慧应急预警、智慧应急决策、智慧应急应用等全方位服务能力的智慧应急平台。支撑智慧应急宏观决策、预警分析和各类智能应用,从而将当前应急管理中的经验决策模式升级为数据驱动的智慧应急指挥决策模式,使得应急监督管理更精准、应急指挥更智能、应急公共服务更便捷。但是,长期以来,没有系统地进行智慧应急理论方面的研究,尤其是未对智慧应急基础理论进行系统的抽象、凝练,以致至今没有建立起智慧应急基础理论,原因可能主要有以下几点:

●跨学科性。智慧应急具有很强的跨学科性和综合性,以及与哲学、经济学、法学、教育学、文学、历史学、理学、工学、农学、医学、军事学、管理学等学科交叉融合的特性,是一门新兴的多学科交叉渗透的学科。这种跨学科特性增加了研究的复杂性和难度,可能导致研究难以全面理解和掌握相关理论,从而影响理论研究的深度和广度。

●技术更新迅速。随着现代信息技术的快速发展,智慧应急的相关技术也在不断更新和演进。这种快速的信息技术更新可能导致研究难以跟上步伐,对新兴信息技术的理解和应用不足,从而影响智慧应急基础理论的发展。

●实践经验的缺乏。智慧应急是一个相对较新的领域,实践经验相对较少。缺乏足够的案例和数据支持可能限制了其基础理论研究的深度和广度,使得理论研究成果难以得到有效验证和应用。

●研究投入不足。智慧应急作为一个新兴领域,需要投入大量的研究资金和人力。研究资金、人力资源等方面的投入不足,可能限制了智慧应急基础理论研究的深入和发展。

●实践需求多样化。智慧应急中的需求多样化,不同地区、不同部门和不同类型的突发事件可能需要不同的智慧化应急解决方案。这种多样化的需求可能使得其基础理论研究难以满足所有实践需求，从而影响其应用和推广。

●相关理论体系不完善。智慧应急作为一个新兴领域，其相关理论体系非常不完善，缺乏统一的理论框架和研究方法。这可能导致在开展智慧应急基础理论研究时缺乏指导和参考，从而影响研究的深度和广度。

由于缺乏智慧应急基础理论的指导，在智慧应急建设过程中，会存在一系列困难，尤其是存在如下问题。

●技术应用存在局限性。由于智慧应急基础理论研究不足，可能导致对新兴信息技术的理解和应用存在局限性。现代信息技术在应急管理中的作用可能无法得到充分发挥，从而影响智慧应急建设的整体效果。

●政策与标准的制定困难。基础理论研究的不足可能导致政府在制定智慧应急相关政策和标准时缺乏科学依据，难以保证政策的合理性和有效性。同时，缺乏统一的标准也可能导致各地智慧应急建设存在差异性，重复建设、自行其是、各自为政、不能相互共享等问题经常出现，从而影响了应急管理的协同性和效率。

●应急决策的科学性受限。基础理论研究的不足可能使应急决策过程缺乏科学依据，导致决策结果偏离实际需求。在紧急情况下，这可能会影响智慧应急响应的及时性和有效性，增加灾害损失。

●导致智慧应急平台建设的目标不清晰。在平台应该具备哪些功能、解决哪些问题、如何与现有系统整合等方面可能缺乏明确的指导方向。

●智慧应急建设始终在一个较低的水平上徘徊，缺乏顶层设计的支撑。

●智慧应急建设功能得不到全面的展现，应急管理能力缺乏有效发挥和提升。

●智慧应急建设缺乏长远的规划和考虑，导致平台无法持续发展和升级。

●智慧应急建设效能太低，运行不正常等问题时有发生。

上述这问题大大影响了智慧应急的建设和实施，深刻影响了政府应急管理工作效能提升，致使人民生命与财产、生命线系统、经济发展、生态环境等遭受严重损失。因此，创新建立智慧应急基础理论十分必要和迫切。

基于当前智慧应急建设的国内外现状综述以及展望，本书尝试从智慧应急最新的发展理念、发展战略、发展视角、发展机制、发展模式、发展模型、发展科技、发展趋势等出发，试图研究出理念超前、理论扎实、技术先进、路线明确、框架合理、功能全面、接口统一、操作有效、标准规范、运维适度的智慧应急基础理论，从而丰富和发展我国的智慧应急理论体系，使智慧应急建设具备强有力的理论指导。

第 2 章　智慧应急发展现状综述

2.1　国外发展现状

2.1.1　联合国

1)GIS(地理信息系统)技术应用

联合国在应急工作中广泛利用 GIS 技术开展资源协调和救援指挥工作:在应急响应阶段,联合国成立了一个人道主义信息中心(HIC),发布了与灾情相关的地理信息数据,为相关机构开展人道主义救援和进行灾情评估提供了可靠的帮助,同时还提供了救援力量的位置信息;在应急援助阶段, HIC 工作团队准确绘制出灾害地图,并在有需要的地方成立了医院和移动医疗诊所;在灾后重建阶段, GIS 在空间规划、测绘、社区规划、工程设计、建设和建造等方面发挥了重要作用,有效避免了重复建设。

2)全球预警系统

联合国运用先进的科技手段支持灾害预警系统的开发,目前正在建设处理各种灾害、覆盖所有国家(地区)的全球预警系统:一是粮食计划署开发并管理的人道主义预警服务,也是有关自然灾害的全球预警信息平台;二是全球灾害和警报协调系统,该系统以虚拟协调中心为平台对灾害警报更快地作出反应;三是区域海啸预警系统,目前已经建成的有太平洋、印度洋、大西洋、加勒比海地区等区域的海啸预警系统;四是全球火灾预警系统、中美洲山洪暴发指导系统和终端对终端预警系统等。

3)多维减灾平台

灾害风险管理的重点是风险管控,联合国减灾署(UNDRR)建有覆盖全球、区域和国家层面的多维减灾平台。一是全球多维减灾平台,这是一个实现信息交流和跨部门建立伙伴关系的论坛,其目标是通过联合国组织、政府、非政府组织、科学家、实践者的经验分享,增进利益攸关者之间的沟通和协调,促进灾害风险管理工作的实施。二是区域多维减灾平台,这是一个促进多方利益攸者关者合作的论坛,目标是使各国政府在与国际接轨的同时,致力于灾害风险管理行动的协调和执行。三是国家多维减灾平台,这是国家级减少灾害风险平台,目标是强化减少灾害风险工作,以减少应急所需要的成本。

4)灾害管理和应急反应天基信息平台(SPIDER)

SPIDER 支持将空间信息用于灾害管理,向所有国家、相关国际和区域组织全面提供与灾害管理有关的所有类型天基信息和服务,以支持整个灾害管理周期的工作,有效地为灾害管理和应急响应提供协调方案和方法。SPIDER 主要包括信息功能、协调功能和业务功能 3 个方面。其中,信息功能包括:一是涵盖与空间技术和灾害管理界相关的所有活动和计划的网络信息服务,包括目前正在进行中和计划中的相关国家、区域和国际性计划;二是相关的利用天基技术方案进行灾害管理和应急响应的案例研究和最佳实践途径；三是可以使用灾害研究和应急响应的存档数据；四是可以提供参加相关延伸活动和能力建设的信息；五是为实施灾害管理和应急响应活动从各成员国（地区）或数据库中获取相关信息和数据；六是提高公众对于利用空间技术进行减灾的意识；七是宣传与 SPIDER 项目相关的活动。

2.1.2 美国

1）美国联邦应急管理局（FEMA）网站

FEMA 网站内容涉及危机前、危机中、危机后的方方面面，公众能通过网站准确了解各种灾害的特点，以便在发生危机时不致手忙脚乱，实施有效的自救。公众也可以通过在网站上申请而获得有效的帮助，还可以及时了解各种危机发生情况和当前处理情况，以及应对各种危机的有效简易的措施，使危机带来的损失减到最低。网站还建立了与其他网站的连接，有利于各网站间信息资源的整合和共享及各部门之间的协调。

2）应急通信

●政府应急电信服务（GETS）。GETS 是由美国国家通信系统管理办公室（OMNCS）管理的通信服务，提供语音、传真和低速数据服务，是为了在突发事件、危急灾害或核攻击等发生时，保障国家安全应急通信的畅通。GETS 通过现有的 PSTN（公共交换电话网络）通路通信，提供可选路由、优先级服务和其他增强服务等，实现普通 PSTN 呼叫不能提供的服务，即使在通信拥塞和遭到破坏的条件下也能基本保证实现呼叫。

●无线优先业务（WPS）。"9·11"事件发生后，美国对基本无线业务进行改进，使得 NS/EP 用户的无线呼叫排到优先服务的队列，以完成呼叫，这就是无线优先业务。与 GETS 一起，WPS 在紧急情况下，可以大幅度提高"端到端"的呼叫完成率。

●无线 VoIP（基于 IP 的语音传输）技术。无线 VoIP 是在救助中心、避难所等地最实用的语音通信工具。

●卫星通信。利用卫星通信不受地面灾害影响的特点，大力推进卫星电话的应用，作为最后的通信手段为灾难应对提供可靠的保障。

●免费热线电话、救助网站。在第一时间开通红十字会的 800 号长途免费电话，方便社会各界捐赠；开通灾难管理和救助的专门网站，动态地向社会公众发布有关灾难的各种信息，同时通过这一网站更好地调集和整合各种应急资源。

3）预防预警体系

主要由综合公共警报与预警系统、国家预警系统、应急警报系统、全国公共卫生信息联络系统以及国家海洋和大气管理局（NOAA）气象无线电系统等组成。预防预警信息则由承担公共安全责任的政府部门与非政府组织对外发布，发布机制以属地为主，并通过软件实现政府组织之间信息的开放共享。同时，社交媒体也是美国政府进行应急管理、传播政府决策的重要平台。官方信息经由媒体或新闻发言人制度统一集中发布并及时更新，成为公众获取正确信息的权威渠道。

4）公众应急信息发布系统

目前美国的公众应急信息发布系统构成主要包括应急报警系统（EAS）、国家海洋和大气管理局的气象无线电系统（NWR）、国家预警系统（NAWAS）、联邦应急管理信息系统

（FEMIS）等，而且具体发布系统对应的发布对象、灾害类型、信号类型、接收设备等都不一样。目前美国正在加强各个发布系统之间的整合，构建全灾害警报网络。目前美国应用比较广泛的 EAS（应急报警系统）、NWR（NOAA 气象无线电系统）介绍如下。

● EAS。美国主要的警报系统——应急报警系统（EAS）建立于 1994 年 11 月，是美国政府建立的利用广播电视传输覆盖手段向全美公众提供应急信息服务的一套系统，它的设计初衷是保证国家处于紧急状态时，美国总统能够在第一时间向全国公众传送灾害信息和发布紧急行动通告。美国国家 EAS 在联邦、州和地方 3 个层面建设，分别由 FEMA 指定的无线电广播接入台站组成。2006 年 FEMA 在历次 EAS 系统应用测试与实践的基础上，构建了综合公众报警与警告系统（IPAWS），IPAWS 被 FEMA 称为"系统的系统"，目的是整合现有的各类警报系统。

● NWR。作为美国应用广泛的公共警报系统之一，NWR 采用了与 EAS 相兼容的数字化信号技术和信号格式，以便实现与应急警报系统的全面互联互通。为提高 NWR 的利用效率，NOAA 一方面不断改进并升级 NWR 的技术，另一方面积极协调公共安全部门在向 EAS 广播机构发出紧急气象信息的同时，也能把非气象紧急事项通知他们，使这些警报信息也能在 NWR 中播报。2004 年 6 月，允许公共安全部门直接通过 NOAA 气象电台发送紧急全灾难报警的协议，从而实现了由 NWR 与 EAS 共同构成美国全灾难报警网络。

5）危机响应计划系统

该系统是一个多层次、跨部门、跨领域的综合性系统，旨在有效应对各种危机事件，保障国家安全、社会稳定和民众福祉。该系统的建立基于对美国面临的危机事件的深刻认识和全面分析，涵盖了自然灾害、恐怖袭击、公共卫生事件等多个领域。该系统的核心是一个全面而灵活的计划体系，包括一系列具体的危机应对计划和策略，这些计划和策略针对不同的危机类型和级别，制定了详细的应对措施和行动指南。同时，系统还强调跨部门、跨领域的协作与配合，确保在危机发生时，各相关部门和机构能够迅速响应、协同作战，形成合力应对。此外，美国危机响应计划系统还注重预防与减轻危机影响。通过加强风险评估、预警监测和应急演练等措施，提高社会对危机的防范意识和应对能力。同时，系统还关注危机后的恢复与重建工作，帮助受灾地区尽快恢复正常生产生活秩序。

6）联邦应急管理信息系统（FEMIS）

联邦应急管理信息系统（FEMIS）为紧急事件应急人员提供了计划、协调、应急反应和训练支持，它是一个基于应急计划开发的整合突发事件全部阶段的自动化的决策支持系统，其独特之处在于计划中的应急行动可能在实际的应急响应中得到重现和执行，使应急人员能够预期并有计划地应对各种事件情况。该系统整合和利用了外部实时数据资源，将其以一定方式展现给应急人员，提供了包括灾害追踪、时间动态信息、危害模型、任务表、状态报告、疏散模型、联系表在内的全部信息，为事件应急提供决策支持。

7）应急信息平台体系

●联邦层面应急信息平台。主要负责国内突发事件协调、处理和形势通告等工作，主要依靠综合集成的高科技应急平台，行使日常综合预测预警、形势通告、紧急处置等职能，保障统一协调、规范管理及信息畅通，实现资源和信息的共享，供相关部门进行综合分析与决策。

●州级应急信息平台。一是为现场协调所需的各种人力和物力，协调相关数据库，实现信息共享等；二是在发生突发事件时，对其发展和趋势作出估计，包括事件持续的时间、受影响的范围、受影响的程度等。

●市级应急信息平台。主要是针对事件下达处置命令，并可直观地显示遥感影像和GIS地图等，同时提供查询、标绘、量算、生成专题图等功能。

●移动应急信息平台。针对联邦、州、市级应急信息平台开发的移动应急平台。

上述所有应急信息平台包括网络通信子平台、地理信息子平台、应急联动子平台、专题应急子平台和决策支持子平台，这五大子平台应该是联动的，而不是孤立的。美国应急信息平台体系的一个重要技术特点是依靠高新技术的综合集成，具备风险分析、监测监控、预测预警、动态决策、综合协调、应急联动与总结评估等功能，以实现公共安全应急的一体化、实时化、精确化与快速反应。

8）国家事故管理系统

美国建立了国家事故管理系统，以便促进全国联邦、州、地方和部落各级政府部门提高事故预防、响应和恢复的工作效率。包括六大部分，如下。

●指挥与管理系统。一是事故指挥系统采取互动的方式，建立起整个事故生命周期中事故管理的组织结构，并对每一机构的职责作出明确的界定；二是多机构协调系统规定了联邦、州、地方、部落和地区各层次的事故支持组织机构，并对如何通过互助协作或其他援助计划开展重大事故应急和互动管理作出了相应的规定；三是公共信息系统主要明确在发生危机或紧急情况下，如何及时、准确地向公众发布信息以及与公众通信的方法、程序和系统。

●预备系统。一是计划。主要包括如何利用人员、设备和其他资源支持事故管理以及应急响应活动。二是培训。包括多机构事故指挥与管理、组织结构设置、行动程序、各机构具体的事故管理职责、技术支持的整合与利用等一系列标准化课程。三是演练。事故管理组织和人员必须参与各种类型的实战演练，以保证在事故发生时能做到从容应对。四是应急管理人员资质与证明。确保应急管理人员能胜任官方规定的美国国家事故管理系统相关工作。五是设备获取与证明。必须保证提供达到一定标准的设备，包括实现与其他辖区的同类设备兼容。六是互助合作。根据事故期间各辖区提供资源、设施、服务和其他支持的重要依据签订互助协议，以在事故发生时提供或获取支持。七是出版物管理。出版物的形式和内容必须符合相应的要求，包括对出版物名称与数量的规定，以及对出版物的宣传、敏感资料的控制和必要时的修订等。

●资源管理系统。包括人力、队伍、设施、设备和供给等各种资源的管理，主要功能包括建立资源说明、清点、申请和跟踪系统，资源管理系统启动、资源发放，资源的解散或取消。

●通信和信息管理系统。规定了标准化通信工作的规范化要求，并对如何管理、共享各级事故管理部门的信息作出了明确的规定：事故管理组织必须确保通信方法、程序和系统有效而且兼容，能适用于各类事故管理活动、各机构和各辖区；采用普遍接受的信息管理结构、管理方法、程序和系统有利于确保信息在应急响应责任机构之间、灾区与支援区之间的高效流通。

●技术支持系统。包括语音与数据通信系统、信息系统和展示系统，以及事故行动与事故管理的特殊专业技术支持。

●持续管理与维护。包括：战略性指导、监督、长期维护和持续改进国家事故管理系统，指导范围包括联邦各部门和各级事故管理单位，应急响应人员或事故管理专业组织公私团体；指导国家建立国家事故管理系统整合中心，管理与协调相关各方参与各项活动；与各方建立广泛联系，从各类实际事故中吸取教训，从国内事故管理培训和演习中学习经验，借鉴各辖区和各专业的良好做法。

9）全国突发事件管理系统（NIMS）

2004 年 3 月 1 日，美国联邦应急管理局（FEMA）发布了第一版《全国突发事件管理系统（NIMS）》，并于 2008 年对其进行了修订，即第二代全国突发事件管理系统。2017 年 10 月发布了第 3 版，反映了自 2008 年以来美国应急管理取得的进展。第 3 版的全国突发事件管理系统仍旧保持了原有的设计理念，依然保留了第 2 版全国突发事件管理系统的主要内容，但更加重视应急管理规则制定与制度安排。特别是，把"统一行动"作为新一代系统的指导原则，这意味着要协调各个组织间的活动以实现共同目标，"统一行动"有助于使具有特定管辖职责的组织在行使权力的同时，相互支持。

美国 NIMS 类似于德国的 deNIS2 系统，但是它更加强调国家主要突发公共事件的标准管理。它保证了各级政府机构在突发公共事件发生时，能够进行有效积极的协调，从而共同准备和应对事件，做到最短时间内最高效率地解决问题，恢复秩序。它充分地发挥了高科技在应急预案以及突发事件营救过程中的应用，将突发事件系统完全地剖解，包括风险分析、预警监测、动态决策、综合协调、应急联动和总结评估。具有极强的策略性与精确性，可以实时地对突发事件的细节变化及发展趋势作出快速反应，代表了当今世界上应急平台技术的最高水平。NIMS 由 6 个部分组成，即突发事件指挥系统、应急准备、资源管理、通信与信息管理、支撑性技术以及本系统在实施过程中的管理与维护。其中，突发事件指挥系统（ICS）是 NIMS 的核心。

10）应急信息查询系统（CATS）

CATS 是一个专门为应急管理和危机响应设计的综合性信息查询平台，旨在提供快速、准确和全面的信息，以支持决策者在面对危机事件时的决策过程。CATS 系统的功能包括但不限于：实时信息更新、跨部门信息共享、信息分析与评估、公众沟通与教育、技术支持与培训。CATS 系统的设计和运行基于现代信息技术，如大数据分析、云计算、人工智能等，以确保信息的准确性、及时性和可用性。通过 CATS 系统，美国政府和相关部门能够更好地应对各种危机事件，减少灾害损失，保障国家安全和社会稳定。

11）NOAA 气象灾害应急警报系统

● NOAA 气象无线电系统。近几年来，NOAA 气象无线电系统已经发展成了面向所有灾害应急的广播服务系统。该系统是 1 个全国范围的无线广播网络，24 h 直接从气象台播发天气警报及其他灾害信息。不仅播发 WFO（美国天气预报办公室）的灾害监测和预警信息，而且播发地震、雪崩等自然灾害，化学品泄漏、石油污染等环境生态灾难，甚至绑架、恐怖事件、海难、重大交通事故等公共安全信息。

● NOAA 天气有线服务系统。主要是为美国州政府、应急管理部门、媒体、企业和商业用户提供实时的气象、水文等灾害的警报以及相关信息，预报预警信息由当地 WFO 进行分发服务。系统的重要任务，就是将气象台的天气紧急警报和警报信息迅速传递出去。

●家庭气象服务系统（FOS）。是专门为私人气象服务公司和个人气象服务需要而设计的服务系统，服务信息涵盖了除多媒体气象产品外的NWS（美国国家天气局）所有产品，包括各种气象电报、数值预报产品、传真图、各种天气灾害预报警报等。

●应急气象服务系统（EMWIN）。实践证明，非常有必要针对灾害应急管理建立一套专业化程度相对较高的应急气象服务系统，EMWIN就是基于这一设想而建设的。系统的使用对象，一般为从事应急管理、处置的单位和个人。分发服务的信息内容非常广泛，不仅有气象灾害预警信息和相关信息，还包括其他紧急事件信息。

12）多灾种损失估算软件（HAZUS）

HAZUS是一个由美国联邦应急管理局（FEMA）开发的国家级多灾种损失估算工具。这个软件主要用于对飓风、洪水、地震等自然灾害可能造成的损失进行预测评估，旨在帮助地方政府、应急管理者、保险业者、科研机构、政策制定者以及公众了解并降低自然灾害的潜在风险。HAZUS工具通过整合地理空间数据和先进的分析技术，能够快速地对不同灾害事件的影响进行评估。它的主要功能包括：灾害情景建模、物理和经济损失估算、社会影响分析、应急规划和资源分配、减灾策略分析、教育和宣传。通过使用HAZUS分析工具，决策者可以在灾害发生前获得有价值的信息，以便制订更合理的应急计划、优化资源分配，并采取必要的措施来减少潜在的损失和人员伤亡。

13）传染病监测网络

美国在传染病预防方面设有传染病监测网络、州和地方公共卫生部门伙伴关系网、全球移动检疫网络，通过对传染病的预报和监测，保证了及时掌握全国各地乃至国际传染病的暴发和蔓延情况。其防灾信息网络非常发达，当灾情发生时，不仅可利用完善的地面固定通信系统，同时也利用覆盖全国的中央防灾无线网、消防防灾无线网等专用无线通信网络，为内阁情报中心收集、发布信息提供了强有力的技术支持。一旦有灾情，可以在5分钟内将传染病监测信息通知有关居民。

14）公共卫生信息网

公共卫生信息网是美国疾病预防控制中心设计、开发和维护的基于互联网的公共卫生信息系统，是在把联邦、州和地方的数据和信息整合到统一标准的基础上建立起来的，可以实现多方面的功能。能够实时捕获和分析疾病数据，实现多个监测信息系统的连接；对传染病（含生物恐怖袭击）的出现进行确定和追踪，监测并评估疾病发展趋势；确定公共卫生突发事件，指导疾病预防、控制和救治；能对公共卫生紧急事件作出及时有效的回应，对有关样品及时准确地检测，并迅速将检测结果共享反馈给相关部门和人员，以便及时采取有效的措施，减少危害。公共卫生信息网通过标准化的信息交换平台，促进了不同卫生机构人员的信息交换和合作。

15）公共卫生信息系统

该系统建立在现代信息技术的基础上，包括云计算、大数据分析、人工智能等。这些技术提升了系统的处理能力、准确性和响应速度。系统是一个综合性的、多层次的系统，旨在收集、分析、解释和传播公共卫生数据和信息，以支持公共卫生决策、实践和研究。该系统涉及多个机构、部门和利益相关者，共同致力于提升美国公共卫生的质量和效率。系统的一些关键功能包括：数据收集与整合、监测与评估、信息共享与沟通、决策支持、技术基础、隐私与安全、国际合作与交流。

16）国家生物监测整合系统（NBIS）

NBIS 是一个综合性的生物安全监测网络，旨在整合和分析来自多个来源的生物安全相关数据，以支持公共卫生和生物安全的决策和应对。NBIS 的主要功能和特点包括以下方面。①数据整合与共享。NBIS 整合来自不同部门、机构和系统的生物安全数据，如实验室检测数据、动物健康数据、人类疾病监测数据等。通过建立一个统一的数据平台，实现数据的共享和互通，为决策者提供全面、准确的信息支持。②实时监测与预警。系统能够实时监测生物安全相关事件，包括疾病暴发、生物恐怖袭击、病原体传播等。通过数据分析和模式识别，系统能够及时发现异常事件并发出预警，以便相关部门及时采取应对措施。③风险评估与管理。NBIS 能够对生物安全事件进行风险评估，分析事件的性质、规模和潜在影响。基于评估结果，系统可以制定相应的风险管理策略，包括预防措施、应急响应计划和资源调配等。④决策支持与协同应对。通过提供实时数据和风险评估结果，NBIS 为决策者提供科学依据，支持他们在生物安全事件中作出快速、准确的决策。同时，系统还促进不同部门之间的协同合作，确保在应对生物安全事件时能够形成合力。⑤技术支撑与创新。NBIS 建立在现代信息技术的基础上，运用大数据分析、人工智能、云计算等先进技术，提升系统的数据处理能力、分析准确性和响应速度。同时，系统还不断进行创新，探索新的监测方法和手段，以适应不断变化的生物安全环境。

17）公众健康紧急事件的检测系统

美国疾病控制中心（CDC）利用自身的监测网并与世界卫生组织（WHO）等国际组织合作，根据严重传染病在世界各地的发展情况，及时向新闻媒体发布预警信息，向公众提出警示性建议。CDC 直接涉及公众健康紧急事件的监测系统有 5 个：城市死亡报告系统、全国电子疾病信息监测系统（NEDSS）、传染病监测系统、性传播传染病监测系统、艾滋病监测系统。通过这些监测系统，CDC 和 HHS 可以及时掌握全国主要传染病的动态数据，及时作出相应决策。CDC 通过与全国其他有关机构和组织监测系统的合作，实际上得到 100 多个公众健康和疾病检测系统的支持，并在现有 NEDSS 系统的基础上，进一步扩充空间、提高速度、改善软件和管理。

18）突发事件应急工作者无线信息系统（FRWIS）

FRWIS 旨在提供实时、准确的信息，以便在突发事件发生时，应急工作者能够迅速、有效地响应。FRWIS 的主要功能和特点包括以下方面。①无线通信。FRWIS 利用先进的无线通信技术，确保应急工作者在现场能够保持与指挥中心和其他应急人员的实时通信。这种通信可以是语音、数据或视频，以便快速共享关键信息。②信息共享。系统通过整合各种来源的信息，包括现场报告、天气数据、地图和交通状况等，为应急工作者提供全面的情况概览。这有助于他们作出更明智的决策，并采取适当的行动。③位置追踪。FRWIS 利用 GPS 或其他定位技术，实时追踪应急工作者的位置。这有助于指挥中心了解现场人员的分布情况，以便进行更有效的资源调配和协调。④紧急警报与通知。系统能够向应急工作者发送紧急警报和通知，以便他们迅速响应突发事件。这些警报可以包括疏散指令、危险区域警告或其他重要信息。

19）紧急灾害志愿医务人员预先登记系统（ESAR-VHP）

ESAR-VHP 是一个旨在在灾害或紧急情况下迅速动员和部署医疗志愿者的系统。该系统允许医务人员在平时预先登记自己的专业技能和可用性，以便在需要时能够快速响应。ESAR-VHP 的主要功能和特点包括以下方面。①预先登记。医务人员可以通过 ESAR-VHP 系统预先登记自己的个人信息、专业技能、可用时间等，以便在灾害发生时能够被迅速识别和联系。②志愿者管理。系统能够管理志愿者的信息，包括他们的资格认证、培训经历、联系方式等，确保在紧急情况下能够迅速找到合适的志愿者。③快速动员。当灾害或紧急情况发生时，ESAR-VHP 系统能够迅速启动，通过发送通知或紧急呼叫，动员已经登记的志愿者参与救援工作。④协调部署。系统能够根据灾害的性质、规模和需求，协调志愿者的部署，确保他们能够在最需要的地方发挥最大的作用。⑤信息共享。ESAR-VHP 系统还可以与其他应急管理系统和机构进行信息共享，以便更好地协调资源和行动。

20）突发环境污染事件计算机辅助管理软件（CAMEO）

CAMEO 是一种专门设计的用于应对突发环境污染事件的先进工具。这类软件结合了计算机科学、环境科学和应急管理的知识，旨在提高污染事件应对的效率和准确性。该软件的主要功能和特点包括以下方面。①实时监测与预警。软件能够实时接收来自环境监测站点的数据，包括空气质量、水质、土壤污染等关键指标。一旦数据超过预设的安全阈值，软件将自动触发预警系统，通知相关部门和人员。②污染源识别与定位。利用先进的算法和数据分析技术，软件能够快速识别污染源并确定其位置。这有助于应急人员迅速到达现场，采取有效措施控制污染扩散。③应急响应计划制订。根据污染事件的性质、规模和影响范围，软件能够自动生成或推荐相应的应急响应计划。这些计划包括疏散路线、救援资源调配、污染物处理等关键内容。④信息共享与协同工作。软件支持多部门、多机构之间的信息共享和协同工作。通过统一的平台，各部门可以实时交流信息、共享资源，确保应急响应工作的顺利进行。⑤数据分析与决策支持。软件具备强大的数据分析和可视化功能，能够帮助决策者深入了解污染事件的来龙去脉，评估不同应急策略的效果，从而作出更加科学、合理的决策。

21）毒物暴露监测系统（TESS）

TESS 是一个覆盖广泛、功能强大的系统，用于监测和评估美国人口中毒物暴露的情况。该系统由美国毒物控制中心委员会（ATCC）运营和管理，旨在收集、分析和报告关于毒物暴露的数据，以支持公共卫生决策和应急响应。TESS 的主要功能和特点包括以下方面。①数据收集。系统通过多个渠道收集关于毒物暴露的数据，包括来自医疗机构、实验室、急救中心和公众的报告。这些数据涵盖了各种毒物暴露事件，包括儿童农药中毒等。②实时监测与预警。TESS 具备实时监测功能，能够迅速识别毒物暴露事件并发出预警。这有助于及时启动应急响应机制，减少毒物暴露对公众健康的影响。③数据分析与报告。系统对收集到的数据进行深入分析，识别毒物暴露的趋势、模式和风险因素。同时，TESS 还定期发布报告，向公众和决策者提供有关毒物暴露的最新信息和建议。④决策支持。通过提供准确、及时的数据和分析结果，TESS 为公共卫生决策提供了有力支持。决策者可以根据这些信息制定具有针对性的政策和措施，以降低毒物暴露的风险。

22）核事故应急管理的系统（FASER）

FASER 是一个全面且多层次的系统，旨在确保在核事故发生时能够迅速、有效地进行应对，以最大程度地减少人员伤亡和财产损失，并保护环境和公共健康。该系统的核心组成部分包括以下几个关键要素。①应急响应计划。美国拥有一套完善的核事故应急响应计划，这些计划详细规定了在核事故发生时各级政府、应急机构和相关部门的职责和行动步骤。这些计划不仅关注事故的即时应对，还包括长期恢复和重建的考虑。②监测与预警系统。美国建立了高效的核辐射监测网络，能够实时监测核设施的运行状态和周围环境的辐射水平。一旦发现异常情况，系统会立即发出预警，以便相关部门迅速启动应急响应程序。③信息管理与共享平台。为了确保信息的及时传递和有效共享，美国核事故应急管理系统建立了一个统一的信息管理与共享平台。这个平台能够整合来自不同渠道的数据和信息，为决策者提供全面、准确的情况分析，从而支持科学决策。④应急救援队伍与资源。美国拥有专业的应急救援队伍，包括核安全专家、医疗人员、消防人员等，他们经过严格的培训和演练，能够在核事故发生时迅速投入救援工作中。此外，系统还配备了必要的应急救援设备和物资，以确保救援行动的顺利进行。

23）火灾事件报告系统

该系统是一个综合性的系统，用于收集、分析和报告火灾事件的相关信息。这个系统的主要目的是提供准确、及时的数据，以便决策者能够了解火灾的趋势、原因和影响因素，从而制定有效的火灾防控政策和措施。该系统的核心功能包括以下方面。首先，数据收集是系统的基石。火灾事件报告系统会从多个来源收集数据，包括消防部门、医疗机构、保险公司等。这些数据涵盖了火灾的发生时间、地点、原因、损失情况以及人员伤亡等关键信息。其次，数据分析是系统的关键。通过运用先进的统计和分析方法，系统能够识别火灾的规律和特点，发现潜在的风险和隐患。此外，报告生成和发布也是系统的重要功能。系统会根据分析结果生成详细的火灾事件报告，这些报告将向相关部门和公众发布，以提供火灾防控的参考和指导。同时，系统还可以提供定制化的报告服务，根据用户的需求提供特定地区、特定时间段的火灾数据和分析结果。最后，决策支持是系统的最终目标。通过提供全面、准确的数据和分析结果，火灾事件报告系统为决策者提供了科学依据，有助于他们制定更加有效的火灾防控政策和措施。

24）大学紧急事件通知系统

为了更好地应对校园危机，美国形成了一套完善的大学紧急事件通知系统。该系统包含 3 个子系统。一是警报系统。包括手机短信和电子邮件，紧急事件发生时，警报信息将被发送至所有提交过通信信息的师生。二是早期预警系统。该系统在紧急事件发生时将会被激活，校园内外的社区居民、学生都能够听到警报声。三是紧急事件通知系统。该系统被放置于校园内某些建筑物上，并连接至醒目的 LCD 显示屏。当紧急事件发生时，相关信息将传送到这些报警器的 LCD 显示屏中，直观地显示危机信息。

25）灾害信息报告系统

突发事件发生期间，联邦通信委员会（FCC）需要从电信运营商处收集通信网络状态及通信设备修复信息，形成报告后提交 NCS。由 FCC 开发的灾害信息报告系统（DIRS）使美国联邦各级机构能够及时获取灾害期间通信设备状态的信息，并实现数据的每日更新，保持数据在各应急响应机构之间的一致性。DIRS 在突发事件发生期间将通信基础设施状况及态势感知信息及时上报 FCC，且只供电信运营商使用：一是针对重大突发事件，一个国家需要有相应的系统用来及时获取电信运营商通信基础设施状况的信息；二是美国通过 DIRS

获取相关数据后，及时制成直观图表在政府应急机构间实现共享；三是 DIRS 的开发充分考虑到电信运营商上报信息的安全性，并以法律条文形式予以明确规定；四是 DIRS 的使用非常简便，可以极大地缩短重大突发事件发生期间信息上报的时间。

26）基于大数据的未来灾害管理和预警

2015 年 3 月 30 日，美国国家科学基金会（NSF）和日本科学技术振兴机构（JST）联合宣布将支持 6 个基于大数据的项目来应对未来灾害管理和预警。

●以人为本的灾害响应与恢复平台。南加州大学的研究人员和日本国家信息学研究所协同设计计算机平台，决策者可以使用灾害分析传入的数据，以协调各方的研究。

●灾害状态中公共网络和私人网络关键信息交换网络。佛罗里达国际大学和东京大学的研究人员将设计环境敏感信息和特定用户的信息发布系统，可以为灾害中的公民提供准确的信息。

●高效收集、分析和处理灾难的大数据应用程序。密苏里科技大学的研究人员和日本大阪大学通过合作开发新的方法来压缩、传输和查询从灾害传感器网络收集到的数据。

●通过大数据和网络分析灾难预警应急措施。亚利桑那州立大学和日本国家信息研究所合作研究弹性网络、社交媒体信息挖掘和灾难中逃生信息传播。

●大数据计算实验室在灾难环境中的优化搜索算法。约翰霍普金斯大学和东京大学的研究人员合作开发新的嗅觉搜索算法，使用传感器来识别污染物的来源（空中或海上）。

●分享服务应急通信网络的动态演化。天普大学和日本会津大学将合作设计临时应急网络，为发生大灾难时的网络服务提供支援。

27）灾害风险管理指标系统

该系统是一个综合性的评估框架，旨在量化和管理各类灾害风险。该系统通过设定一系列指标，对美国各地的灾害风险进行定期评估、监测和报告，从而为政策制定者、应急管理者和公众提供有关灾害风险的重要信息。该系统的核心特点包括以下方面。①综合性。系统涵盖了多种类型的灾害，如地震、洪水、飓风等，并考虑了不同灾害之间的相互影响和叠加效应。②数据驱动。系统依赖于大量的数据收集和分析，包括历史灾害记录、地质气象数据、社会经济指标等，以确保评估结果的准确性和客观性。③指标化。通过设定一系列具体的指标，如灾害发生的频率、强度、影响范围等，系统能够量化灾害风险，便于进行比较和趋势分析。④动态监测。系统能够实时更新数据，对灾害风险进行动态监测和预警，以便及时采取应对措施。⑤决策支持。通过提供详细的风险评估报告和建议，系统为政策制定者提供了科学依据，有助于制定更加有效的灾害风险管理策略。

28）应急信息平台科技支撑体系

美国公共安全和应急管理方面的科技创新机构涉及庞大的科研机构、大学和实验室，其研究机构具备很强的研究能力，能够引领本领域的研究方向。应急管理方面的科技政策由美国国家科学技术委员会下设的科技政策的内阁级委员会负责制定，委员会研究提出了应急管理中六大科技挑战和九个关键环节如下。

●六大科技挑战。包括灾害信息的实时获取、灾害或事故的发展机理和规律、防灾策略和技术、关键基础设施的缺陷识别和防护、抗灾能力评估及相关标准、提升公众的安全意识与灾害应对能力。

●九个关键环节。涉及灾害机理研究、危害风险区划、多因素风险评估、信息传递、灾害预防、预测预警、应急准备、应急响应、灾后重建。

2.1.3　加拿大

1）全国应急响应系统（NERS）

加拿大于 2005 年 1 月发布了全国应急响应系统（NERS），为联邦、省和地区共同应对各类突发事件设计了统一的指挥规则，主要包括：一是明确了联邦、省和地区的应急响应系统在应对所有危害时相互之间的指挥关系；二是确定了联邦、省和地区应急指挥部的运作要求，包括态势感知、风险评估（影响分析）、规划、物流支持协调、公共通信等方面的工作规则；三是准确描述和界定了一个省或地区请求联邦紧急援助的程序规则。

2）防汛指挥系统

该系统充分利用了现代科技手段。例如，通过卫星遥感、雷达测雨等先进技术，系统能够实时监测降雨、水位等关键指标，为决策提供科学依据。同时，系统还集成了地理信息系统（GIS），可以直观地展示洪水淹没范围、疏散路线等信息，为应急指挥提供有力支持。系统在 2000 年就已经结合图、文、声、像等方式灵活迅速地提供水、雨、旱、工、灾情的实时数据和历史资料，以及相关资料的深层次挖掘和信息服务，提供基于 GIS 的数据分析功能。建设的山洪灾害预测预警数据库，可为洪灾预测预警指挥提供数据服务与支持。结合 3D 电子地图和虚拟现实技术建设完成的 3D 电子地图模型，实现了基于 3D 电子模型进行各类信息显示，可为山洪灾害预测预警提供便利。

3）环境计算机绘图系统软件

为减少大西洋海岸石油泄漏事故的影响，加拿大环境科学家开发了环境计算机绘图系统软件，不仅可以识别环境突发事件中最重要的海岸和事故中易受攻击海域资源，还可根据现场情形推荐最佳保护方法和清理技术，辅助应急人员快速有效地制定应急策略。该系统软件采集了全部溢油事件中产生的报告、地图、照片等信息，可作为预防溢油事故的计划编制和培训应急工作人员的工具。

4）化学危害响应信息系统（CHRIS）

CHRIS 是一个专门用于应对化学危害事件的综合性信息系统。该系统旨在提供及时、准确的信息，以支持加拿大在化学危害事件中的应急响应和管理工作。CHRIS 集成了多个关键功能，包括化学物质的识别与查询、危害评估、应急响应指南、资源协调与信息共享等。通过该系统，用户可以迅速获取有关化学物质的详细信息，了解其潜在危害和应对措施。同时，系统还可以提供应急响应的指导和建议，帮助相关部门和人员迅速采取行动，控制并减轻化学危害事件的影响。此外，CHRIS 还注重信息的实时更新和共享。系统数据库中有 1 300 多种有害物质的详细信息记录，如理化性质、个体防护设备和急救建议、水污染、海运、污染物的分级和分类等，适用于包括石油泄漏事件的多种类型突发环境事件的应急响应，为应急管理提供了技术和决策支持。

5）全球公共卫生智能网络（GPHIN）

在公共卫生领域，加拿大的全球公共卫生智能网络（GPHIN）是基于互联网的公共卫生预警系统，通过监视全球范围新闻、网络的媒体资源收集和散布疾病暴发和其他公共卫生事件的相关信息，经自动化的加工过滤，获取相关程度高的信息，由加拿大公共卫生机构 GPHIN 官员对信息进行分析并作出报告，对可能发生的公共卫生事件在最初阶段及时通报有关机构和公众，为应对潜在的公共卫生威胁提供早期预警。

6）人群健康状况监测网络系统

该系统是一个综合性的健康监测体系，旨在全面、系统地收集和分析加拿大人群的健康数据，以评估人群健康状况、识别健康问题和制定相应的公共卫生策略。该网络系统通过多个渠道和平台收集数据，包括医疗机构的病例报告、健康调查、实验室检测数据等，覆盖了广泛的健康领域和人口群体。这些数据经过严格的质量控制和标准化处理，确保了信息的准确性和可靠性。一旦数据被收集和处理，系统就会进行深入的分析和挖掘，以揭示人群健康状况的趋势、模式和风险因素。这些分析结果可以为政策制定者、公共卫生专家和其他利益相关者提供重要的决策依据，帮助他们制定具有针对性的健康干预措施和政策。

此外，加拿大还有以下完善的网络系统。加拿大流感和新发呼吸系统疾病监测系统，包括对常规的流感监测、严重的呼吸系统疾病监测和流感大流行监测的准备和反应；加拿大综合暴发监测系统；食源性疾病监测和暴发预警网络（2000 年成立），该网络由加拿大公共卫生署国家微生物实验室协调，涵盖全国 10 个省的公共卫生实验室和两个联邦实验室（加拿大公共卫生署食源性人畜共患性疾病实验室和加拿大微生物灾害实验室）。

2.1.4 欧盟

1）“112”应急联动网络系统

欧洲按照一体化“实行共同安全”策略，仿效美国和加拿大构建了可在欧盟成员国间通用的“112”应急联动网络系统。随着欧盟的发展，网络覆盖范围也日益扩大，目前欧盟成员国几乎都已建有“112”应急联动网络系统；欧盟整合了 GPS、GSM、PMR（专用移动收音机）等信息技术，发展了 EGERIS 试验通信系统，构建起通过移动监控中心确定危险区域最大范围内救援队伍的方法。作为“112”应急联动网络的子系统，eCall 具备自动紧急呼叫功能。

2）欧盟 e-Risk 系统

2000 年欧盟 e-Risk 系统建成，该系统是一个基于卫星通信的网络基础架构，为其成员国实现跨国、高效及时地处理突发环境事件提供支持服务。该系统主要是利用多种通信手段，对事故现场进行精确的定位。该系统集成了语音、宽带卫星、数据网络、视频等多个系统，并配合应急管理软件，解决事故发生时通信堵塞、资料获取不及时等问题。功能具体包括以下方面。

- 在事故发生前，系统通过搜集和处理影像资料、图片、地理信息等，开展风险预防。
- 在突发事件发生时，通过收集和发布来自现场的资料、图片等，在救援小组、专家小组和指挥中心之间建立起语音、图像、数据的同步链路，通过各部门的“协同作战”，开展现场救援。
- 在救援工作结束后，对突发事件的发生和处置进行分析和交流，并对有关数据库进行更新，制定新一轮的预案。

3）全球环境和安全监测系统（GMES）

欧洲 2001 年启动的全球环境和安全监测系统（GMES）是负责监测环境和安全的系统，

在地球同步卫星和地面观测数据的基础上，对数据进行了分析，并为用户提供了最终的决策支持。GMES 实现了“预防为主、防控结合、紧密合作、快速高效”的处置模式：首先注重事前预防，对存在环境风险的区域进行完善的资料整理及储备，以备查询；事中加强各部门间的紧密配合，实现协同救援，建立起指挥中心和事故现场的有效联系；事后总结，交流事故原因，讨论处置办法是否得当并总结交流经验。同时，GMES 在应急处置技术上也走在了前列，利用卫星通信等技术实现跨区域、高效及时的应急事件处置。

4）早期预警和应急系统（EWRS）

欧洲议会和欧盟委员会建立了早期预警和应急系统（EWRS），以此为主形成了针对突发传染病疫情的突发公共卫生事件应急系统。并于 2005 年 5 月设立准备与应对部门，负责 24 小时监测欧盟内外部出现的健康风险，并帮助各成员国对该风险进行评估、调查及应对处理。欧洲疾病预防和控制中心（ECDC）应急指挥中心开发了多个专用信息管理工具，如监测风险并开展评估的风险跟踪工具、协调应对行动的早期预警和应对系统（EWRS）、实施风险评估的传染病情报系统；与欧盟成员国共建快速预警系统，签订了术语和程序协议，旨在实现共同操作、信息交流和共享。

5）欧洲多重风险评估系统（EMRAS）

EMRAS 是一个综合性的风险评估框架，旨在帮助欧洲各国政府、企业和公众更好地理解和应对多种潜在风险。该系统涵盖了自然灾害、人为事故、公共卫生事件等多个领域，通过整合不同来源的数据和信息，对风险进行定量和定性评估，从而提供决策支持和风险管理指导。EMRAS 的核心在于其跨领域和综合性的特点。它不仅仅关注单一类型的风险，而是将各种风险纳入统一的分析框架中，综合考虑其相互影响和潜在连锁反应。这种综合性的评估方法有助于发现潜在的风险隐患和薄弱环节，为制定全面的风险管理策略提供有力支持。在实施过程中，EMRAS 采用了先进的技术手段和方法。例如，利用地理信息系统（GIS）进行空间分析和可视化展示，通过大数据分析和人工智能技术提高风险评估的准确性和效率。此外，该系统还注重与国际标准和最佳实践的对接，以确保评估结果的可靠性和国际认可度。EMRAS 的应用范围广泛，可以应用于城市规划、应急管理、保险业务等多个领域。通过该系统，政府和企业可以更好地了解自身面临的风险状况，制定具有针对性的风险管理措施，降低潜在损失并提高应对能力。同时，公众也可以通过该系统了解身边的风险信息，增强风险意识和自我保护能力。

6）欧盟公共卫生信息系统（EUPHIS）

EUPHIS 是一个综合性的信息系统，旨在加强欧洲各国在公共卫生领域的合作和信息共享，提高公共卫生管理和应对能力。EUPHIS 的主要目标是收集和整合欧洲各国公共卫生数据，提供全面、准确的信息以支持公共卫生决策和风险评估。它涵盖了多个公共卫生领域，包括传染病监测、慢性病管理、健康促进等，通过整合不同来源的数据和信息，为政策制定者、公共卫生专家和其他利益相关者提供决策依据和参考。该系统注重数据的质量和标准化，采用先进的信息技术手段和方法，确保数据的准确性和可靠性。同时，EUPHIS 还加强与国际卫生组织和机构的合作与交流，推动欧洲公共卫生信息系统与全球卫生信息系统的对接与互通。通过 EUPHIS，欧洲各国可以更加有效地监测和评估公共卫生状况，及时发现和控制传染病疫情，制定具有针对性的公共卫生政策和措施，提高公众健康水平。此外，该系统还有助于促进欧洲各国在公共卫生领域的合作与交流,共同应对全球性卫生挑战。

7)监控和信息中心(MIC)

MIC 是一个集中处理、分析和传递关键信息的核心机构。MIC 通常负责收集、整合来自多个来源的数据,并通过专业的分析工具和方法,对这些数据进行处理和分析,以提供有价值的情报和决策支持。MIC 在多个领域都有广泛的应用,包括但不限于公共卫生、环境监测、灾害管理、安全监控等。在公共卫生领域,MIC 可以实时追踪疾病的传播情况,分析疫情数据,为政府和卫生部门提供决策依据。在环境监测领域,MIC 可以监测空气、水质等环境指标,及时发现环境污染问题,并采取相应的应对措施。MIC 的核心功能包括以下方面。①数据收集与整合:从各种传感器、数据库、报告等来源收集数据,并进行标准化处理,确保数据的准确性和一致性;②实时监控与分析:通过专业的分析软件和算法,对收集到的数据进行实时处理和分析,发现异常情况和潜在风险;③情报生成与报告:根据分析结果,生成有价值的情报和报告,为决策者提供及时、准确的信息支持;④信息共享与协作:与其他相关部门和机构进行信息共享和协作,共同应对复杂问题。

2.1.5 英国

1)突发事件预警系统

英国的突发事件预警系统是一个综合性的系统,旨在及时、准确地向公众发布有关突发事件的预警信息,以便公众能够采取相应的应对措施。该系统涵盖了多种类型的突发事件,包括自然灾害、恐怖袭击、公共卫生事件等。一旦发生这些事件,英国政府会迅速启动预警系统,通过多种渠道向公众发布预警信息,如电视、广播、手机短信、社交媒体等。在预警信息的发布方面,英国十分注重信息的准确性和及时性,会根据事件的严重程度和影响范围,制定相应的预警级别和应对措施,并通过多种渠道向公众发布清晰、明确的指示和建议。

2)集成应急管理系统(IEM)

IEM 是一个综合性的管理系统,旨在提高国家对应急事件的响应能力和管理效率。该系统通过整合各个部门和机构的信息和资源,实现对应急事件的快速响应和有效管理。IEM 系统的主要功能包括实时监测、预警发布、资源共享、决策支持等。它能够实时监测各种应急事件的发生和发展情况,及时发布预警信息,帮助相关部门和机构作出快速响应。同时,系统还可以实现资源的共享和调配,确保在应急事件中能够迅速调动所需的人力、物力和财力资源。此外,IEM 系统还提供决策支持功能,通过数据分析和模拟预测,为决策者提供科学依据和参考意见。IEM 系统的优势在于其全面性和协同性。它能够将各个部门和机构的信息和资源整合在一起,打破信息孤岛,实现信息的互通共享。同时,系统还能够协调各个部门和机构之间的行动,确保其在应急事件中能够形成合力,提高应对效率。

3)应急特殊网络管理

英国的应急特殊网络管理是其应对突发事件和紧急状况的重要组成部分,旨在确保在关键时刻能够迅速、有效地进行通信和协调。这种特殊网络管理策略在应对各种紧急情况时发挥着至关重要的作用。首先,英国的应急特殊网络管理具备高度的可靠性和稳定性。在突发事件发生时,普通通信网络可能会受到干扰或发生拥堵,而应急特殊网络则能够保证通信的畅通无阻。这种网络采用了先进的技术和设备,具备强大的抗干扰能力和高可靠性,确保在紧急情况下能够稳定运行。其次，英国的应急特殊网络管理注重跨部门、跨机构的协同合作。在应对突发事件时，需要多个部门和机构共同参与，协同作战。因此，英国的应急特殊网络管理实现了各部门、各机构之间的信息共享和互联互通，确保在紧急情况下能够迅速协调资源、共享信息，形成合力应对挑战。此外，英国的应急特殊网络管理还注重人员的培训和演练。为了确保在紧急情况下能够迅速、准确地响应，英国定期对应急通信人员进行培训和演练，提高他们的应急通信能力和水平。这些培训和演练不仅有助于提升人员的专业技能，还能够增强他们的团队协作和应对突发情况的能力。

2.1.6 德国

1）危机预防信息系统（GEPIS）

GEPIS 是一个综合性的危机管理和信息交流平台，旨在提高德国在应对各种紧急情况和灾害时的响应能力和效率。该系统通过整合各种资源和技术手段，为政府、救援机构、民众以及其他相关组织提供了一个全面的信息平台。在灾害或紧急事件发生时，GEPIS 能够迅速收集、分析和传递相关信息，为决策者提供及时、准确的数据和情报，帮助他们作出科学的决策并采取应对措施。同时，GEPIS 还具备强大的信息共享和协作功能。它能够将不同部门和机构的信息资源整合在一起，实现信息的互通有无和资源共享。这有助于打破信息孤岛，提高信息的利用效率和应对速度。此外，GEPIS 还注重预防和预警工作。通过对各种潜在风险和灾害的监测和分析，系统能够提前发出预警，帮助相关部门和民众做好防范和准备工作。这种前瞻性的管理方式有助于减少灾害带来的损失和影响。

2）紧急预防信息系统（EPIS）

EPIS 是一个专门为应对紧急情况和危机管理而设计的综合信息系统。这个系统以高效、迅速、准确的信息传递为核心，旨在提供全面的危机预防、应急响应和灾害管理支持。EPIS 的主要功能包括以下方面。①信息收集与整合。系统通过多个渠道收集与紧急情况和灾害相关的信息，包括气象数据、灾害预警、救援资源等，并进行整合和分析，确保决策者能够获取到最新、最全面的信息。②预警发布与通知。基于收集到的数据，EPIS 能够生成相应的预警信息，并通过多种渠道（如手机短信、社交媒体、广播等）及时发布给公众和相关机构，提醒他们采取必要的防护措施。③应急响应协调。在紧急情况下，EPIS 能够协助政府和相关机构进行应急响应的协调。通过实时更新灾害进展、资源调配等信息，帮助决策者快速作出决策，优化救援资源的分配。④知识库与培训。EPIS 还建立了一个丰富的知识库，包含各类灾害的应对方法、最佳实践案例等，为决策者、救援人员和公众提供学习和培训的资源。⑤跨部门协作。系统支持不同部门和机构之间的信息共享和协作，打破信息孤岛，实现资源的优化配置和高效利用。

3）突发公共事件规划信息系统（DENIS）

DENIS 是一个专为应对突发公共事件而设计的综合性信息系统。它的主要目标是提高德国政府和相关机构在应对突发公共事件时的反应速度和效率，确保及时、准确地获取、分析和传递关键信息。DENIS 的核心功能包括以下方面。①信息收集和整合。系统通过多个渠道收集和整合与突发公共事件相关的各种信息，包括事件性质、影响范围、救援需求等。这些信息来自不同的来源，如政府部门、救援队伍、媒体等，确保决策者能够全面掌握事件的最新动态。②分析和预测。基于收集到的数据，DENIS 能够运用先进的算法和技术进行分析和预测，帮助决策者了解事件的发展趋势和可能的影响。这有助于制定更加精准和有效的应对策略。③信息共享和协作。DENIS 支持政府、救援机构、非政府组织等各方之间的信息共享和协作。通过实时更新和发布信息，系统能够促进各方之间的沟通和协调，确保资源得到合理分配和有效利用。④决策支持。系统能够为决策者提供全面的决策支持，包括提供事件背景、推荐应对方案、预测可能的结果等。这有助于决策者快速作出决策，减少突发公共事件带来的损失。

DENIS 分为 DENIS Ⅰ 和 DENIS Ⅱ 两个彼此独立的子系统：DENIS Ⅰ 主要面向社会公众，任何人都可以通过互联网登录该系统，获得包括国家情况、政府管理、灾害种类、资源利用以及经验总结等方面的灾情信息；DENIS Ⅱ 主要面向政府内部决策，联动管理全国层面的各类灾情信息，并与德国航空太空中心相连，快速获取发生灾难区域即时的高空图片和卫星图，与联邦环境部门和自然保护与反应堆安全部门合作监测环境中放射能情况，与德国气象服务合作接入雷达支持的雷暴诊断和雷暴预后系统重要数据。

4）众创众智

德国众创众智是一种利用大众智慧和创意来解决问题、推动创新和创造价值的方法。在德国，众创众智在多个领域得到了广泛应用，为经济发展和社会进步作出了积极贡献。首先，德国众创众智在科技创新领域发挥了重要作用。德国政府和企业积极鼓励大众参与创新过程，通过众创平台、开放创新竞赛等方式，汇聚了全球范围内的创意和智慧。这些创意和解决方案经过筛选和优化，能够推动科技创新和产业升级，为德国经济的持续增长注入新的动力。其次，德国众创众智在解决社会问题方面也发挥了积极作用。通过利用大众的智慧和力量，德国能够更有效地应对一些复杂的社会问题，如环境保护、城市规划、教育等。大众的参与不仅能够提供更多元化的解决方案，还能够增强社会的凝聚力和向心力，推动社会的和谐稳定。此外，德国众创众智还促进了跨界合作和资源共享。不同领域、不同背景的人们通过众创平台聚集在一起，共同探讨问题、分享经验和资源。这种跨界合作和资源共享不仅能够加速创新过程，还能够促进不同领域之间的交流和融合，推动社会的全面进步。

5）基于检测的有毒物质泄漏评估系统（sMART）

sMART 是一个先进的评估和监控系统，专门用于检测和评估有毒物质可能发生的泄漏事故。sMART 系统的功能和技术特点包括以下方面。①实时检测与监控。sMART 系统能够实时检测和监控潜在的有毒物质泄漏。这通常涉及使用各种传感器和检测设备，这些设备可以不断地收集环境样本并分析它们是否包含有毒物质。②数据分析和评估。收集到的数据会通过系统内置或外接的数据分析工具进行处理，以评估是否存在泄漏以及泄漏的严重程度。包括浓度测量、泄漏速率的计算以及预测泄漏可能对环境造成的影响。③预警与应急响应。一旦系统检测到异常或潜在的泄漏事件，它可能会触发预警机制，通知相关人员并启动应急响应程序。包括自动关闭阀门、启动通风系统、疏散人员等。④历史数据记录与审查。sMART 系统会保存所有的检测数据和响应记录，以供后续的审查和改进。这对于追踪泄漏事件的历史、优化监测策略和改进应急响应计划非常有价值。

6）综合性应急救援信息平台与指挥中心

德国综合性应急救援信息平台与指挥中心是德国政府为应对各种紧急情况和灾害而建

立的一个高效、综合的信息管理与指挥系统。该系统在整合各方资源、提供实时信息、协调救援行动以及优化决策等方面发挥着重要作用。

信息平台的功能包括以下方面。①信息集成与共享。平台能够集成来自不同部门、机构和渠道的紧急救援信息，包括灾害预警、事故报告、救援资源等，实现信息的实时共享和互通。②数据分析与预测。平台运用先进的数据分析技术，对收集到的信息进行深入处理和分析，提供灾害发展趋势预测、风险评估等，为决策者提供科学依据。③信息发布与通知。平台能够通过各种渠道及时发布灾害信息、救援进展和预警通知，确保公众和相关机构能够及时获取最新信息，采取相应的防护措施。

指挥中心的作用包括以下方面。①指挥协调。在紧急情况下，指挥中心成为整个救援行动的中枢，负责统一指挥和协调各方力量，确保救援行动的高效、有序进行。②资源调配。指挥中心根据灾害情况和救援需求，对救援资源进行统一调配，确保资源得到合理分配和有效利用。③决策支持。指挥中心结合信息平台提供的数据和分析结果，为决策者提供全面的决策支持，帮助决策者制定科学、合理的救援方案。

2.1.7　意大利

1）信息技术疏导

当发生突发事件时，意大利国家民事救援办利用向手机发送短信，使用广播、电视媒体、地铁和公交车上的电子信息屏幕，火车站和机场的信息屏幕，高速公路上的信息屏幕，通知人们关于突发事件的情况，疏导民众，对维护社会稳定起到重要作用。

2）信息共享和指挥协同调度系统

意大利非常重视利用信息技术建立信息共享和指挥协同调度系统，确保各有关单位实现信息共享。国家民事救援办与火警、宪兵、警察、森林警察、国家研究机构、红十字会、国家医疗卫生体系、自愿组织、国家登山救助协会等共同组成应对灾害的民事救援体系。国家民事救援办内部设有监控和情况分析中心，该中心由火警、意大利内政部和军队派驻代表组成，24 小时与各种突发事件的监测与救援单位保持联系，保证在最短时间收发各种突发事件的信息，中心甚至密切关注各媒体的新闻报道。监控和情况分析中心所汇集的信息与上述各有关单位的指定代表进行信息共享，保证各单位之间的信息互通。

3）地震模拟与应急管理信息系统（SIGE）

该系统针对意大利全国范围，接到地震信息后仅仅数分钟内就可以给出地震灾害预评估结果。由于提供了可视化应急空间分布信息，系统可以按照地震设定模拟特定地震事件，震前进行应急规划，地震发生后软件立即模拟真实地震事件，迅速提供对国土及人口的大致影响程度估计，以便以最有效的方式使相关部门在到达现场之前部署救援行动。

SIGE 的核心是各类基础数据与灾害模型，在地震发生后的 10 min~2 h 内，在获取部分灾区信息的情况下，进行地震灾害的动态评估。意大利获取灾区信息主要有 3 种方式，分别是烈度速报、高分辨卫星、社会报灾。系统包括由 80 个不同数据库组成的数据仓库（包括 600 个空间数据层，500 个属性类），包含 8 100 个意大利市政区的信息。SIGE 系统包括一套“QUATER”专用软件，该软件提供了操作环境，能够进行与地震应急模拟有关的查询、汇报、分析、数据显示等。

4)国家地震海啸警报系统(SNPA)

SNPA是一个全面的地震和海啸预警系统,旨在提前预测和警告潜在的地震和海啸事件,以便公众和相关机构能够及时采取防护措施,减少灾害损失。该系统的核心功能包括以下方面。①地震监测与预测。通过遍布全国的地震监测站,SNPA能够实时收集地震数据,并利用先进的算法和技术进行快速分析和处理。一旦检测到可能的地震活动,系统会迅速评估其潜在规模和影响范围,并发出预警。②海啸监测与预警。意大利的一些沿海地区面临海啸风险,因此SNPA也具备海啸监测和预警能力。系统通过监测海底地震、海平面变化等指标,预测海啸可能发生的概率和影响,及时发布预警信息。③预警信息发布。一旦系统发出地震或海啸预警,相关信息会通过广播、电视、手机短信等多种渠道迅速传达给公众和相关机构。这些信息包括预警级别、预计影响范围、建议的防护措施等,帮助人们作出正确的应对决策。④应急响应协调。SNPA还与国家和地方政府的应急管理部门密切合作,协调救援资源和力量,确保在灾害发生后能够迅速展开救援行动,减轻灾害对人员和社会的影响。

5)基于GIS的风险评估信息管理系统(ARIPAR-GIS)

ARIPAR-GIS是一个集成了地理信息系统(GIS)技术的先进风险评估和管理工具。该系统旨在通过地理空间数据的收集、分析和可视化,为意大利各级政府和相关部门提供全面的风险评估和决策支持服务。ARIPAR-GIS的主要功能和特点包括以下方面。①地理空间数据集成。系统能够集成多种地理空间数据,包括地形地貌、气象条件、人口分布、建筑物信息、基础设施等,为风险评估提供全面而准确的数据基础。②风险评估与建模。基于集成的地理空间数据,ARIPAR-GIS运用复杂的数学模型和算法,对各类风险进行定量和定性评估。这些风险可能包括自然灾害(如地震、洪水)、环境污染、公共卫生事件等。③风险可视化与表达。通过GIS技术,ARIPAR-GIS能够将风险评估结果以直观的可视化形式呈现,如风险地图、热力图等。这有助于决策者更直观地了解风险分布和严重程度,从而制定更有针对性的风险管理策略。④决策支持与规划。系统能够为政府和相关部门提供决策支持,包括制定应急预案、规划防灾减灾设施、优化资源配置等。此外,ARIPAR-GIS还可以为城市规划、环境保护等领域提供科学依据。⑤动态更新与实时监测。ARIPAR-GIS具备动态更新和实时监测功能,能够实时获取最新的地理空间数据,对风险评估结果进行动态调整和优化。

2.1.8 澳大利亚

1)灾害信息网络(ADRKN)

ADRKN是一个综合性的灾害信息管理和知识共享平台,旨在提升澳大利亚对各类灾害的应对能力和韧性。该网络汇集了来自政府、科研机构、非政府组织以及社区等多个层面的灾害相关信息和资源,为灾害管理、风险评估、应急响应以及灾后恢复等提供全面支持。ADRKN的主要功能包括以下方面。①信息整合与共享。ADRKN收集并整合来自不同渠道的灾害信息,包括灾害预警、实时灾情、救援进展等,并通过统一的平台实现信息共享,确保各利益相关方能够获取到准确、及时的信息。②知识管理与传播。网络注重灾害管理知识的积累和传播,通过发布研究报告、案例分析、最佳实践等内容,提升公众和相关人员的灾害意识和应对能力。③风险评估与预测。利用先进的数据分析技术，ADRKN能够对灾害风险进行评估和预测，为决策者提供科学依据，指导资源分配和预防措施的制定。④应急响应协调。在灾害发生时，ADRKN能够迅速响应，协调各方力量和资源，提供决策支持和信息指导，确保救援行动的高效有序。

2）突发事件信息管理系统（IIMS）

IIMS是澳大利亚政府为了有效管理和应对各类突发事件而建立的一个综合性信息管理系统。该系统通过整合、分析和共享与突发事件相关的信息，为政府决策、应急响应和灾后恢复提供有力支持。IIMS的主要功能包括以下方面。①信息整合与共享。IIMS能够收集来自不同部门和机构的数据和信息，包括现场报告、监测数据、预警信息等，并将这些信息进行整合和标准化处理。通过统一的数据格式和接口，实现信息的实时共享和互通，确保各相关方能够获取到准确、全面的信息。②事件监测与预警。系统具备实时监测和预警功能，能够及时发现和报告潜在的突发事件。通过对监测数据的分析和处理，系统能够预测事件的发展趋势和潜在影响，并发出预警通知，提醒相关部门和人员采取必要的应对措施。③应急响应协调。在突发事件发生后，IIMS能够迅速启动应急响应机制，协调各方资源和力量进行救援和处置。系统能够实时更新事件进展和救援情况，提供决策支持和指导，确保救援行动的高效和有序。④灾后恢复与评估。在灾后恢复阶段，IIMS能够收集和分析灾后数据，评估灾害损失和影响范围，为灾后重建和恢复工作提供科学依据。同时，系统还能够总结事件经验和教训，为未来的应急管理工作提供改进建议。

3）洪水灾害预测预警系统

该系统是一个综合性的系统，用于监测、预测和警告潜在的洪水灾害。该系统结合了气象、水文、地理信息和其他相关技术，以提供及时、准确的信息，帮助相关部门和公众做出适当的应对决策。该系统可能包含的一些关键组成部分和功能如下。①气象监测与预测。系统收集实时的气象数据，如降雨量、风速、风向等，并利用气象模型预测未来的天气情况。这些数据对于预测洪水发生的可能性和规模至关重要。②水文监测与分析。通过在河流、湖泊和水库等关键地点设置水文监测站，系统能够实时收集水位、流量和水质等数据。这些数据经过分析后，可以预测河流的洪水水位和可能的淹没范围。③地理信息系统（GIS）。GIS技术在该系统中发挥了重要作用，它能够将气象、水文和其他相关数据整合到地图中，提供空间分析和可视化工具。这使得决策者能够更直观地了解洪水灾害的潜在影响区域，并制定相应的应对措施。④预警发布与传播。一旦系统检测到潜在的洪水灾害风险，它会通过多种渠道发布预警信息，包括电视、广播、手机短信、社交媒体等。这些信息旨在提醒公众和相关机构采取必要的防范措施，减少灾害损失。⑤应急响应与协调。系统还支持应急响应功能，与救援机构、政府部门和其他相关组织进行协调。在洪水灾害发生时，系统能够提供实时的灾情信息和救援资源分配建议，帮助决策者作出快速、有效的响应。

4）海啸警报系统

2009年，澳大利亚政府斥资6 890万美元建成了澳大利亚海啸警报系统（ATWS），该系统利用澳大利亚地震监测网和海平面监测等手段，对印度洋和西南太平洋海啸活动进行预测，预测结果经确认将有海啸来临之后，气象部门立即向应急管理部门和政府部门发出警报，最后通过既有的各种灾害警报网络/系统、新闻媒体和互联网等通信方式向社会普通公众进行发布，以便全社会做好应急响应和救灾准备。ATWS 的核心是澳大利亚海啸警报联合中心（JATWC），该中心由气象局和地震监测局抽调相关方面的专家组建而成，重点负责对地震和海平面进行全天候监测，并对海啸形成进行分析。

5）突发事件管理系统（IEMS）

澳大利亚的突发事件管理系统（IEMS）是一个集成了先进技术和高效管理策略的综合性系统，旨在快速响应和有效管理各类突发事件。该系统充分利用了互联网技术的优势，实现了信息的实时传递、共享和协同处理，从而提高了应急管理的效率和准确性。

IEMS 的主要功能包括以下方面。①实时信息收集和传递。系统通过整合各种信息源，包括传感器、摄像头、社交媒体等，实时收集和传递突发事件的相关信息。②预警与监测。系统具备强大的预警和监测功能，能够基于收集到的数据进行分析，预测潜在的风险和威胁，并及时发出预警。③应急资源配置与调度。IEMS 可以实时掌握应急资源的分布和状态，根据突发事件的性质和规模，快速调配和调度所需的资源。④跨部门协同与信息共享。系统支持多部门之间的协同作战和信息共享，打破了部门之间的信息壁垒。⑤公众信息发布与互动。系统通过官方网站、社交媒体等渠道，及时向公众发布预警信息、救援进展等，同时收集公众的反馈和建议，进一步完善应急管理工作。

2.1.9 俄罗斯

1）国家危机管理中心信息系统

俄罗斯由于国土面积广阔，为提高应急管理效率，建立了高度集中的覆盖联邦、联邦地区、州、城市和基层村镇的五级金字塔形的国家危机管理中心信息系统。系统与卫星通信系统相结合，自主运营，移动指挥和控制，可实时通过视频转播和网络了解灾害和救援进展情况，并及时作出预测预报，进行救援部署和调整，安排后勤物资等，并将权威准确的信息传递给公众。具体功能包括以下方面。①紧急响应中心信息子系统。用于协调联邦特区级、州级危机管理中心的行动，收集和分析特别行政区处置紧急事件的信息。②分析中心信息子系统。用于实现回顾与形势分析、模拟紧急事件后果，以及与联邦紧急情况预防与消除网络（JFNPEE）成员之间的协调工作。③通信中心信息子系统。负责提供俄罗斯紧急情况部通信保障，以及紧急情况部与 JFNPEE 成员之间的通信保障。④信息通知中心信息子系统。用于为大规模人群聚集区居民提供应急通知，通知紧急情况部领导和领土机构。⑤空间监测中心信息子系统。用于提供太空监测数据信息等。⑥数据开发中心信息子系统。包括监测监控、分析研判、应急响应、应急通信、信息发布和数据开发 6 个功能模块，覆盖所有业务，系统划分合理，功能定位明确。

2）人口密集人群信息和预警综合系统（ОКСИОН）

2006 年，俄罗斯紧急情况部、内务部和联邦安全局共同开发了全俄人口密集人群信息和预警综合系统（ОКСИОН），该系统可以对音频和视频信息进行处理、传输和展示，其主要目标是对民众进行民防培训，在紧急情况下保护民众安全，确保消防安全、水体安全和维护公共秩序。主要任务是在人员密集地区，及时向民众提供突发事件信息，以提高民众应对紧急情况的能力，提高民众的安全意识，监测人员密集场所的状况和公共秩序。该系统主要安装在地铁、车站、街道和超市等人口密集地点，可以在发生自然、人为、生物—社会等紧急状况时提供信息支持。

3）拥挤场所人口信息和报警综合系统

该系统是一个集硬件和软件信息处理、音视频信息传输和显示于一体的组织技术系统，该系统的目的是在民防领域为民众提供准备，以及针对紧急情况提供消防和水道安全、维持公共秩序、发送紧急警报、向民众传递关于紧急情况和恐怖袭击的信息，以及利用现代设备和技术监测拥挤场所的治安状况等，从而在国民和领土的风险化技术应对和应急响应中缩短响应时间，提高向困难人民提供援助的效力。

4）信息和警报综合系统（USSPE）

USSPE 是俄罗斯政府为应对自然灾害、工业事故、恐怖袭击等紧急情况而建立的一套综合性信息系统。该系统旨在确保及时、准确地收集、处理、分析和传递紧急情况下的信息，以支持决策、警报发布和应急响应。系统的关键组成部分和功能可能包括以下方面。①信息收集和监测。通过各种传感器、监控设备和现场报告，系统实时收集关于潜在或正在发生的紧急情况的信息。包括气象数据、地震活动、环境污染指标、交通状况等。②数据处理和分析。收集到的信息经过处理和分析，用于识别潜在的风险和威胁。这可能涉及使用先进的算法、模型和模拟技术来预测事件的发展趋势和可能的影响。③警报和通知。一旦检测到紧急情况或潜在风险，系统能够迅速生成警报并通过多种渠道发送给相关部门和公众。这些渠道可能包括广播、电视、手机短信、社交媒体和专用应用程序。④决策支持。系统为决策者提供实时数据和分析结果，帮助他们评估形势、制定应对策略和分配资源。这可能包括应急响应计划的激活、疏散路线的规划、救援队伍的部署等。⑤协调与通信。在紧急情况下，系统支持各部门、机构和救援队伍之间的协调和通信。这确保了信息的顺畅流动和有效响应。

5）应急远程医疗系统

该系统是俄罗斯应急管理体系中的一项重要内容，旨在通过远程医疗技术为民众在紧急情况下提供及时的医疗服务。该系统的建立与运行，主要基于现代通信技术和医疗专业知识，通过远程医疗服务平台，将医疗资源与应急需求进行有效对接。在紧急情况下，如自然灾害、交通事故等突发事件发生时，俄罗斯应急远程医疗系统能够迅速响应，通过远程医疗咨询、诊断、治疗等方式，为受伤或患病的人员提供及时的医疗援助。同时，该系统还能够协调医疗机构、救援队伍和相关部门，实现资源的快速调配和高效利用。此外，俄罗斯应急远程医疗系统还注重与其他应急管理系统的协同配合，如与信息和警报综合系统、应急电话系统等实现信息共享和联动，共同构建完善的应急管理体系。

6）世界海洋信息统一系统（ESIMO）

ESIMO 是一个综合性的海洋信息管理与分析系统，旨在整合、分析和提供全球海洋相关的数据和信息，以支持海洋科学研究、资源开发、环境保护以及国家安全等方面的需求。ESIMO 系统通过集成各种海洋观测平台（如卫星、浮标、船只等）收集的数据，实现了对全球海洋环境的实时监测和动态分析。这些数据涵盖了海洋气象、水文、生态、地质等多个领域，为科研人员提供了丰富的数据源。此外，ESIMO 系统还具备强大的数据处理和分析能力，能够对收集到的数据进行高效处理、分析和可视化展示。通过运用先进的算法和模型，系统能够预测海洋环境的变化趋势，为决策者提供科学依据。在海洋资源开发和利用方面，

ESIMO 系统能够支持对海洋矿产、生物资源等的勘探和开发,提供资源分布、储量评估等信息。同时,系统还能够监测海洋污染和生态破坏情况,为环境保护和治理提供数据支持。在国家安全方面, ESIMO 系统能够实时监测海洋环境的变化,及时发现并预警潜在的安全威胁。通过与其他安全系统的协同配合,系统能够为维护国家海洋权益和安全提供有力支持。

7)公共应急通信和信息系统(CECIS)

CECIS 是一个旨在确保在紧急情况下提供高效、可靠的通信和信息服务的系统。该系统在俄罗斯应急管理体系中扮演着关键角色,为政府、救援机构和公众提供及时、准确的信息支持。CECIS 的主要功能包括以下方面。①应急通信保障。在灾害或紧急情况下,系统能够确保关键通信设施的稳定运行,提供可靠的语音、数据和视频通信服务。这有助于救援队伍之间的协调、指挥中心的决策以及与公众的沟通。②信息收集与共享。CECIS 能够整合来自不同渠道的信息,包括现场报告、传感器数据、卫星图像等,并进行实时分析和处理。通过统一的信息平台,实现信息的快速共享和传递,确保各相关部门和人员能够获取到最新的灾情和救援进展信息。③预警与通知。系统具备预警功能,能够根据实时数据预测潜在的风险和威胁,并及时发布预警通知。这有助于公众和相关机构提前采取防范措施,减少灾害损失。④决策支持。CECIS 为决策者提供全面的信息和分析结果,帮助他们评估形势、制定应对策略和调配资源。系统还支持模拟演练和应急计划的制订,以提高应急响应的效率和准确性。⑤公众沟通与教育。通过多媒体渠道,CECIS 向公众提供灾害预警、应急知识和自救互救指南等信息,增强公众的防灾减灾意识和能力。

2.1.10 日本

1)应急网络通信

●防灾通信网络。包括:以政府各职能部门为主,由固定通信线路(包括影像传输线路)、卫星通信线路和移动通信线路组成的“中央防灾无线网”;以全国消防机构为主的“消防防灾无线网”;以自治体防灾机构和当地居民为主的都道县府、市町村的“防灾行政无线网”;以及在应急过程中实现互联互通的防灾相互通信用无线网等。此外,还建立起各种专业类型的通信网,包括水防通信网、紧急联络通信网、警用通信网、防卫用通信网、海上保安用通信网以及气象用通信网等。

●专用无线通信网。一是中央防灾无线网,是日本防灾通信网的“骨架网”,由固定通信线路(包括影像传输线路)、卫星通信线路、移动通信线路构成。二是消防防灾无线网,由地面系统与卫星系统所构成。三是防灾行政无线网。分为都道府县和市町村两级,用于连接都道府县和市町村与指定行政机关及其有关防灾当局之间的通信,以收集和传递相关的灾害信息。四是防灾相互通信网。可以在现场迅速让警察署、海上保安厅、国土交通厅、消防厅等各防灾相关机关彼此交换各种现场救灾信息。

●现代通信技术应用。一是移动通信技术的应用。开发出一种在自然灾害发生后确认人身安全的系统。二是无线射频识别技术的应用。在发生灾害时,在避难的道路路面上贴上无线射频识别标签,避难者通过便携装置可以清楚地知道安全避难场所的具体位置。内置无线射频识别标签的手机会告诉搜救人员被埋者所处的具体位置。在救援物资上贴上这种标签,就可以掌握救援物资的数量,根据每个避难所的人数发放物资。三是临时无线基站的应用。开发出了可由摩托车运载，能充当临时无线基站的无线通信装置，从而解决移动通信的信号传输问题。四是网络技术的应用。就是把家庭和办公室的家电产品、房门等和互联网连接起来，由电脑自动控制，当地震计捕捉到震源的纵波以后，可在 3~5 s 后发布紧急预报，系统接到紧急地震快速预报以后，能即刻自动切断火源。五是应用网络技术的救助机器人也已在各种灾害救助中发挥越来越重要的作用。

●灾情监测信息网络。日本投入大量资金研究并建立灾情监测信息网络，如地震灾害监测系统、火山观测系统、气象服务计算机系统，以及卫星系统、可视电话系统和直升机电视传输系统等。一旦发生突发事件，这些灾情监测信息网络可分析灾难可能发生的时间、地点、规模等预警信息，同时保证紧急情况下的信息收集、交换、传达或共享，并将相关信息向全社会发布。

2）防灾行政无线系统——“大喇叭”

日本借助信息通信技术完善灾害预警系统，布设了覆盖中央、都道府县、市町村的三级防灾行政无线系统——“大喇叭”，通过与“全国瞬时警报系统（J-ALERT）”相连，实现灾害信息的瞬时直接传达。近年来，日本不断改进其预警系统，随着互联网的普及，日本开始利用网站、Twitter（推特）等社交媒体发布预警信息，并开发“YAHOO！防灾速报”等预警 APP（手机应用软件），防灾预警信息化更加完善。

“大喇叭”系统覆盖了日本的各个角落，包括城市、乡村和山区。当灾害发生时，如发生地震、台风、洪水等，该系统能够立即启动，通过高音喇叭向公众发布灾害信息、疏散指示和救援动态。这些信息对于引导公众正确应对灾害、减少人员伤亡和财产损失至关重要。除了传递灾害信息外，“大喇叭”系统还具备多种功能。例如，在地震发生后，系统可以自动检测震源和震级，并立即向可能受影响的地区发布预警信息，提醒居民采取防护措施。此外，系统还可以与消防、医疗等救援部门实时联动，协调救援行动，确保救援工作的高效进行。

3）地震信息系统

经过多年建设，日本建立了高度完善的地震信息系统，系统结合了多种先进的技术和手段，包括地震监测网络、数据处理中心、预警发布系统等。地震监测网络由大量的地震监测站点组成，这些站点分布在日本各地，能够实时捕捉到地震波的传播情况。数据处理中心则负责收集、整理和分析这些监测数据，以判断地震的发生概率和影响范围。一旦检测到地震波，该系统会立即启动预警机制。通过预警发布系统，包括电视、广播、手机短信等多种渠道，向可能受影响的地区发布地震预警信息。这些信息包括地震的震级、预计到达时间、可能的影响等，提醒公众采取相应的防护措施。

4）核信息系统

该系统是一个高度敏感和复杂的信息系统，用于管理和保护日本的核资源和安全。该系统涵盖了多个领域，包括核设施的安全管理、核材料的运输和储存、核事故的应急响应等。核动力工程设计试验中心（NUPEC）具体承担对核电厂事故的信息收集、分析、判断、预测和后果评价工作，并向经济产业省提出实施消灾措施的建议。该中心设有核信息系统，包括核信息收集系统、核电厂资料数据库系统、预测评价和决策支持系统、通信系统和显示系统。经济产业省通过 NUPEC 的应急中心与全国 15 个核电厂的核电机组保持联系，实现在线的气象数据和环境监测数据采集。

5)环境应急剂量信息预测系统(SPEEDI)

SPEEDI是一个专门用于预测和评估核事故或其他放射性事件对公众和环境造成的潜在辐射剂量的信息系统。系统整合了多种数据源和模型,包括气象数据、地形数据、放射性物质扩散模型等,以模拟和预测放射性物质在环境中的传播和分布情况。通过输入相关参数和条件,系统能够计算出不同地点和时间的辐射剂量水平,并生成相应的预测结果和报告。SPEEDI系统的预测结果对于评估核事故或放射性事件的严重程度、确定受影响区域的范围、制定疏散和防护措施等具有重要意义。政府和相关机构可以根据SPEEDI系统的预测结果,迅速作出决策,调动资源,以最大程度地减少辐射对公众和环境的影响。此外,SPEEDI系统还具有高度的灵活性和可扩展性。它能够根据不同的核事故或放射性事件类型、规模和环境条件进行调整和优化,以适应各种复杂和多变的情况。

6)东京公共危机应急系统

●东京都防灾中心。中心的作用是在地震、风水灾害中保护市民的生命和财产,维持城市功能的中枢设施,确保防灾机构之间的信息联络、信息分析以及对灾害对策的审议、决定、指示,中心配有防灾行政无线系统、数据通信系统、图像通信信息系统。

●公共危机信息联络系统。除了有线系统,为了防止在灾害发生后出现有线通信被中断的问题,东京都建立了防灾行政无线系统,由固定式无线系统、移动式无线系统和地区卫星通信网络组成。

●受灾信息收集系统。根据规定,以区、市、町、村为首,各有关防灾机构在灾害发生后,迅速地掌握所管辖的地区或业务范围内的受灾信息,通过事先规定的传递系统,向都本部报告。

●公共危机宣传、信息披露和媒介应对系统。政府的信息披露手段有几种,可选择互联网、电视和公共场所媒体文字播放、临时报刊等方式进行。

●地区防灾中心。中心作为地区负责防灾活动的场所,具有收集信息和联系协调、储备和发送救灾物资和作为临时避难所的功能。

7)灾害紧急警报系统(EWBS)

日本广播协会(NHK)在1985年建立了灾害紧急警报系统(EWBS),在发生重大自然灾害和突发紧急情况下,通过该系统电视台和电台可以发射出一个特别的控制信号,使具有紧急警报接收功能的电视机和收音机自动开机并发出警报声,提醒公众有灾害发生。后来,日本于2007年对EWBS进行了数字化改造,并面向手机、电视和车载电视用户提供报警服务,从而从理论上可为任何人、任何地点提供紧急警报。

EWBS系统通过地震预警系统预测到地震时,会迅速向日本气象厅发送警报。一旦气象厅判断地震的震级可能达到5级以上,便会立即向广播中心传递这一消息。广播中心随后会向地震可能波及的地区发送调频信号和有线电视信号。装有应急接收模块的电视机或收音机在接收到这些信号后,会被强制唤醒,并开始播放相关的灾害信息,以提醒公众采取相应的避险措施。

8)紧急地震速报系统(EEW)

EEW是日本气象厅于2004年开始试运行,2007年正式投入使用的地震预警系统。EEW是一个高效且先进的地震预警系统,其工作原理基于地震波传播的速度差异以及地震波与电磁波的速度差异。EEW 系统的工作流程非常迅速且精确。在地震发生后，布置在各地的地震计迅速捕捉到 P 波的数据，并将这些数据实时传输到中央处理中心。中央处理中心对这些数据进行解析，推断出地震的震源、震级以及预计的影响范围。然后，系统会根据这些信息决定是否发出预警。如果预计地震的震级较大，可能对社会造成显著影响，系统便会立即发布紧急地震速报，这些预警信息通过电视、广播、手机等多种渠道迅速传播到公众。系统不仅技术先进，而且覆盖范围广泛。日本拥有庞大的地震观测网络，包括数千个地震计和观测站，这使得系统能够实时监测到全国范围内的地震活动。

9）全国瞬时警报体系（J-ALERT）

J-ALERT 于 2007 年开始投入使用，是日本将紧急防灾疏散信息通过卫星向地方和居民传达的报警系统。该系统通过警报器发送地震、海啸和弹道导弹等威胁的即时紧急信息，以便人们能够立即作出反应。该系统早期依靠技术手段传播警报，现在可以通过海啸、火山爆发或其他灾难的警报发出即时警报。同时，J-ALERT 能够与日本国内移动网络、智能手机和第三方 APP 联合起来，构筑一套完善到民众个人终端的预警系统。

J-ALERT 系统通过整合多种传播渠道，如无线通信网络、卫星通信、电视和广播等，实现了信息的快速和广泛传播。一旦有紧急情况发生，相关的警告和指示信息会立即通过这些渠道发送给各级地方政府、公共机构以及广大民众。此外，J-ALERT 系统还具备高度的灵活性和可扩展性，能够根据不同类型的紧急情况和威胁程度来调整信息传播的范围和方式。

10）地震灾害评估信息系统（DIS）

DIS 是日本地震主管部门气象厅（JMA）规划设计的一套地震灾害预测评估和应急指挥系统，用于震前地震灾害预评估、震后实时灾害评估、制订救援计划以及震后协助修复重建计划等方面。DIS 系统在地震发生后 30 分钟内完成初步灾害评估并自动将结果报送所有政府部门，抗震救灾总指挥部根据 DIS 系统提供的受灾信息，进行救援计划的制订、救援人员的调拨、救灾物资的调配等工作，为地震的救援工作赢得了宝贵的时间。DIS 系统作为日本抗震减灾战略计划的重要一环，通过收集日本全国的地理信息、社会公众信息、生活相关信息，对危险区域可能发生的破坏性地震进行前瞻性评估，为应急救灾体系中的各级政府部门制订相应的防灾计划提供参考依据。

11）健康危机管理信息支援系统（H-CRISIS）

H-CRISIS 是一个专门用于应对公共卫生和健康危机的综合性信息系统。该系统整合了多种数据资源和技术手段，旨在提供及时、准确的信息支持，以协助政府和相关部门在健康危机发生时迅速作出决策并采取有效措施。H-CRISIS 系统具有强大的数据集成和分析能力，能够实时收集、整理和分析来自医疗机构、疾病控制机构、地方政府等多个渠道的健康危机相关信息。通过运用大数据分析、人工智能等先进技术，系统能够对疫情传播趋势、疾病分布情况进行预测和评估，为政府决策提供科学依据。此外，H-CRISIS 系统还具备高效的信息共享和沟通机制。通过建立统一的信息平台，实现各级政府、医疗机构、救援队伍之间的实时信息共享和协同工作。这有助于打破信息孤岛，提高应急响应效率，确保在健康危机发生时能够迅速调动资源、协调各方力量进行应对。

12)防灾支援系统

主要包含防灾行政管理支援系统和防灾规划决策支援系统两大类,其中以防灾行政管理支援系统为主。防灾行政管理支援系统是指以建立行政区域内的防灾规划体制为目的,作为地方政府的灾害预防、灾害应急对应、灾后修复复兴等工作的辅助系统。政府通过该系统,可以有效地进行灾害的预测、防灾规划的制定、灾害时的应急对应、灾后迅速修复复兴等灾害管理。

13)防灾减灾信息化

在防灾教育和培训方面,大量采用虚拟现实技术,真实还原灾害现场。在灾后现场实地教育中,还采用了最新的增强现实技术对比观察同一地点在不同时期的景观变化情况;在灾害损失模拟方面,构建了精细化的灾害损失多情景模拟平台,能够在不同地震情景下,开展损失预先评估;在防灾信息发布方面,基于地理信息系统框架,集成了高分辨率监控探头、实时通信技术等,建立了“防灾情报系统”,灾民可以通过手机、PC(个人电脑)等不同客户端登录该系统,了解最新的地震灾害情况,并通过监控探头寻找安全的避难所。建立了包括电子邮件、手机短信、地震专用频道广播、雅虎地震情报等在内的“紧急速报系统”,也可以实时提供灾害信息。

14)海沟沿线地震和海啸海底观测网(S-net)

日本海沟沿线地震和海啸海底观测网(S-net)是日本为了应对地震和海啸等自然灾害而建立的一套先进的地震海啸观测系统。该观测网沿日本海沟布设,覆盖广泛的海域,通过海底电缆和观测站点的设置,实现了对地震和海啸的实时监测和预警。S-net由多个系统组成,每个系统都包括海底电缆和多个观测站。这些观测站分布在海底的不同位置,能够捕捉到地震波和海啸波的传播情况。海底电缆则将各个观测站连接起来,实现数据的实时传输和共享。通过S-net,日本可以实时获取地震和海啸的监测数据,包括地震波的传播速度、海啸波的高度和到达时间等关键信息。这些数据对于预测地震和海啸的发生、评估灾害规模以及制定应对措施具有重要意义。此外,S-net还具备高度的自动化和智能化特点。系统能够自动分析监测数据,快速判断地震和海啸的发生概率和影响范围,并通过预警系统向相关部门和公众发布预警信息,这大大提高了灾害应对的效率和准确性,为减少灾害损失提供了有力支持。

2.1.11 新加坡

1)应急信息传播系统

该系统是一个高效、快速且广泛覆盖的系统,旨在确保在紧急情况下,相关信息能够迅速、准确地传达给公众和相关机构。这个系统融合了多种传播渠道和技术手段,以确保信息的及时性和有效性。系统的主要特点和组成部分包括以下方面。①多元化传播渠道。系统利用电视、广播、手机短信、社交媒体、政府网站等多种渠道进行信息传播。②快速响应机制。在紧急情况下,系统能够迅速启动并发布相关信息。③信息准确性和权威性。新加坡政府高度重视信息的准确性和权威性。④互动与反馈机制。系统鼓励公众通过社交媒体、电话热线等方式提供反馈和意见。⑤跨部门协作。新加坡应急信息传播系统涉及多个政府部门和机构的协作。⑥技术支持与创新。新加坡注重利用先进的技术手段提升应急信息传播的效果。

2)应急指挥调度平台

新加坡应急指挥调度平台是一个综合性的、高效运作的系统,用于在紧急情况下进行快速、准确的指挥和调度。该平台整合了多个部门和机构的信息资源,通过先进的技术手段和严密的协作机制,确保在应对突发事件时能够迅速作出反应并有效调配资源。平台的一些关键特点和功能包括:信息集成与共享、快速响应与决策、资源调度与协调、通信与协作、模拟演练与培训、数据记录与分析。

2.1.12　以色列

1)基于大数据平台的应急指挥系统

该系统是一个集成了先进技术和大数据处理能力的系统,旨在提高应急响应的效率和准确性。以下是关于该系统的一些关键信息。首先,该系统可能采用了大数据平台,能够实时收集、存储和处理大量的数据。这些数据可能包括来自各种传感器、监控设备、社交媒体和其他来源的信息,如气象数据、交通状况、人员流动等。通过对这些数据的分析和挖掘,系统能够及时发现异常情况、预测事件发展趋势,并为决策者提供有价值的信息。其次,该系统可能具备强大的应急指挥功能。在紧急情况下,系统能够迅速生成警报和通知,并通过多种渠道发送给相关部门和公众。同时,系统还能够支持实时的指挥和调度,帮助决策者制定应对策略、分配资源和协调救援行动。此外,该系统可能还注重与其他应急管理系统和机构的协同配合。通过与相关部门和机构的信息共享和联动,系统能够实现资源的快速调配和高效利用,提高应急响应的整体效能。

2)应急支撑保障系统

该系统大致包括应急通信系统和应急志愿者网络系统。①应急通信系统。考虑到突发事件中传统的网络和通信系统易发生故障和崩溃,以色列设有指挥中心和各相关部门的直接通信线路。②应急志愿者网络系统。志愿者经过系统培训、规范组织并配有定位设备,可迅速到位并发挥作用。

3)全国性创伤救急系统

该系统是一个高度发达和协调的紧急医疗服务网络,旨在迅速响应和处理各种创伤事件,包括交通事故、恐怖袭击、战争伤害等。该系统整合了医疗机构、急救服务、专业救援队伍和相关政府部门,以确保伤者在最短时间内获得最佳的医疗救治。系统的一些关键组成部分和特点包括:统一的急救电话号码、调度中心、救护车服务、专业救援队伍、创伤中心、协调与合作、持续培训与教育、研究与改进。

4)伤亡管理系统

该系统旨在有效管理和应对各种紧急事件中的伤亡情况,该系统的核心在于通过协调各方资源,确保在紧急情况下能够迅速、准确地收集、分析和处理伤亡信息,从而为决策者提供有力的支持,并优化救援行动。功能包括以下方面。①信息收集与整合。系统通过多个渠道收集伤亡信息,包括现场报告、医疗机构记录、社交媒体等。这些信息被整合到一个统一的数据库中,便于分析和查询。②实时分析与评估。系统具备强大的数据分析能力,可以对收集到的伤亡数据进行实时分析,提供伤亡趋势、伤亡分布等关键指标。这有助于决策者了解事态发展，制定合适的应对策略。③信息共享与协作。系统支持多部门、多机构之间的信息共享和协作。通过统一的信息平台，不同部门和机构可以实时获取最新的伤亡信息，协同开展救援行动。④资源调配与优化。根据伤亡情况，系统能够评估救援需求，优化资源配置。包括救援人员、医疗设备、物资等的调配，确保救援行动的高效进行。⑤事后总结与改进。事件结束后，系统都会进行事后总结，分析救援行动中的成功经验和不足之处，为未来的救援行动提供改进建议。

5）应急救治指挥通信系统（EX-TEAMS）

EX-TEAMS 是一个专为应急管理和医疗救治设计的先进通信系统。该系统旨在提供高效、可靠的通信支持，以确保在紧急情况下能够快速、准确地传递关键信息，协调救援行动，并优化应急救治流程。系统具有以下关键特点和功能。①实时通信与信息共享。系统通过先进的通信技术，实现实时语音、视频和数据传输。这确保了在紧急情况下，不同部门和机构之间能够迅速、准确地共享关键信息，如伤员情况、救援资源、现场进展等。②跨部门协同合作。EX-TEAMS 支持多部门、多机构之间的协同合作。通过统一的通信平台，不同部门可以实时沟通、协调行动，形成合力，共同应对紧急情况。③移动性与灵活性。系统具备高度的移动性和灵活性，可以适应不同场景和环境下的应急需求。无论是在城市、乡村还是偏远地区，EX-TEAMS 都能提供稳定、可靠的通信支持。④决策支持与指挥调度。系统集成了先进的决策支持和指挥调度功能。通过实时数据分析和可视化展示，决策者能够迅速了解事态发展，制定合适的应对策略，并指挥调度救援资源。

6）医疗管理指挥控制系统（CoView）

CoView 是一个集成化的医疗管理平台，旨在通过高效的信息整合和通信，提升医疗救治和应急管理的效率和效果。CoView 系统的核心功能包括以下方面。①实时数据整合与展示。系统能够实时收集来自不同医疗机构、急救车辆、现场指挥部等的数据信息，包括患者情况、医疗资源、救治进展等。通过先进的数据处理和可视化技术，将这些信息以直观、易懂的方式展示给决策者，帮助他们迅速了解全局情况。②指挥调度与协同。基于实时数据，CoView 系统支持医疗资源的优化分配和调度。通过自动化和智能化的算法，系统能够预测救治需求，指导救援队伍和医疗资源的合理配置。同时，系统支持多部门、多机构之间的协同合作，确保各方能够迅速响应、高效协作。③决策支持与辅助。系统内置了丰富的医疗救治知识和经验库，能够为决策者提供科学、合理的救治建议。通过模拟和预测功能，系统还能够帮助决策者预测事态发展趋势，制定具有针对性的应对策略。④通信与信息共享。CoView 系统提供了高效、稳定的通信渠道，支持语音、视频、文本等多种通信方式。通过系统，医疗人员、救援队伍、指挥机构等能够实时沟通、共享信息，确保信息的及时传递和准确理解。

2.2　国内发展现状

2.2.1　智慧应急发展前身

2.2.1.1　应急平台体系技术原型系统

国家应急信息平台的研究最早于 2004 年在清华大学等单位开展，2006 年依托“十一五”国家科技支撑计划《国家应急平台体系关键技术研究与应用示范》项目，清华大学研制出了应急平台体系技术原型系统。主要形成了以下创新技术。

●提出了基于公共安全科技和信息技术交叉融合，在我国构建具备风险分析、信息报告、监测监控、预测预警、综合研判、辅助决策、指挥协调与总结评估等功能的应急平台及其体系的整体思路、总体设计方案和技术要求。

●按照应急平台体系的功能需求，基于详尽的需求分析，以事件链、预案链及其相互关联为主线，凝练提取出构建应急平台体系的关键功能要素、主要节点的特性与共性技术，以及节点间的逻辑与协同关系的表达方式。提出了应急平台及其体系的综合应用系统和数据库的总体架构、概要设计和详细设计。

●应急平台信息获取、预测预警及决策指挥等关键技术研究与综合集成，基于 GIS、数字预案和先进信息技术的应急支持技术与综合集成研究，数据库与模型库、预案库、知识库的集成应用研究。

●应急信息资源分级分类，应急平台体系不同节点数据和应急平台不同类别数据的分析、管理与融合、共享技术。

●针对四大类突发公共事件的各子类事件，建立了基于事件影响区域内触发要素分析，能给出可能发生的次生、衍生事件的事件链逻辑判断模型。建立了能集成事件链判断和多种单事件预测的多事件次生、衍生、耦合的综合预测模型。建立了能综合现场信息获取和相关层级信息共享，基于数字预案以自动或人机交互模式关联知识库、案例库、事件链/预案链分析和专家建议等要素，进行综合研判，生成决策辅助方案的智能化方法。

●发展出能对应急平台体系软硬件系统运行状态、执行效率和资源占用率进行实时监控和分析评测的集成测试技术，为应急平台体系的安全、稳定、高效运行提供技术支撑。

2.2.1.2　应急平台发展阶段

●第一代。单警种应急指挥系统（ERS），1986—2006 年。新中国成立之初，我国虽然建立了地震局、水利局、气象局等专业性或兼容性的防灾减灾机构，但各部门几乎都是独立负责管辖范围内的灾害预防和抢险救灾。受当时条件和环境的限制，应急管理本身并无体系可言，应急信息系统建设更是无从谈起。至 20 世纪 80 年代，电话报警已成为现实。鉴于此，沿海和内地一些大城市的公安机关，开始展开特服号码报警服务工作，即由指挥调度中心值守人员受理报警特服号码（如 110、119、122 等）后，依据事件紧急情况和区域位置，快速调度应急力量进行相应处置。由此，揭开了我国单警种指挥调度系统建设的序幕。

●第二代。三台合一(IERS)/应急联动系统(CERS),2001—2008年。三台合一(IERS)就是110、119和122报警服务台三合一,实现"统一接警,异地分专业处警";应急联动系统(CERS)是综合各种城市应急服务资源,采用统一的号码,用于公众报告紧急事件和紧急求助。由政府统一协调、统一调度相关部门协同工作,统一接警,统一指挥,联合行动,为市民提供相应的紧急救援服务,为城市的公共安全提供强有力保障。CERS的4种建设模式:"分步接警、分步处警、大警协同"模式;"统一接警、分步处警"模式;"统一接警、分步处警、大警协同、资源共享"模式;"统一接警、统一处警"模式。IERS是公安部门内部系统的整合,而CERS则是两个以上部门应急指挥系统的整合。

●第三代。城市应急联动系统,2001年开始。城市应急联动系统综合了多方面资源,采用统一的号码接受公众报告紧急事件和求助,并通过指挥调度系统支撑应急处置工作。系统形成了一个城市应急指挥调度中心,不再局限于公安部门的接处警应用,而是由政府统一协调、指挥、调度更多的应急相关部门协同工作,实现了全市范围内的应急联动。由于实现了多个部门之间的协调,系统可应对类型更多的突发公共安全事件。

●第四代。初始的应急平台体系(IEMS),2005年开始。IEMS是涵盖各类突发事件应急管理全过程(监测监控、预测预警、应急准备/规划、决策/指挥/处置/支持、恢复重建分析)的"集成系统的集成",即指以通信和计算系统为依托,将某一地域范围内跨越多个管理域,具有不同体系结构的各种信息系统综合集成为具有单一体系结构的系统聚合。特点是"多级、两维、一主线"的结构,其中,"多级"指国家、省、地、县等级;"两维"指政府与各专业委办局;"一主线"指以政府应急机构为主线,实现"横向到边、纵向到底"的应急管理,政府应急信息平台上连上级政府、下接委办局及下级政府、横通联动机构。

●第五代。成熟的应急平台体系(IEMS),2009年开始。IEMS是整个应急体系的中枢,是面向公众的接处警系统和城市级别的指挥调度中心。此时,建设目标是实现国家、省、市、县、乡、社区平台的互联互通,构建一个完整的应急平台体系。它是高度智能化的指挥系统,能对现有信息进行挖掘、整理,寻找到趋势和规律,从而对可能出现的灾害作出预警,对突发公共事件提出对策。具备日常管理、风险分析、监测监控、预测预警、动态决策、综合协调、应急联动与总结评估等功能。

2.2.1.3 应急平台体系建设

2006年10月十六届六中全会《中共中央关于构建社会主义和谐社会若干重大问题的决定》中指出"建立统一高效的应急信息平台"。2009年,国家应急平台完成建设上线运行,开始了全面的应急平台体系建设。目前,平台体系具体化如下。

●国家级应急平台。包括国务院应急平台,31个省(自治区、直辖市)、新疆生产建设兵团、5个计划单列市应急平台,20个有应急职能部门应急平台和100个部门值班系统。建设以国务院应急平台为中心,以省级和部门应急平台为节点,上下贯通、左右衔接、互联互通、信息共享、互有侧重、互为支撑、安全畅通的国家应急平台体系。

●国务院级应急平台。平台平时满足国务院值守应急需要,与各地区、各有关部门应急平台保持联络畅通。可实时接报特别重大、重大突发公共事件信息和现场图像,以及特别重大突发公共事件预测预警信息。可以在国务院应急指挥厅召开视频会议,察看事发现场情况，进行异地会商，调用地方和部门应急平台的数据和相关资料，对事态发展进行仿真模拟和研判分析，实施指挥调度等。

●部门级应急平台。针对本部门或本领域突发公共事件信息的接报处理、跟踪反馈和应急处置等应急管理需要，建设部门级应急平台。与相关应急平台实现互联互通，并能够向国务院应急平台提供专业数据和实时图像等信息。

●省级应急平台。平台由省级应急平台、省级部门应急平台组成：省级应急平台建设围绕本地区应急管理需要，遵照国家应急平台体系要求，搭建以省级应急平台为枢纽，以市级和省级部门应急平台为节点的全省应急平台体系，实现应急处置和管理过程中的互联互通、资源共享、统一指挥、处置高效；省级部门应急平台满足本地区应急管理工作需要，实现与国务院应急平台、国务院有关部门应急平台以及省级有关部门应急平台、地市级和县级应急平台互联互通。

●市级应急平台。平台是省应急平台体系的重要节点，与省级、县级、市级部门应急平台互联互通。平台注重信息交互及实战指挥，对本市范围内较大以上的突发事件和跨县域突发事件的应对处置工作实施综合协调和处置。平台上连省级应急平台，按省级应急平台的要求完成有关任务；下辖县级和市级部门应急平台，向县级和市级部门应急平台下达有关任务。

●县级应急平台。平台是国家应急平台体系和省级应急平台体系的基础，负责本地区突发事件的应对处置，平台通过市级应急平台与省级应急平台互联互通。

●移动应急平台。平台是一个可移动的指挥场所，通过卫星通信等通信手段与各级应急平台进行联系。平台可以在运动状态和静止状态下工作，平台在汽车、轮船运输中可以使用，可以通过卫星通信信道与国务院、省、市、县四级应急平台进行信息交互。

2.2.2　智慧应急发展历程

2.2.2.1　智慧应急建设政策文件

2016 年国务院办公厅出台了《国家应急信息化规划（2016—2020 年）》，该规划提出了信息化在应急管理中的应用方向和发展目标，明确了推动应急信息化建设的政策措施。

2017 年国务院印发了《国家突发事件应急体系建设“十三五”规划》，提出要加强应急管理相关学科建设；发展应急管理学历教育、在职教育，培养应急管理专业人才队伍；完善公共安全科技支撑体系，面向应急管理重大需求，加强相关重点实验室、工程中心、研究中心、评估中心、检测检验中心等科技支撑条件平台能力建设；加大公共安全与应急管理科研投入力度，加强公共安全与应急管理共性基础科学问题研究；开展城镇公共安全风险防控与治理、安全生产保障与重大事故防控、紧急医学救援与突发急性传染病防治、国家重大基础设施安全保障、综合应急技术装备、智能应急等重点方向的科技攻关、装备研制和应用示范。

2017 年科技部印发了《“十三五”公共安全科技创新专项规划》，其核心发展思路即围绕我国公共安全科技创新重大需求，加强高新技术应用和综合集成，强化实时感知预知、大数据分析决策、综合治理、多功能智能化应急装备等关键技术研发。引导国防科技成果向公共安全领域转化，培育和发展安全与应急产业。

2018 年应急管理部制定印发了《应急管理信息化发展战略规划框架(2018—2022 年)》,提出到 2020 年,初步形成较为完备的应急管理信息化体系,基本建成覆盖重点风险领域的感知网络、多手段融合的国家应急通信网络和北京主数据中心,计算、存储等基础设施全面云化。提出建设智慧应急协同的业务应用体系,形成“1+5+5+1”的架构设计,即 1 个大平台、5 大业务域、5 大集成门户和 1 个应用生态。

2019 年 4 月国务院安委会办公室、国家减灾委办公室、应急管理部联合印发了《关于加强应急基础信息管理的通知》(安委办〔2019〕8 号),明确提出构建一体化全覆盖的全国应急管理大数据应用平台,充分利用大数据、云计算、物联网等技术,实现重大风险和隐患在线监测、超前预警预报和灾害事故高效处置。各地区、各有关部门、各行业企业要在加强自身信息化建设、健全完善相关系统的基础上,将本地区、本部门掌握的风险和隐患信息以及灾害事故信息逐步接入,形成纵向贯通、横向集成、安全可靠、覆盖灾害防治全部行业领域的全国应急管理大数据应用平台。

2019 年 4 月应急管理部发布了《2019 年地方应急管理信息化实施指南》(应急函〔2019〕22 号),指南要求地方应急管理部门应完成转隶单位的已建系统整合接入和数据共享工作。在条件允许的情况下,接入外单位的相关信息系统。省、市级应急管理部门要初步建成应急管理数据治理系统,建设形成符合实际的资源库、主题库和专题库等。

2019 年 11 月,习近平总书记在中央政治局第十九次集体学习时强调,要强化应急管理装备技术支撑,优化整合各类科技资源,推进应急管理科技自主创新,依靠科技提高应急管理的科学化、专业化、智能化、精细化水平。要加大先进适用装备的配备力度,加强关键技术研发,提高突发事件响应和处置能力。要适应科技信息化发展大势,以信息化推进应急管理现代化,提高监测预警能力、监管执法能力、辅助指挥决策能力、救援实战能力和社会动员能力。

2020 年应急管理部通信信息中心发布了《发展规划框架(2020—2022)》,规划中强调要把握全球信息技术发展趋势,推动云计算、大数据、物联网、人工智能、移动互联、IPv6、虚拟现实(VR)、增强现实(AR)等新一代信息技术深度应用,加强应急管理技术创新、应用创新、模式创新,不断激发创新内生动力,营造创新良好生态,拓宽创新发展途径。

2021 年 3 月《中华人民共和国国民经济和社会发展第十四个五年规划和 2035 年远景目标纲要》明确提出:“强化数字技术在公共卫生、自然灾害、事故灾难、社会安全等突发公共事件应对中的运用,全面提升预警和应急处置能力。”

2021 年 5 月应急管理部发布了《关于推进应急管理信息化建设的意见》(应急〔2021〕31 号),指出要强化实战导向和“智慧应急”牵引,规划引领、集约发展、统筹建设、扁平应用,夯实信息化发展基础,补齐网络、数据、安全、标准等方面的短板弱项,推动形成体系完备、层次清晰、技术先进的应急管理信息化体系,全面提升监测预警、监管执法、辅助指挥决策、救援实战和社会动员能力。在“智慧应急”试点方面要坚持先行先试、引领示范,支持鼓励各试点地区加快推进相关业务系统智能化升级改造,通过创新驱动实现先进信息技术与本地区应急管理工作实际深度融合,探索经验、总结提炼,形成一批管用实用的先进智能化应用模式,为全国提供可复制、可推广的成熟经验做法。

2021 年 12 月中央网络安全和信息化委员会发布了《“十四五”国家信息化规划》,明确提出打造平战结合的应急信息化体系：一是智慧应急是应急管理现代化的发展方向。必须主动顺应和引领新一轮信息革命浪潮，在新的历史起点上开创应急管理信息化发展新局面；二是新一代信息科技为智慧应急建设提供了历史机遇。新一代信息科技驱动万物互联，数字化、网络化、智能化服务将无处不在，为加快应急管理信息化建设迎来了难得的历史机遇；三是智慧应急是提升应急管理能力的重要载体。智慧应急应提高监测预警、监管执法、辅助指挥决策、救援实战和社会动员能力，逐步改变传统经验式、粗放化的应急管理方式，向科学化、精准化和智能化转变，实现智慧应急。

2022 年 2 月国务院印发了《“十四五”国家应急体系规划》，提出集约建设信息基础设施和信息系统，推动跨部门、跨层级、跨区域的互联互通、信息共享和业务协同；加强空、天、地、海一体化应急通信网络建设，提高极端条件下应急通信保障能力；建设绿色节能型高密度数据中心，推进应急管理云计算平台建设；系统推进“智慧应急”建设，建立符合大数据发展规律的应急数据治理体系；构建基于天通、北斗、卫星互联网等技术的卫星通信管理系统，实现应急通信卫星资源的统一调度和综合应用；提高公众通信网整体可靠性，增强应急短波网覆盖和组网能力；实施智慧应急大数据工程，强化应急管理应用系统开发和智能化改造，构建“智慧应急大脑”；采用 5G 和短波广域分集等技术，完善应急管理指挥宽带无线专用通信网；推动应急管理专用网、电子政务外网和外部互联网融合试点；建设高通量卫星应急管理专用系统，扩容扩建卫星应急管理专用综合服务系统；开展北斗系统应急管理能力示范创建。

2022 年 6 月国家减灾委员会印发了《“十四五”国家综合防灾减灾规划》（国减发〔2022〕1 号），构建高效科学的灾害防治体系。一是灾害综合监测预警系统建设。亟须强化卫星遥感、大数据、云计算、物联网等技术融合创新应用，加强综合监测预警系统建设，提高预报预警时效性准确性。二是应急卫星星座应用系统建设。亟需依托国家空间基础设施建设，系统性构建应急卫星星座与综合应用体系，推动形成区域凝视卫星、连续监测卫星、动态普查卫星序列，构建全灾种、全要素、全过程应急卫星立体观测体系。开展重大灾害和多灾种、灾害链多要素综合监测。三是应急资源综合管理信息化建设。包括应急救援队伍管理信息化建设、应急装备物资管理信息化建设、应急避难场所管理信息化建设等。

2022 年 10 月，党的二十大报告提出以中国式现代化全面推进中华民族伟大复兴，专项部署提高公共安全治理水平，要求“坚持安全第一，预防为主，建立大安全大应急框架，完善公共安全体系，推动公共安全治理模式向事前预防转型”。其中，最为重要的一个方面就是作出“建立大安全大应急框架”战略部署。

2023 年 9 月工业和信息化部、国家发展改革委、科技部、财政部、应急管理部印发了《安全应急装备重点领域发展行动计划（2023—2025 年）》（工信部联安全〔2023〕166 号），聚焦地震和地质灾害、洪水灾害、城市内涝灾害、冰雪灾害、森林草原火灾、城市特殊场景火灾、危化品安全事故、矿山（隧道）安全事故、紧急生命救护、家庭应急等场景应用的重点安全应急装备，强化核心技术攻关及推广应用。

2023 年应急管理部发布了《“十四五”智慧应急发展规划》，规划总体架构遵循“四横四纵”总体架构，建设“两网络”“四体系”“两机制”，形成智慧的应急信息化体系：“两网络”指全域覆盖的感知网络、天地一体的应急通信网络；“四体系”指先进强大的应急大脑支撑体系、智慧应急应用体系、安全可靠的运行保障体系、严谨全面的标准规范体系；“两机制”指统一完备的信息化工作机制和创新多元的科技力量汇集机制。

2.2.2.2 智慧应急试点建设阶段

2020 年 9 月应急管理部公布了“智慧应急”试点建设名单，确定天津、河北、黑龙江、江苏、安徽、江西、山东、湖北、广东、云南等 10 个省（直辖市）作为智慧应急建设试点省市先行先试。坚持业务、问题导向，围绕应急管理实际工作的难点、痛点，结合自身特点明确发展任务、方向，以信息化、网络化、智能化破解发展难题，是各试点单位开展“智慧应急”建设的主要路径。坚持先行先试、引领示范，支持鼓励有条件的地区通过创新驱动打造应急管理信息化应用样板，培育一批特色鲜明、优势互补的“智慧应急”示范点，为全国提供可复制、可推广的成熟经验做法，这是“智慧应急”试点建设工作的重要目标。

10 个试点省市在一年多的时间里取得了积极的应用成效，监测预警、监管执法、辅助指挥决策、救援实战、社会动员等“五大能力”得到显著提升。各试点省市边探索、边建设、边应用，在工作机制、基础设施、智能应用和支撑队伍建设等方面形成了一些好经验、好做法，历练了队伍，提升了能力，为全面推广“智慧应急”积累了宝贵经验。

2020 年 11 月应急管理部召开了“智慧应急”建设现场推进会，会议要求各地要全面启动智慧应急建设工作。在信息化全覆盖基础上，更加注重系统融合和智能升级；要推进监测预警系统全覆盖和智能化，加快高水平安全生产、自然灾害、城乡安全风险监测预警平台建设；要推进应急指挥系统智能化和高效化，提高应急通信保障水平和灾害事故信息获取能力，建强“智慧应急大脑”；要推进“互联网+监管”智能化升级，提高监管执法和服务企业水平；要推进智能科普宣教培训和应急信息发布，加快应急广播体系建设，提高社会动员能力；要加强新型智能装备研发应用，提高应急救援实战水平。

2022 年 1 月，应急管理部对上述 10 个“智慧应急”试点省市的建设情况进行了成果评估。评估结果是：各试点省市牢固树立集约化建设、融合式发展、扁平化应用的发展理念，克服疫情反复、经验不足、经费紧张等困难，探索形成“智慧应急”建设新模式，初步构建“智慧应急”发展新格局。智慧应急试点建设从根本上转变了地方应急信息化发展理念，形成了良好的发展态势，为“十四五”应急管理信息化工作奠定了坚实基础。

2022 年，智慧应急进入第二个阶段试点，即落地深化阶段，应急管理部将主要聚焦地市级城市，结合地域特色、业务特点，开展第二批试点建设工作。地市级试点贴近应急管理一线具体工作，更能体现精细化治理发展需要。第二批试点建设将会进一步厘清“统”和“分”的职责边界，更加注重实战化，强调“用”而非“建”，以解决本地的业务难题为重点。

2.2.2.3 智慧应急全面发展时期

完成智慧应急第二批试点建设后，将在全国推行智慧应急建设。当前，智慧应急建设已经进入了一个新的阶段，即全面发展时期，体现在以下 4 个方面。

●党的二十大提出了大安全大应急框架下的应急管理体系。大安全大应急首先是一个框架，这个框架是健全稳定、能够广泛覆盖的四梁八柱，总目标是国家安全和人民幸福。顶层有智慧应急大脑来支撑智慧化业务模式；中间有几根柱子，包括体制机制、法治保障、科技装备、信息化、宣传等；底层有工作基础，包括各部门分工、救援力量、各类业务等。

●全国智慧应急战略正式实施。智慧应急重点阶段已经从全面建设转向全面应用，现在到了应用阶段，面临的挑战可能会更大，问题肯定会更多、更棘手，一定要深入理解“智慧应急”，推动智慧应急战略全面实施。

●国家应急指挥总部投入使用。国家应急指挥总部经过几年建设发挥了很好的作用，对监测预警、情报研判、指挥处置等提出更高的要求，围绕国家应急指挥总部的运行要求推动各级地方信息化体制升级，使得保障工作更加高效顺畅、快速灵敏。

●应急管理部编制的《“十四五”智慧应急发展规划》发布，对“十四五”期间“智慧应急”建设提出明确思路和指导，进一步强化顶层设计，并对全国各级应急管理部门的信息化建设工作开展专项治理，解决地方重复建设的问题。

2.2.3　智慧应急取得的成绩

2.2.3.1　智慧应急法律法规建设成绩

●国家和地方层面相继出台了一系列与智慧应急相关的法律法规，明确了智慧应急建设的目标、原则和任务，为智慧应急工作提供了明确的指导。这些法律法规和政策文件不仅规范了智慧应急工作的基本要求，还明确了各方责任和义务。

●在智慧应急法律法规建设中，注重了与现有法律法规的衔接和协调。相关部门在制定智慧应急法律法规时，充分考虑了现有法律法规的体系和框架，确保了智慧应急法律法规与现有法律法规的相互补充和协调一致。

●在推进智慧应急法律法规建设的过程中，还注重了实践经验的总结和借鉴。相关部门通过调研和实践，积累了大量的智慧应急工作经验和做法，这些经验和做法被及时总结和提炼，并融入智慧应急法律法规的制定中。

2.2.3.2　智慧应急标准规范建设成绩

●标准体系初步形成。初步形成了覆盖智慧应急全过程的标准体系，这些标准规范涵盖了数据采集、传输、处理、应用等各个环节，为智慧应急建设提供了统一的指导和依据。

●技术标准化水平提升。在智慧应急建设中，注重技术创新与标准化相结合，推动了一批关键技术的标准化。

●规范管理与应用。标准规范不仅为智慧应急建设提供了技术支撑，还推动了应急管理的规范化。通过制定应急预案、操作流程等标准，规范了应急人员的行为，提高了应急响应的准确性和时效性。

●促进产业健康发展。通过制定统一的标准和规范，推动了智慧应急相关设备的研发和生产，提高了产品的质量和性能。同时，也为应急服务产业的发展提供了有力支持。

2.2.3.3　智慧应急规章制度建设成绩

●各级政府和相关部门已经出台了一系列关于智慧应急的规章制度和政策文件，为智慧应急工作提供了明确的指导和规范，这些规章制度涵盖了智慧应急的各个方面。

●智慧应急规章制度建设注重实际操作性和针对性。在制定规章制度时，充分考虑到各种应急场景和需求，结合实际情况进行具体规定，使得规章制度更加贴近实际、便于执行。

●智慧应急规章制度建设还加强了与相关领域的协调配合。通过与其他部门的规章制度进行衔接和协调，形成了较为完善的智慧应急制度体系，提高了应急管理的整体效能。

●智慧应急规章制度建设还推动了应急管理工作的规范化、标准化和法制化。通过制度的约束和规范，使得应急管理工作更加科学、高效、有序。

2.2.3.4 智慧应急基础设施建设成绩

●在基础通信设施建设方面，智慧应急系统通过构建高速、稳定、安全的通信网络，实现了应急信息的实时传输和共享。

●在监测预警设备方面，智慧应急系统配备了各种先进的传感器、监测仪和预警系统，能够实时监测各类应急事件和灾害的发生和发展情况。

●在应急指挥和调度设备方面，智慧应急系统建设了功能强大的指挥中心和调度系统，配备了高清视频会议、大屏显示、语音识别等先进设备和技术。

●在应急救援装备方面，智慧应急系统也取得了显著进展。包括研发了各类先进的救援机器人、无人机、消防车辆等，提高了应急救援的效率和安全性。

●在基础支撑设施方面，智慧应急系统也加强了建设。建设了稳定的电力供应系统、可靠的数据存储和备份设施等，确保智慧应急系统的稳定运行和数据安全。

2.2.3.5 智慧应急网络通信建设成绩

●智慧应急网络通信建设在提升网络覆盖范围和通信质量方面取得了显著成效。实现了应急现场与指挥中心之间的实时通信，确保了信息的及时传递和处理，特别是在偏远地区和复杂环境下，网络通信的覆盖能力得到了显著增强。

●智慧应急网络通信建设推动了应急信息的共享和协同。通过构建统一的应急管理平台，实现了不同部门、不同系统之间的数据共享和互联互通。同时，还建立了跨部门、跨区域的协同机制，确保在应对突发事件时能够迅速调动各方力量和资源，形成合力。

●智慧应急网络通信建设还注重技术创新和应用。利用5G、物联网、大数据等先进技术，实现了对应急现场的实时监测、预警和智能分析。同时，还积极探索新的通信技术和手段，如无人机通信、卫星通信等，以应对各种复杂和特殊的应急场景。

2.2.3.6 智慧应急接入感知建设成绩

●多元化感知设备部署。在智慧应急接入感知建设中，各种先进的感知设备被广泛应用于不同场景。这些设备包括传感器、摄像头、无人机、雷达等，能够实时采集和传输环境、人员、物资等多方面的数据。

●数据接入与整合能力提升。智慧应急接入感知建设不仅注重感知设备的部署，还重视数据的接入与整合。通过建设统一的数据接入平台，实现了不同来源、不同格式数据的汇聚和整合。

●感知数据应用创新。通过利用感知数据，实现了对应急现场的实时监测、预警和预测。同时,还开展了基于感知数据的风险评估、资源调度等工作,提高了应急响应的针对性和效率。

●安全保障措施加强。通过采用加密技术、访问控制等手段,确保了感知数据的安全性和隐私性。同时,还建立了完善的安全管理制度和应急响应机制,以应对可能出现的网络攻击和数据泄露等风险。

2.2.3.7　智慧应急数据采集建设成绩

●智慧应急数据采集建设实现了数据的高效采集和实时更新。通过应用先进的传感器技术、物联网技术等,实现了对应急现场各类数据的实时采集和传输,确保数据传输的及时性和准确性。同时,建立了动态更新的数据机制。

●数据采集范围得到了显著扩大。不仅注重了对传统应急数据的采集,还积极拓展了新兴领域的数据采集范围,通过卫星遥感技术采集地理空间数据,通过社交媒体平台收集社会舆情数据等。

●智慧应急数据采集建设还注重数据的质量控制和校验。通过建立严格的数据质量控制体系,对采集到的数据进行校验和清洗,确保数据的准确性和可靠性。

●智慧应急数据采集建设在数据共享和协同方面也取得了显著成效。通过建立统一的数据共享平台,实现了不同部门、不同系统之间的数据共享和互联互通,打破了信息孤岛。

2.2.3.8　智慧应急数据整合建设成绩

●实现了跨部门、跨系统的数据整合。整合了来自各个部门和系统的应急数据,消除了数据孤岛,实现了数据的互联互通。这使得应急管理部门能够更全面、更准确地掌握应急资源、事件信息、风险隐患等关键数据,为决策提供有力支持。

●提升了数据的质量和准确性。在数据整合过程中,注重数据的清洗、校验和标准化处理,通过采用先进的技术手段和算法,对海量数据进行筛选、过滤和修正,提高了数据的可信度和可用性。

●智慧应急数据整合建设还推动了数据资源的共享和协同利用。通过建立数据共享机制,实现了不同部门、不同系统之间的数据互通和共享,提高了数据资源的利用效率。

●在数据安全性和隐私保护方面,通过采用先进的数据加密技术、访问控制技术等手段,确保了应急数据的安全性和隐私性,以应对可能出现的数据泄露、篡改等风险。

2.2.3.9　智慧应急数据管理建设成绩

●数据库实现了与多个关键系统和数据库的融合与对接。通过累计融合对接数据达千万级项次,实现了数据的全面整合和高效利用,为应急管理提供了强大的数据支持。

●数据库建设在数据分析与应用方面取得了显著进步。利用大数据分析和人工智能算法,对海量数据进行深度挖掘和处理,提取出有价值的信息,为应急决策提供科学依据。

●数据库建设还加强了与其他应急管理系统和资源的衔接与整合。通过构建统一的数据共享平台,实现了信息的互联互通和资源共享,提高了应急管理的整体效能。

●数据库的建设成果在实际应用中得到了充分体现。通过利用数据库提供的数据支持和决策依据，各级应急管理部门能够更加精准、高效地开展应急管理工作，有效提升了应急响应的速度和准确性。

2.2.3.10 智慧应急数据共享建设成绩

●数据共享平台的建设取得了重要突破。通过构建统一的数据共享平台，实现了跨部门、跨地域、跨系统的数据互联互通。这一平台整合了各类应急数据资源。

●数据共享范围不断扩大。随着数据共享建设的深入推进，越来越多的应急数据被纳入共享范围。不仅包括了传统的灾害监测、预警数据，还涵盖了社会舆情、风险评估、应急演练等多方面的数据。

●数据共享机制日益完善。注重建立健全的数据共享机制，包括数据共享标准、数据共享流程、数据共享安全等方面的规范。

●数据共享在应急管理中的应用取得了显著成效。通过数据共享，应急管理部门能够更快速地获取和分析数据，为灾害预警、应急响应、资源调度等提供有力支持。

2.2.3.11 智慧应急风险监测建设成绩

●监测能力提升。通过引入先进的传感器技术、物联网技术等，智慧应急风险监测系统的监测能力得到了大幅提升。同时，通过构建多维度的监测网络，实现了对重点区域、重点目标的全方位、全时段监测，有效提高了风险防控的精准度和时效性。

●数据分析和预警能力增强。通过运用大数据、人工智能等技术手段，系统能够自动识别出异常数据和潜在风险，并及时发出预警信息，大大降低了灾害事故发生概率和影响程度。

●智能化水平提高。系统能够自动学习和优化监测模型，提高监测的准确性和可靠性。同时，通过与其他系统的互联互通，实现了信息的共享和协同处理，提高了应急响应的效率和协同性。

●应用场景不断拓展。除了传统的工业安全、环境保护等领域外，还逐渐应用于城市安全、公共安全等领域，实现了对城市运行过程中的各种安全风险的实时监测和预警。

2.2.3.12 智慧应急预测预警建设成绩

●预测预警技术不断创新。建设借助大数据、人工智能、物联网等先进技术，实现了对各类灾害风险的精准预测和及时预警。能够发现灾害发生的规律和趋势，为应急管理部门提供科学的决策依据。

●预警信息发布渠道日益完善。通过建立多渠道的预警信息发布系统，确保预警信息能够及时、准确地传达给相关部门和公众。这些渠道包括电视、广播、手机短信、社交媒体等，实现了对各类人群的全面覆盖。

●预测预警在应急管理中发挥重要作用。通过精准的预测和及时的预警，应急管理部门能够提前采取措施进行防范和应对，降低了灾害发生的概率和影响程度。同时，预警信息还能够引导公众采取正确的避险措施，减少人员伤亡和财产损失。

●典型案例不断涌现。在智慧应急预测预警建设中，涌现出了许多典型案例。这些案例充分展示了智慧应急预测预警在提升应急管理能力和降低灾害风险方面的成效，为其他地区提供了宝贵的经验和借鉴。

2.2.3.13　智慧应急舆情监控建设成绩

●舆情信息采集机制得到了极大的完善。通过建立专业的舆情监测预警平台，实现了对全网络信息的持续监测，形成了信息有效采集的机制，这些平台能够实时搜集和分析各类舆情信息，包括社交媒体、新闻报道、论坛博客等信息载体。

●舆情监测与预警能力得到了显著提升。通过对舆情信息背后的社会逻辑和原因进行深入分析，智慧应急舆情监控系统能够准确判断舆情事件的性质、规模和影响范围，为政府和企业提供科学、有效的预警信息和意见建议。

●舆情反馈和沟通机制也得到了加强。通过建立日常、定期、重大舆情的分层预警机制，智慧应急舆情监控系统能够及时向相关部门和人员反馈舆情信息，实现信息的实时共享和协同处置。

●智慧应急舆情监控建设还注重技术创新和应用。利用大数据、云计算、人工智能等先进技术，对舆情信息进行深度挖掘和分析，提高了预警的准确性和时效性。

2.2.3.14　智慧应急信息发布建设成绩

●信息发布的及时性与准确性。借助先进的技术手段，如大数据、云计算、人工智能等，实现了对应急信息的实时收集、处理与发布。系统能够在第一时间获取到应急事件的相关信息，经过快速的分析和验证后，迅速向公众发布。

●信息覆盖面的扩大。发布系统通过整合多种渠道，包括官方网站、社交媒体、手机短信、电视广播等，实现了信息的全面覆盖。

●信息的交互性与个性化。通过互动功能，如在线问答、意见反馈等，实现了与公众的双向交流。这有助于了解公众的需求和关切，进一步优化信息发布的内容和方式。

●信息发布的安全性与可靠性。通过采用先进的数据加密和访问控制技术，确保了应急信息的安全传输和存储。同时，系统还建立了严格的信息发布审核机制，防止了虚假信息的传播，保证了信息的真实性和可靠性。

●典型案例与推广。一些地区和部门在智慧应急信息发布建设方面取得了显著成效，形成了具有推广价值的典型案例。

2.2.3.15　智慧应急协同指挥建设成绩

●指挥体系更加高效。通过智慧应急协同指挥建设，各级政府和相关部门之间建立了更加紧密的联系和协同机制。形成了上下贯通、左右协同的指挥体系，确保在应对突发事件时能够迅速响应、高效指挥。

●信息共享与互通更加便捷。实现了各部门、各系统之间的信息互联互通，通过共享应急资源、灾情数据、救援进展等信息，提高了决策的科学性和准确性。同时，利用大数据技术，对海量信息进行深度挖掘和分析，为指挥决策提供了有力支持。

●指挥调度更加精准。借助先进的通信技术和智能化系统，智慧应急协同指挥平台能够实时掌握现场情况，精准调度救援力量和资源。通过可视化展示和智能分析，指挥人员能够迅速作出决策，从而提高救援行动的针对性和有效性。

●跨区域协同作战能力增强。加强了不同地区、不同部门之间的合作与交流，通过建立跨区域协同机制，实现了资源共享、优势互补，提高了应对跨区域突发事件的能力。

●培训与演练更加完善。注重培训与演练的开展。通过定期组织应急演练和培训活动，提高了指挥人员的应急响应能力和协同作战水平。同时，利用虚拟仿真技术，模拟真实场景进行演练，增强了指挥人员的实战经验和应对能力。

2.2.3.16 智慧应急决策支持建设成绩

●决策支持系统不断完善。通过整合大数据、云计算、人工智能等先进技术，不断完善决策支持系统。系统能够实时收集、分析和处理各类应急数据，为决策者提供全面、准确的信息支持。

●决策效率大幅提升。系统能够自动化处理大量数据，减少人工处理的时间和误差。同时，系统还能够根据实时数据自动调整决策方案，提高决策的时效性和准确性。

●决策质量显著提高。系统能够对各类应急事件进行深入分析，挖掘出事件背后的深层次原因和规律，为制定针对性强的应急措施提供依据。同时，系统还能够对多种预案进行模拟评估，选择出最优方案，提高决策的科学性和合理性。

●智能化决策支持能力增强。系统能够自动学习和优化决策模型，不断提高决策支持的精准度和可靠性。同时，系统还能够根据决策者的习惯和偏好，提供个性化的决策支持服务。

●实践应用成效显著。在应对各类突发事件时，系统能够为决策者提供及时、准确的信息支持和决策建议，帮助决策者迅速作出科学决策，有效应对突发事件。同时，系统还能够对应急预案进行动态调整和优化，提高应急预案的针对性和实效性。

2.2.3.17 智慧应急救援处置建设成绩

●通过引入先进的技术手段，智慧应急救援处置系统实现了对应急救援过程的全面智能化管理。这包括对救援资源的实时监控、调度和优化配置，提高了救援效率和响应速度。

●智慧应急救援处置建设加强了对应急预案的智能化管理。系统能够根据实时数据和情况变化，自动调整和优化预案，确保预案的针对性和有效性。同时，系统还能够提供预案的模拟演练功能，帮助救援人员熟悉和掌握预案内容，提高应急处置能力。

●智慧应急救援处置建设还推动了救援资源的共享和协同。实现了跨地区、跨部门的资源共享和调度，提高了救援资源的利用效率。同时，系统还能够实现与现场救援人员的实时通信和协作，确保救援行动的协同性和一致性。

●智慧应急救援处置建设还注重提升公众的参与度和应急意识。通过宣传教育、应急演练等方式，提高公众对应急救援的认知度和参与度，形成全社会共同应对突发事件的良好氛围。

2.2.3.18　智慧应急航空基地建设成绩

●在基础设施建设方面，已经建成了多个应急航空基地，这些基地具备完善的设施和功能，为应急救援提供了有力的支撑。此外，还建立了“1+3+100”的航空应急救援基础网络，通过建设大型直升机临时起降点等方式，实现了应急救援资源的优化配置和高效利用。

●在技术应用方面，智慧应急航空基地充分利用了物联网、大数据、人工智能等现代信息技术，实现了对航空器、人员、物资等要素的全面感知和智能化管理。

●智慧应急航空基地还注重与其他应急管理系统的协同配合。通过与地面救援力量、消防部门、医疗系统等的紧密合作，实现了信息共享、资源互补和协同作战。

●在人员培训和演练方面，智慧应急航空基地也取得了显著成绩。通过定期组织人员参加培训、演练和比赛等活动，提高了人员的专业素养和实战能力，为应对各种突发事件提供了有力的人才保障。

2.2.3.19　智慧应急资源保障建设成绩

●信息化水平提升。构建统一的应急资源信息管理系统，实现了对应急资源的全面、实时、精准管理。这一系统不仅可以实时监控资源的动态变化，还能对资源的需求和供应进行智能分析和预测，为应急决策提供有力支持。

●资源储备和调配优化。实现了应急资源的有效储备和快速调配，同时通过优化调配机制，实现了不同地区、不同部门之间的资源共享和协同，提高了资源的使用效率和效益。

●技术创新和应用。在智慧应急资源保障建设中，各地区注重技术创新和应用。利用物联网技术实现对应急资源的实时追踪和监控，利用大数据分析技术对应急资源的需求和供应进行精准预测和决策支持。

●跨部门协同和合作。各地区还加强了跨部门、跨领域的协同和合作。通过建立联合应急机制，实现了应急资源的快速调配和共享，提高了应对突发事件的效率和能力。

●资源信息整合与共享。实现了对应急资源的全面整合和共享，系统能够实时收集、更新各类应急资源的信息，包括物资储备、人员分布、设备状态等，确保信息准确性和时效性。

●智能分析与预测。运用大数据、云计算等先进技术，对资源数据进行智能分析和预测。系统能够自动识别资源需求的变化趋势，预测未来可能发生的应急事件，为资源的优化配置提供科学依据。

●快速响应与调配。在应急事件发生时，智慧应急资源调配系统能够迅速响应，根据事件的性质、规模和需求，自动制定资源调配方案，确保资源及时到达现场。

●优化资源配置。实现了对资源的合理配置和高效利用。系统能够根据资源的实际需求和分布情况，进行动态调整和优化，避免了资源的浪费和短缺。

2.2.3.20　智慧应急培训演练建设成绩

●实现了对培训演练活动的全面智能化管理。这包括对演练计划的制订、执行和评估的全程跟踪和监控，提高了培训演练的效率和质量。

●注重提升培训内容的针对性和实用性。通过深入分析应急事件的特点和规律，系统能够针对不同岗位和人员的需求,制定个性化的培训方案,确保培训内容与实际工作紧密结合,提高参训人员的应急反应能力和实战经验。

●加强了与其他应急管理机构和组织的合作与交流。通过共享资源、互通信息、协同作战等方式,实现了资源的优化配置和共享利用。

●推动了培训方式的创新。通过线上线下相结合的方式,实现了培训的灵活性和便捷性,参训人员可以随时随地进行学习和交流。

●注重评估与反馈机制的建立。通过对培训演练活动的全面评估和分析,系统能够及时发现存在的问题和不足,为改进和优化培训方案提供有力支持。同时,系统还能够收集参训人员的反馈意见和建议,为完善培训内容和方法提供参考。

2.2.3.21 智慧应急宣传教育建设成绩

●通过智慧应急宣传教育,员工和社区居民的应急意识和能力得到了明显提高。他们学会了如何正确有效地应对突发事件,提高了安全防范能力。

●智慧应急宣传教育在宣传形式和渠道上也取得了创新。通过公众号、短信群发等多种方式,宣传内容覆盖了更广泛的人群,达到了有效的宣传效果。

●智慧应急宣传教育建设还推动了应急管理信息化的发展。结合先进的信息技术,如5G、工业互联网、人工智能、大数据和云计算等,智慧应急系统实现了数字化转型和智能化升级。

2.2.3.22 智慧应急社会动员建设成绩

●显著提升了公众参与度。通过构建智慧应急平台,实现了信息的实时发布、传播和互动,使得公众能够迅速了解应急事件的情况,积极参与应急救援和防范工作。公众通过线上线下的方式,如社交媒体分享、志愿者报名等,广泛参与到应急管理中来,形成了全社会共同应对突发事件的强大合力。

●提高了动员效率。借助大数据、云计算等现代信息技术,系统能够实时分析应急事件的态势,快速识别出关键地区和人群,实现精准动员。同时,通过智能化调度和协调机制,能够迅速组织起救援力量和资源。

●加强了跨部门、跨地区的协同合作。通过构建统一的应急动员平台,实现了各级政府部门、企事业单位和社会组织之间的信息共享、资源互通和协同作战。

●推动了社会组织的积极参与。越来越多的社会组织通过智慧应急平台了解到应急事件的需求,主动参与到救援和救助工作中来。他们通过提供专业的救援服务、捐赠物资和资金等方式,为应急管理工作提供了有力的支持。

●注重提升公众的应急意识和能力。通过宣传教育、培训演练等方式,普及应急知识,提高公众的应急意识和自救互救能力。

2.2.3.23 智慧应急人才培养建设成绩

●各大高校和职业教育机构纷纷设立与智慧应急相关的专业和课程,形成了一个完整的教育体系,这些课程涵盖了智慧应急管理理论、技术应用、实践操作等多个方面。

●师资力量得到了显著加强。通过引进和培养具备应急管理和信息技术背景的专业人才,建立了一支高素质的师资队伍。

●实践教学环节得到了重视和加强。许多学校建立了智慧应急实验室和实训基地,为学生提供了实际操作和演练的机会。

●与企业的合作也得到了加强。通过与相关企业建立合作关系,共同开展人才培养和科研工作,实现了资源共享和优势互补。

2.2.3.24 智慧应急灾情统计建设成绩

●实现了对灾害数据的实时收集、整合和分析。借助物联网、大数据等技术,系统能够迅速收集来自各种传感器、监测站点的实时数据,并通过云计算平台进行高效处理,从而实现对灾害发生、发展过程的精准刻画。

●建设提升了灾情评估的准确性和效率。通过对海量数据的深度挖掘和分析,系统能够准确判断灾害的影响范围、损失程度以及发展趋势,为决策者提供及时、准确的灾情信息,有助于制定科学合理的应急响应策略。

●实现了信息共享和协同作战。通过与其他应急管理系统和平台的互联互通,系统能够将灾情信息实时共享给相关部门和机构,促进跨部门、跨地区的协同作战。

●在辅助决策和指挥调度方面也发挥了重要作用。系统能够为决策者提供丰富的数据支持和可视化展示,帮助他们更好地了解灾情态势和发展趋势,从而作出更加科学、合理的决策。同时,系统还能够根据灾情变化实时调整指挥调度方案,确保救援力量和资源得到合理分配和使用。

2.2.3.25 智慧应急绩效评估建设成绩

●评估体系构建完善。评估指标不仅包括传统的应急响应时间、救援效果等,还引入了信息化应用水平、数据共享程度、智能决策效果等新型指标,全面反映了智慧应急建设的成果和效益。

●数据驱动决策成效显著。充分利用大数据、云计算等现代信息技术,实现了对海量数据的收集、存储、分析和挖掘。通过数据分析和模型构建,能够准确评估应急管理的效果,为决策层提供科学、准确的决策依据。

●动态监控与实时反馈机制建立。建立了动态监控和实时反馈机制,能够对应急管理过程进行实时监控和评估。通过实时数据反馈和绩效评估结果,能够及时发现存在的问题和不足,为改进和优化应急管理方案提供有力支持。

●案例库与经验总结不断丰富。通过对成功和失败案例的梳理和分析,能够提炼出宝贵的经验和教训,为今后的智慧应急建设提供有益的借鉴和参考。同时,这些案例和经验也能够促进不同地区和部门之间的交流和合作,共同推动智慧应急事业的发展。

●持续改进与创新意识提升。通过定期的评估和反馈,能够不断发现新的改进点和创新点,推动智慧应急建设的持续优化和升级。同时,也鼓励各地区和部门结合自身实际情况,积极探索具有地方特色的智慧应急建设模式和方法。

2.2.3.26 智慧应急心理干预建设成绩

●充分利用了现代科技手段,实现了对受灾群体心理状态的实时监测和精准分析。通过收集和分析相关数据,能够迅速识别出存在心理困扰或障碍的个体,为后续的干预工作提供科学依据。

●推动了心理干预服务的普及和优化。借助网络平台和移动应用,心理干预服务能够覆盖更广泛的人群,使得受灾群众能够便捷地获取专业的心理支持和帮助。同时,服务流程的优化和服务质量的提升,使得心理干预更加贴合受灾群众的实际需求。

●注重与其他应急管理体系的协同配合。通过与医疗、救援等体系的紧密合作,实现了资源共享和信息互通,提高了心理干预工作的整体效能。

●加强了专业队伍的建设和培训。通过培养一支具备高度专业素养和实践能力的心理干预队伍,为应急心理干预工作提供了有力的人才保障。

2.2.3.27 智慧应急地方特色建设成绩

●各地在智慧应急建设中充分发挥了地域特色和行业优势。一些地区结合自身的地理位置、气候条件、产业结构等因素,制定了具有针对性的智慧应急建设方案。

●在技术应用方面,各地积极探索并采用了符合自身特点的先进技术。一些地区利用物联网技术实现了对重点区域的实时监控,通过大数据分析提升了预警预测的准确性,借助人工智能技术辅助决策等。

●在智慧应急平台建设方面,各地也展现出了不同的特色。一些地区建设了综合性的智慧应急平台,整合了各部门的应急资源,实现了信息的互通共享和协同作战。还有一些地区则注重平台的创新性和拓展性,不断探索新的应用场景和功能模块。

●在智慧应急培训和演练方面,各地也取得了显著的成效。通过模拟真实场景、开展实战演练等方式,提高了应急人员的应急反应能力和实战水平。一些地区还结合当地的实际情况,开展了具有地方特色的应急培训和演练活动。

●在智慧应急社会动员方面,各地也积极探索和实践了符合自身特点的模式和机制。通过加强宣传教育、开展志愿者招募和培训等方式,提高了公众的参与度和应急能力。

●在智慧应急平台架构方面,以深圳市为典型代表,智慧应急平台架构以“一库、四平台、N系统”为核心,其中,“一库”是底座,搭建了应急管理大数据主题库,为智慧应急建设提供数据支撑。在此基础上,搭建了安全防范、监管执法、监测预警和联合指挥等“四平台”:安全防范平台侧重于源头防范,提升防范能力;监管执法平台着眼于推进安全法规标准体系、监管责任落实评估体系和监管执法平台建设;监测预警平台着眼于提升前端感知能力,全面接入灾害监测数据,打造全天候、全覆盖、全场景、全要素的“海陆空天地”立体化监测预警体系;联合指挥平台以全面感知、融合通信和决策支持等技术为支撑,打造多功能联合通信指挥体系。建立了“N系统”多个应用模块,分行业分类别进行风险预警、态势分析与辅助决策。

2.2.3.28　智慧应急理论研究建设成绩

●研究领域的不断拓展。智慧应急理论研究已经逐渐从传统的应急管理向数字化、网络化、智能化的方向发展，涉及了物联网、大数据、云计算、人工智能等新一代信息技术在应急管理中的应用。同时，研究领域还涵盖了应急管理的各个方面，包括风险评估、预警预测、决策支持、救援处置等，形成了较为完整的研究体系。

●研究方法的不断创新。在智慧应急理论研究中，越来越多的学者采用定量分析与定性分析相结合的方法，运用数学模型、仿真模拟等技术手段，对应急管理过程进行深入研究。

●研究成果的丰硕产出。近年来，智慧应急理论研究领域涌现出了大量的学术论文、专著和报告，这些成果不仅丰富了智慧应急的理论体系，还为实践提供了宝贵的经验和借鉴。

●学术交流的日益活跃。国内外学术界举办了多场相关的学术会议和研讨会，为学者提供了交流和合作的平台。通过这些交流活动，不同领域、不同学科的学者可以共同探讨智慧应急的热点问题和前沿技术，推动理论研究的不断创新和发展。

2.2.3.29　智慧应急科技创新建设成绩

●在技术创新方面，通过构建智慧应急大脑，实现了对应急资源的有效整合和优化配置，提高了应急响应的效率和准确性。同时，利用物联网技术，实现了对各类应急设备和资源的实时监控和调度，提升了应急管理的精细化水平。

●在装备创新方面，推动了一系列高端应急装备的研发和升级。这些装备不仅具备更高的性能和精度，而且能够适应复杂多变的应急场景，为救援工作提供了有力的支持。

●在应用推广方面，创新成果得到了广泛应用和推广。越来越多的地区和部门开始采用智慧应急解决方案，构建统一的应急管理平台，整合各类应急资源，提升应急管理的能力和水平。

●在模式创新方面，取得了重要突破。通过探索新的应急管理模式和机制，跨部门协同、信息共享、社会参与等，实现了应急资源的优化配置和高效利用，提升了应急管理的整体效能。

●在人才培养方面，注重加强应急管理和科技创新人才的培养。通过举办培训班、开展实践活动等方式，提高了应急管理人员的专业素养和技能水平，为智慧应急建设提供了有力的人才保障。

●在实际效益方面，取得了显著成效。通过智慧应急技术的应用，成功降低了突发事件的发生概率和影响范围，减少了人员伤亡和财产损失。同时，智慧应急还提高了应急响应的速度和效率，为救援工作赢得了宝贵时间。

2.2.3.30　智慧应急国家合作建设成绩

●在国际合作机制建立方面，积极与其他国家建立智慧应急合作机制。通过参与国际应急组织、举办国际会议等方式，推动形成了全球范围内的智慧应急合作网络，为共同应对跨国界突发事件提供了有力支持。

●在标准体系对接方面，加强了与国际应急领域的标准体系对接工作。通过参与制定国际标准、推动国内标准与国际接轨等方式,实现了智慧应急技术和设备的互联互通和互操作,提高了跨国应急合作的效率和效果。

●在资源共享与协同方面,与其他国家开展了广泛的资源共享和协同行动。通过共同建设应急物资储备库、共享救援力量和技术资源等方式,实现了跨国应急资源的优化配置和高效利用,提高了应对跨国界突发事件的能力。

●在经验交流与学习方面,积极与其他国家开展智慧应急经验交流与学习活动。通过举办培训班、开展实地考察等方式,学习借鉴其他国家的先进经验和技术。

2.2.4 智慧应急存在的问题

2.2.4.1 智慧应急建设基础理论问题

●理论体系尚不完善。尽管智慧应急建设已经取得了一定的进展,但相关的理论体系还不够完善。现有的理论框架往往侧重于技术层面,而忽视了应急管理的人文、社会、经济等多元因素。

●对智慧应急的内涵和特征理解不够深入。目前,对于智慧应急的定义、范围、功能等方面还没有形成统一的认识。不同的学者和实践者可能从不同的角度对智慧应急进行解读,导致对其内涵和特征的理解存在偏差。

●智慧应急基础理论与技术应用结合不够紧密。在实际应用中,智慧应急往往依赖于先进的信息技术和智能化手段。然而,现有的基础理论并没有很好地与这些技术相结合,导致理论与应用之间存在脱节。

●智慧应急基础理论缺乏实证研究和案例支撑。目前,关于智慧应急的理论研究大多停留在理论层面,缺乏足够的实证研究和案例分析。这导致理论成果的实用性和有效性难以得到验证,难以对实践产生有效的指导作用。

2.2.4.2 智慧应急建设顶层设计问题

●在战略规划方面,缺乏长期、全面、系统的规划。这导致建设目标不明确,发展路径不清晰,难以形成持续、稳定的发展态势。同时,由于缺乏统一的规划指导,各地各部门在智慧应急建设上可能存在重复投资、资源浪费等问题。

●在政策引导方面,现有的政策体系尚不完善。政策制定过程中可能缺乏对实际需求的深入调研和分析,导致政策与实际情况脱节。此外,政策执行过程中也可能存在力度不足、监管不到位等问题,影响政策效果的发挥。

●在跨部门协同方面,需要各部门之间的密切协作。然而,由于部门间职责划分不清、信息共享不畅、利益协调困难等原因,导致跨部门协同存在障碍,这影响了智慧应急建设的整体推进速度和效果。

●资源整合方面也是一大问题。智慧应急建设需要大量的资源投入,包括资金、技术、人才等。然而,目前各地各部门的资源分散,缺乏有效的整合机制,导致资源利用效率低下。

●技术创新与应用方面问题。智慧应急建设依赖于先进的信息技术,然而目前一些关键技术尚未完全成熟,难以满足实际应用需求。

2.2.4.3 智慧应急建设总体架构问题

●技术集成与兼容性问题。智慧应急建设涉及多种技术的综合运用,如物联网、云计算、大数据、人工智能等。不同技术之间的集成与兼容是一个重大挑战,需要解决数据格式、通信协议、接口标准等问题,以确保各系统之间的顺畅通信和高效协作。

●数据整合与共享难题。在智慧应急建设中,实现数据整合与共享至关重要。然而,由于数据来源多样、格式不一,数据整合难度大,同时数据共享也存在隐私保护、安全权限等问题,需要建立有效的数据管理机制和共享平台。

●系统稳定性与可靠性问题。智慧应急系统需要具备高度的稳定性和可靠性,以应对突发事件的应急需求。但在技术架构设计过程中,由于技术选型不当、系统设计不合理等原因,可能导致系统存在稳定性差、易崩溃等问题,影响应急响应的及时性和准确性。

●智能化水平有待提高。智慧应急建设的核心目标是实现应急管理的智能化。然而,在现有技术架构中,可能存在智能化程度不高、决策支持能力有限等问题,无法充分发挥大数据、人工智能等技术在应急管理中的优势。

●可扩展性与灵活性不足。随着应急管理需求的不断变化和技术的不断进步,智慧应急系统需要具备足够的可扩展性和灵活性,以适应未来的发展。但在现有技术架构中,可能存在架构僵化、难以扩展等问题,无法满足未来的需求变化。

2.2.4.4 智慧应急建设技术局限问题

●技术的局限性。一方面,当前ICT技术只是达成应急管理智慧目标、满足需求的技术基础,其自身并不等同于智慧。因此只有要求技术与智慧应急运行逻辑相结合,才有可能实现智慧应急需求的智慧化应对和处理。另一方面, ICT技术作为一种新兴事物本身也是一把“双刃剑”。随着各种ICT技术的不断应用深化,在助力提升应急管理治理效率与服务体验的同时,其所产生的技术伦理、数据孤岛、数字鸿沟、技术歧视、隐私滥用等矛盾也愈发激烈,这使“ICT技术是实现智慧应急必然路径”的惯性思维开始受到质疑。

●技术的使用成本。一是技术更新换代的快速性使得智慧应急建设面临技术过时的风险。新一代信息技术层出不穷,而应急管理工作对技术的要求又非常高,这就可能导致智慧应急建设在技术层面出现滞后现象;二是技术应用的复杂性也限制了智慧应急建设的进程。智慧应急建设涉及多个领域和技术的融合,不同地区的应急管理工作的实际情况和需求也存在差异,这就要求智慧应急建设在技术应用上需要更加灵活和多样化;三是技术成本高昂也是制约智慧应急建设技术驱动的重要因素。智慧应急建设需要大量的资金投入,对于一些经济欠发达地区或预算有限的部门来说,难以承担高昂的技术成本;四是技术安全隐患也是不可忽视的问题。智慧应急建设涉及大量敏感信息的收集、存储和处理,可能面临数据泄露、系统被攻击等风险,给应急管理工作带来严重后果。

●对新技术过度重视和追逐。相较于平平无奇、“过时”的成熟方案,政绩的功利动机往往促使地方政府热衷于追逐更为“时髦”的技术和解决方案。在近年的智慧应急建设中,每隔一段时间就出现“一窝疯”式建设。这种只求技术最新、最热,而不问现实需求和智慧应急特色的同质化建设,成为造成我国智慧应急建设“千城一面”格局的重要诱因。

●技术被 ICT 厂商垄断。在技术驱动模式下，居于客体地位的 ICT 厂商却因掌握了技术主导权而占据着更为主动的地位，这导致智慧应急方案易为商业利益所左右，许多 ICT 厂商都通过出售其相关技术解决方案，在全球智慧应急建设中获得了巨大的收益，左右着各国智慧应急进程。因此，当智慧应急建设在 ICT 厂商的推动下变成了一种商业模式，甚至一种商业噱头时，智慧应急的最终目标就会退化为一套具体技术解决方案，而不是面向更大范围的社会需要。

2.2.4.5 智慧应急建设能力提升问题

●“理念问题”——科学文化素养和科创理念能力有待提升。各部门、各单位对突发事件发展规律的认识存在局限性，更多依靠资源、资本、劳动力等要素投入支撑应急工作，运用智慧化科技手段提升社会治理水平的意识有待提高，智慧化科技理念有待创新，需要发挥智慧化科技创新的支撑引领作用。

●“眼力问题”——综合风险监测与灾害预警能力有待提升。监测预警和风险感知体系有待完善；面向灾害防治的监测能力和预警能力还难以满足全域感知、全面监测、及时预警、安全可靠的性能需要；多灾种和灾害链综合监测、风险早期智能辨识能力不足，灾害风险预测预报预警准确度、时效性有待进一步提升；灾害监测预警所需的系统性、标准化基础数据支撑和数据信息共享机制存在不足；基于大数据的事故形成机理和演化规律研究不足；智能感知预警与指挥系统支撑能力亟待加强。

●“脑力问题”——应急指挥及监管执法智能化能力有待提升。应急指挥集成环境建设需要进一步完善，应急指挥调度平台的终端覆盖还需要拓展和加强；现有应急指挥通信的容量、稳定性以及融合接入能力还有待加强，极端条件下的应急通信手段还有所不足；用于综合管理、辅助决策的信息汇聚、数据分析能力还有待提高；利用大数据和人工智能等先进技术进行网络监管执法等技术手段尚待完善，距以智能化手段助力风险防范和精准治理的目标还有距离。

●“战力问题”——先进装备配备和救援实战能力有待提升。应急装备产品科技含量不高，在重点领域一批“卡脖子”和关键核心技术尚未突破；一批关键技术与核心仪器装备的科技瓶颈有待攻克；应急管理装备多以事中处置为主，事前预防装备和技术相对薄弱；专业装备缺乏、成套化设备较少，可靠性与环境适应性缺乏科学检验检测标准，部分技术仍落后于国际先进水平；事件现场处置能力不强，救援力量、物资、装备等调度能力不够，体系化、数字化、可视化作战能力存在较大差距。

●“技术问题”——应急科技的持续创新能力有待提升。尚未形成整体的公共安全应急核心技术自主开发能力；公共安全与应急技术领域的国家级综合性研究机构偏少；领域内整体科技水平处于较低层次，无法适应国家公共安全保障与应急科技的重大需求。

2.2.4.6 智慧应急建设现实互动问题

●智慧应急建设“破”与“立”的法律问题。近年来，我国针对智慧应急建设的应急法律法规体系经历了从无到有、从分散到综合、再到不断完善的过程，在取得成就的同时还存在以下问题：一是部分应急法律法规的操作性不强；二是针对单一类型突发事件的单行法不够全面，缺乏有关领域的专门立法；三是许多应急管理立法在内容上较为原则、抽象，缺乏具体的配套制度、办法和实施细则，这些都影响了智慧应急建设。

●智慧应急建设“上”与“下”的联动问题。智慧应急建设要求应急管理体制从本质上实现“上下联动”的目标，但当前各地智慧应急建设尚未形成普遍认同的建设模式：一方面，地方区域性特征明显，试点城市多聚焦于解决特定领域和部分环节的具体问题，缺少对顶层规划设计的思考与归纳。各地的分散式建设导致在平台搭建、信息采集、数据管理和安全保障等方面既存在重复冗余现象，又缺乏统一的标准和规范；另一方面，条块部门间存在信息壁垒，标准不一、类型多样、储存分散的应急管理数据给跨层级、跨部门的数据检索、整合、共享和应用带来极大的困难和挑战，造成信息化建设“最后一公里（千米）”的堵塞，导致智慧应急建设“上”与“下”难以有效联动。

●智慧应急建设“防”与“救”的统筹问题。相较于过去“重处置、轻预防”的传统应急管理，智慧应急管理更加注重风险动态监测预警。智慧应急建设在本质上要求统筹“防”与“救”，强调对突发事件进行全周期、全过程管理，实现从被动处置向主动预防的转变。在风险防范方面还没有形成“一盘棋”的局面，风险监测职能仍局限在气象、水利等部门。

●智慧应急建设“开”与“闭”的协作问题。智慧应急建设要求具有系统思维，需要基础数据的支撑、不同部门的协同、各级资源的共享、多元力量的参与，才能推动应急管理工作的科学化和智能化。然而，这种政府主导的自上而下的建设模式容易造成智慧应急平台设计与实际应急管理需求间的不匹配、社会力量关注与参与的积极性不高、社会资源整合困难等管理弊端，进一步引致我国应急管理工作中的部门协调性差、灾情信息不对称、调度指挥无序、应急资源分散、风险防范薄弱、处置能力低下等诸多问题。

2.2.4.7　智慧应急建设不平衡问题

●“技术走在管理前面”不平衡问题。技术发展非常快，技术已经走到了信息时代。而智慧应急不应该是技术驱动，应该是管理业务驱动，技术只是手段，智慧应急要解决技术和管理如何同步的问题。

●“实践走在政策前面”不平衡问题。技术应用都推进得非常快，但政策上还有很多的规则要重新设计，目前相关政策和规范体系还具有非常大的完善空间。

●“企业走在政府前面”不平衡问题。很多智慧应急有效果，是有企业不遗余力作为火车头带动的结果，但走得很艰难，也不容易持久。当前很多政府部门对智慧应急信息化建设是很不积极的。所以，政府如何在当前智慧应急信息化浪潮中真正地走在企业前面，是极为重要的。

●“建设走在运营前面”不平衡问题。基本上，我国的智慧应急建设仍然是以建为主，缺乏运营思维。未来的智慧应急建设，第一位的规划是运营规划。如果没有想清楚未来谁来运营、怎么运营、怎么增值的话，那宁可就先不要建。

●“期望走在时效前面”不平衡问题。谈论智慧应急，愿景都非常好。但回到现实世界里，感受度都较低。智慧应急要真正落地，要可感知，让人们真正有获得感。

●区域发展不平衡问题。一是地域差异：由于各地区经济发展水平和政府投入差异较大，一些发达地区的智慧应急建设可能已相对完善，而一些欠发达或偏远地区的建设进度则明显滞后,甚至还未开始;二是城乡差距:城市地区智慧应急建设往往更为完善,而农村地区由于基础设施薄弱、人才匮乏,建设进度相对缓慢。

●领域覆盖不平衡问题。一是行业领域:目前,智慧应急建设主要集中在一些重点行业和领域,但在一些新兴领域或特定行业建设还相对滞后;二是功能覆盖:现有的智慧应急系统往往侧重于事后处置和救援,而在事前预警、事中应对等方面的功能覆盖还不充分。

●技术应用不平衡问题。一是技术层次:虽然一些地区或部门采用了先进的技术和设备进行智慧应急建设,但整体上还存在技术应用层次不高、创新能力不足的问题;二是数据利用:还存在数据收集不全、分析不深、应用不广等问题,导致智慧应急建设的实际效果有限。

●资源投入不平衡问题。一是资金投入:智慧应急建设需要大量的资金投入,然而,目前一些地区的投入还远远不足,导致建设进度缓慢;二是人才储备:智慧应急建设需要专业的技术和管理人才,但目前这方面的人才储备还不足,难以满足建设需求。

2.2.4.8 智慧应急建设地方性问题

●区域性特征明显,标准化建设不足。地方层面开展智慧应急建设更多聚焦在应急管理的特定领域和部分环节,地方性特征较为明显,缺乏对智慧应急建设顶层规划设计的思考。各地智慧应急平台的机构设置、软硬件设施、人员配备等差异性较大,容易出现重复建设以及各系统、平台之间的衔接兼容性问题。各地在分散建设过程中,对平台建设、信息采集、数据管理、安全保障等方面的规范标准也缺乏足够的考虑。

●条块部门间存在信息壁垒,数据深度化应用不足。由于地方层面目前主要是由应急管理职能部门牵头推动智慧应急建设,缺乏强有力的核心综合管理部门进行统筹规划,难以克服"信息孤岛"难题,数据烟囱化和数据部门私有化现象依然部分存在。条块部门间的数据类型形式多样、标准不一,给应急大数据的跨部门检索、共享与应用带来了现实难度,也导致不同智慧应急平台数据收集在结构化、标准化、共享精准度等方面存在不足。

●依赖行政主导推动,社会参与度有限。地方智慧应急建设目前主要是由政府部门自上而下开展投资规划建设,平台的基本架构、主要功能、应用场景、技术标准规范等方面也主要由应急管理职能部门主导开发设计。容易出现平台设计与实际应急管理服务需求间的不一致,社会关注度、参与度与支持配合度不高,难以最大化整合各资源等一系列管理弊端。

●贪大求全。有些地方政府没有结合城市建设和发展的目标,选择与之相匹配的合理的智慧应急建设目标、规模、项目和技术路线,单纯追求大而全,于是在有限的时间和资金条件下,相当一部分智慧应急建设项目没有取得预期效果。

●千城一面。有的地方政府不注重考虑城市自身的特色优势以及经济建设、民生建设和生态建设中的主要问题和实际状况,而是一味照抄先进城市和示范城市的经验和做法,从而大大降低了智慧应急建设应该取得的社会、经济和环境效益。

●华而不实。有的地方政府不大注重实际效益,而是片面追求表面功夫。不大追求数据感知的质量、完整性和数据的整合共享,让大量的数据只停留在大屏展示的初始阶段,并没有对采集到的数据通过数据开放平台,得出具有指导意义的结论分析,从而导致数据难以真正在智慧管理中发挥应有的作用。

●重硬轻软。有的地方政府舍得在硬件上投资,但是却不重视把项目资金用于采购软件,不注重软件投入、不注重数据应用。实际上,硬件的生命周期相对较短,若干年后,一批硬件可能还没有充分发挥作用就报废了,这会让智慧应急建设事倍功半,没有达到预期目标。

●唱独角戏。有的地方政府一旦信息基础设施建设基本完成,就不再重视建立完善的数据开放和管理体系。一定要形成政府引导、全民参与、政企合作的多方共建智慧应急生态。这不仅可以带动智慧应急数据产业的发展,还能发挥各个不同领域专业技术人员的作用。

第3章　智慧应急发展趋势展望

3.1　智慧应急发展理念

3.1.1　大安全大应急框架战略部署

党的二十大报告提出"坚持安全第一,预防为主,建立大安全大应急框架,完善公共安全体系,推动公共安全治理模式向事前预防转型",作出了"建立总体国家安全观的大安全大应急框架"战略部署,其内容可理解为三大方面。

●在战略方向上,一是深刻领悟"两个确立"的决定性意义,增强"四个意识"、坚定"四个自信"、做到"两个维护",坚持党中央对公共安全事业的集中统一领导;二是充分发挥中国特色社会主义制度优势,坚持走中国特色公共安全道路;三是弘扬生命至上、安全第一的思想,坚持以人民安全为宗旨。

●在战略布局上,一是以安全发展为目标引领,坚持统筹发展和安全;二是深刻领悟维护公共安全的政治意义,坚持以政治安全为根本;三是从应对单一灾害向综合减灾转变,坚持统筹魄力与公共安全;四是牢固树立底线思维和极限思维,坚持着力防范化解重大公共安全风险;五是服务于建设普遍安全的世界,坚持推进国际共同公共安全。

●在战略保障上,一是坚持党建引领公共安全事业发展;二是推进依法应急、科学应急、智慧应急;三是着力提升各级干部防范化解安全风险本领;四是依靠人民群众维护公共安全,坚持公共安全共建共治共享。

3.1.2　大安全大应急框架基本内涵

具体来看,大安全大应急框架的基本内涵主要包括"大安全"与"大应急"两个基本范畴。

●"大安全"是指国家总体安全,包括了国土安全、国民安全、经济安全、政治安全、社会安全、科技安全、军事安全、公共安全、网络安全、意识形态安全、生物安全、生态安全、文化安全、粮食安全、核安全、外交军事安全等各个方面。实质是总体国家安全观的理论升华和话语创新,体现在:一是使命"大格局",即担负国家总体安全重大使命;二是责任"大体系",即应该担当政治责任、法律责任、社会责任、经济责任等;三是价值"大范畴",即能够实现国家总体安全的大目标、大价值。

●"大应急"是与传统的单项应急、部门应急、条块应急相比而言的,其核心内涵是指应急的主体、客体、手段、方式和目标都发生了根本性转变,由单向化、部门化、局部化的模式向综合性、系统性和整体性的模式转变。体现在:一是事故灾难、自然灾害、公共卫生事件、社会安全事件等"全灾种";二是事前、事发、事中、事后等"全链条";三是防灾、减灾、抗灾、救灾等“全手段”；四是人因、物因、环境、管理等“全要素”；五是科技、法制、监管、文化等“全策略”；六是政府、社会、企业、人民等“全主体”。

从两者关系来看，“大安全”与“大应急”之间是相辅相成、辩证统一的关系：一方面，“大安全”是目标、是前提、是根本导向，只有树立“大安全”的意识和理念，才能在实践中实现“大应急”；另一方面，“大应急”是手段、是方法、是具体要求。“大安全”的目标导向在实践中要通过“大应急”来实现，或者说，“大应急”是“大安全”的保障。

3.1.3 大安全大应急框架发展维度

根据大安全大应急框架的基本内涵，其发展维度有以下几个方面。

●从目标维度看，大安全大应急框架是公共安全体系创新的具体表达，旨在推进国家应急管理体系和能力现代化，构建符合新时代中国特色社会主义风险治理和公共安全的新模式。

●从对象维度看，大安全大应急框架是从单灾种应急逐渐向涵盖四大类突发事件、总体国家安全乃至全球安全格局由“小”到“大”的不断扩展的过程，它涵盖了防灾、减灾、救灾等主要领域，事关经济社会发展各方面全过程。

●从客体维度来看，“大安全”囊括了国家总体安全，即国土安全、国民安全、经济安全、政治安全、社会安全、科技安全、军事安全、公共安全、网络安全、意识形态安全、生物安全、生态安全、文化安全、粮食安全、核安全、外交军事安全等全部国家安全范畴；“大应急”不仅是指自然灾害、事故灾难、公共卫生事件和社会安全事件，还应当包括网络舆情事件、生态环境事件等非常规管理且具有公共安全危害性的紧急事件。

●从主体维度看，大安全大应急框架必须从单个职能部门到各级政府，再到以国家和全球为依托实现主体维度的开放。它强调各级党委和政府要切实承担起“促一方发展、保一方平安”的政治责任，加强部门间、地区间、政企间、政社间、军地间的协同机制建设。

●从内容维度看，大安全大应急框架应当包括运行体制、工作机制和管理制度等体系要素，资金、设备、人才、技术等保障要素，思想、思维、理念、意识等精神要素，研判、指挥、调度、协调、联动、处置、沟通等能力要素。

●从方法维度来看，大应急大安全框架应当是强调事前、事中、事后的全生命周期治理，强调技术手段、法律手段、行政手段、市场手段等的全手段运用。

●从行动维度看，大安全大应急框架体现在从单灾种应对到综合应急体系、国家安全体系与全球安全倡议各个阶段效能的逐步提升，它要求从预防与应急准备、监测与预警、应急处置与救援、事后恢复与重建等方面进行全灾种、全过程管理。

●从流程维度来看，大安全大应急框架需要完善风险监测预警体系，加强源头治理、前端处理，构建以事前预防为主的治理模式，实施精准治理，提高应急预案管理和应急处置能力，构建统一指挥、专常兼备、反应灵敏、上下联动的应急管理体制。

3.1.4 大安全大应急框架实现目标

●实现安全红线、理念为治的目标。“坚持发展决不能以牺牲安全为代价这条红线”这一理念应该作为我国社会、经济发展的核心理念。基于这一理念，要树立“以人为本、生命至上”的安全观，正确处理好安全与发展、安全与经济、安全与效益的关系，遵守安全法则、坚守安全红线、落实安全责任，使安全成为民族复兴、国家发展、社会进步的“保障线”。

●实现安全第一、标本兼治的目标。“安全第一，预防为主、综合治理”是大安全大应急框架的基本方针，“标本兼治”是大安全大应急框架的基本方略。依据这一原则，在安全与应急工作中，既要“问题导向”，更要“理论导向”；既会“事中应急”“事后追责”，更要“事前预防”；既重视安全技术，也重视安全管理；既要有人的投入，更要有资金的投入。

●实现系统安全、综合施治的目标。国家推行的“党政同责、一岗双责、齐抓共管、失责追责”的全员安全责任机制，就是大安全大应急框架施治的具体体现。做好大安全大应急框架工作需要系统工程的对策措施，全面实施安全与应急综合施治策略。

●实现本质安全、科学根治的目标。各行业要遵循大安全大应急框架的科学规律，强化科技强安，提高大安全大应急框架工作和措施的针对性、科学性和有效性，推进基于大安全大应急框架本质规律的科学导向和科学方法体系，提高安全与应急的技术支撑、管理支持、监督保障的科学化能力和水平。

●实现超前预防、隐患查治的目标。事故隐患就是事故的根源和致因，超前预防的着力点就是源头治理、隐患整治。只有从根源上把预防的各项措施落到实处，做到防患于未然，才能牢牢把握大安全大应急框架工作的主动权。

●实现风险管控、分级防治的目标。基于风险的管控，是大安全大应急框架现代管理的模式和方法体系。通过安全风险的分级管控，能够提高大安全大应急框架工作的科学性、合理性和有效性。风险管控就是要做到依据风险分级实施分类监管、分级负责，做到全面动态现实的事故风险预报、科学合理的安全风险预警、及时有效的事故风险预控。

●实现责任体系、全员共治的目标。安全责任制度是大安全大应急框架工作的第一制度，也是安全与应急工作成功的最基本保障。责任体系的构建具体体现于“全员共治”，“全员共治”就是要落实“党政同责、一岗双责”“人人参与、人人有责”“谁主管、谁负责”，最终实现“人人共担安全发展责任、人人共享安全发展成果”。

●实现改革创新、强化法治的目标。“立善法于天下，则天下治；立善法于一国，则一国治”。同理，立善法于安全与应急，则安全与应急治。“强化法治”就是要注重运用法治思维和法治方式，着力完善大安全大应急框架法律法规和标准，着力强化严格执法和规范执法，着力提高企业全员遵守安全法制的意识、履行安全法定责任的观念，提高安全与应急法规的执行力。

●实现文化兴安、励精图治的目标。安全文化是大安全大应急框架的根本和灵魂，通过安全文化的建设，强化人人安全意识，提升全民安全素质，增强全员安全责任心，培塑本质安全型人，实现文化兴安战略，这是实现大安全大应急框架长治久安的制胜法宝。

●实现基础建设、固本而治的目标。无论是政府监管，还是企业落实主体责任，都需要重视和强化大安全大应急框架的基础、基本、基层的“三基”建设工作，全面提升大安全大应急框架“三基”保障能力。“三基”建设工作包括安全与应急的机构、人员、资金的保障；安全科技、安全管理、安全培训工作的强化；安全与应急的设备、工艺、岗位、现场、班组管理的加强；安全与应急规范化、标准化、信息化水平的提升等。

3.1.5　大安全大应急框架治理实现路径

●科学化治理实现路径。就是要遵循大安全大应急框架的科学规律，强化科技强安，提高工作方式和措施的针对性、科学性和有效性，推进基于大安全大应急框架本质规律的科学导向认识论和科学方法体系，提高大安全大应急框架的技术支撑、管理支持、监督保障的科学化能力和水平。

●多元化治理实现路径。大安全大应急框架的治理需要实施“多元化”治理的对策措施，“多元化”可以从多个维度来认知。从主体维度，应是包括政府监管、行业管理、企业落实、社会监督、员工参与等在内的“多方参与、多方共治”；从能力维度，需要决策层的领导力、管理层的专业力、执行层的执行力；从保障维度，须有科技、装备、技术支撑的硬实力，也需具备监管、培训、教育、文化等软实力；从事故全生命周期维度，需要“事前、事发、事中、事后”全过程治理和管控等。

●精细化治理实现路径。就是要针对地区差异、产业差异、风险差异的大安全大应急框架现状特点，不搞“一刀切”、简单化，根据不同行业、不同地区、不同所有制的安全风险类型、等级和可接受水平，确定安全综合治理的任务和目标，分类分型管控、分级分项施策。

●信息化治理实现路径。就是加快“大安全大应急框架＋互联网＋物联网＋云计算＋大数据＋人工智能＋ VR/AR”的应用发展，推进大数据开发和建设，创建和完善全国统一覆盖全面的实时在线安全风险监测监控系统，提高大安全大应急框架的信息化水平，实现政府、行业、地区安全监管和应急资源等数据整合集成、动态更新，建立信息公开和共享平台。

●合理化治理实现路径。就是使大安全大应急框架工作的方法、方式的改革、创新成为一种常态和普遍，持续改进大安全大应急框架的管理、监察、监督、教育、培训等方法方式，不断更新生产的设备、工艺或技术，让“安全没有最好，只有更好”“安全没有终点，只有起点”成为共识，使安全与应急各方面的工作更合理、科学、有效。

●实用化治理实现路径。就是让大安全大应急框架规划、安全设计、安全预案、安全责任、安全制度、应急预案等一切文件化的东西，得到落实、落地；让安全检查、安全评价、安全审核、安全考核等一切安全活动，能够与行业、企业、现场生产实际结合，做到有用、管用，有实效。

●普及化治理实现路径。就是让大安全大应急框架的理论与知识、科学与技术、法规与标准、环境和条件等，能够让全社会了解、熟悉与掌握，实施科技强安、管理固安、文化兴安的策略，让先进的安全技术、政策、文化得到普及，让大安全大应急框架发展的成果普惠于全民族、各行业、全社会。

●法治化治理实现路径。法治化就是要强化大安全大应急框架的科学立法、严格执法、公正司法和全民守法的观念，做到政府依法监督管理、企业合法生产经营。让全面、科学、合理、有效的法规、制度和政策更加定型和权威，使安全法治改革创新的成果固化，构建良好的安全监管秩序、促进规范的安全监察行为，使守法成为普遍和常态。

●标准化治理实现路径。针对大安全大应急框架涉及的人、机、环、管等要素，制定、发布和实施相应的安全标准（规范、规程和制度等），标准化要实现安全决策程序化、安全组织系统化、安全目标计划化、安全措施具体化、安全控制过程化、安全行为规范化、安全责任明晰化、安全考核定量化、安全检查流程化、安全奖惩有据化。

●智能化治理实现路径。就是要推进将现代的数据技术和智能控制技术与安全行业的应用相结合,使大安全大应急框架的保障技术数据化、智能化。将危险监测、风险感知与人员的行为能力、组织的管理措施“智能”地结合起来,实现对突发公共事件的合理控制和有效防范,从而提高大安全大应急框架的高技术保障能力和水平。

3.2 智慧应急发展战略

3.2.1 发展战略维度

1)发展战略维度

●发展理念。主要包括智慧应急的愿景、使命、价值观:愿景展现了人们希望通过建设智慧应急实现的未来应急管理发展图景,它决定了智慧应急的建设目标和战略任务;使命体现了智慧应急利用信息技术为促进应急管理可持续发展应承担的任务和应作出的贡献;价值观表达了智慧应急的价值取向和价值追求。

●战略规划。主要包括战略定位、战略目标和战略任务:战略定位是对灾区的性质及其未来发展地位的基本判断和选择,主要包括灾区发展的关系定位和功能定位;战略目标是对愿景及定位的展开和细化,是对智慧应急建设预期达到水平的具体规定;战略任务是对战略目标的进一步分解,具有明确的智慧应急任务内容,并指明哪些人员在什么时间、什么地点来完成什么任务以及完成到什么程度。

●保障措施。主要包括组织领导、政策规范、资金来源和使用、人才培养和引进、技术研发、信息安全保障体系建设等内容。

2)社会活动维度

实现“物”的智慧智能系统运用以及“人”的智慧社会应急网络建立,主要体现在社会活动维度中。

●政府应急管理体系。构建以“纵向贯通、横向联动、资源共享、政民互动”为特征的智慧应急政府:一方面以较低的成本、较高的效率进行应急管理,并为居民提供高层次、细化的应急管理公共服务;另一方面构建应急网络公共空间和政府网络问政平台,完善应急综合决策机制,使政民网络互动成为公众参与政府应急管理决策的重要平台。

●社会应急管理自治体系。加强社区应急信息化建设,使所有社区居民都能接入网络平台,构建社区综合服务应急管理信息化平台,及时反馈居民各层次的利益需求,完善社区应急管理自治和服务功能。

●社会应急管理网络体系。建立政府与各社会主体之间,以及各类社会主体之间的互联互通,使它们之间形成网络式的沟通联系机制,实现应急信息的顺畅流通和公共应急管理服务供给与需求的有效对接。

●应急管理制度体系。制定相应的应急法律、法规、政策来支持、引导和规范新的应急管理体制和公共服务体制的形成。

3)经济活动维度

经济活动维度以具有较强的创新能力为主要特征,通过科技创新激发应急管理发展的活力。

●应急管理科技创新体系。一方面,依托信息技术建立和发展政府、企业、个人以及各种组织之间多维、新型的协作关系,激励政府、企业和个人在智慧应急基础设施之上进行科技和业务的创新应用,为应急管理提供源源不断的发展动力;另一方面,搭建支持自主创新的智慧应急平台,整合科研机构、高校和企业中的研发力量,建立以市场为导向、以企业为主体、产学研相结合的技术创新体制,促进智慧应急建设核心技术的突破和创新应用。

●应急管理产业升级体系。一是传统应急产业的智慧化改造,即新一代信息技术对传统应急管理产业研发、设计、生产、管理与销售等各个环节的优化提升,以及电子商务的发展;二是新一代信息技术发展所催生的应急管理新兴产业的发展。

●低碳发展体系。一是实现IT技术本身的低碳化发展,使得应急管理信息科技产品的生产过程、终端消费使用过程以及通信系统的运行都能更环保和节能;二是利用以ICT为代表的应急管理信息技术提高不同应急行业领域中能源、资源的使用效率以及减少二氧化碳排放,实现绿色生产。

4)基础支撑维度

基础支撑维度的主要特征是具有较高的智能化水平,为应急管理的数字化、智能化运行提供技术支持、智力支持和物质保障。

●应急管理信息网络。即以传感网、物联网、互联网、云计算为核心的感知、接入、数据处理系统所形成的人与人、人与物、物与物互联互通的应急管理信息网络。

●基础设施。主要包括能源动力、水源和供排水、邮电通信、交通运输、安全防灾等应急基础设施的智能化改造,发展智能应急管理,实现应急基础设施的智能化。

●应急管理公共服务部门。对包括应急管理在内的公共服务部门进行信息化建设,建立相应的应急管理信息化平台。

●智力服务机构。培育和发展一批专业水平高、具有较高知名度和影响力的应急管理大学科研院所和专业咨询机构,以及从事智慧应急建设相关研发、规划和培训的企事业单位,为智慧应急的建设和科学发展提供智力咨询服务。

5)区域空间维度

区域空间维度为智慧应急提供科学合理的空间布局规划,构建人与人、人与环境和谐发展的区域空间。

●空间形态。信息技术的发展弱化了人们对空间距离的概念,但空间距离的接近对区域发展的有利影响是信息技术不可替代的。智慧应急的空间形态是一种集中、紧凑型的区域形态,对区域的发展均有积极影响。

●结构形式。主要是对区域系统的经济结构、社会结构、生物群落结构、物质空间结构进行统筹考虑和统一规划,将智慧应急打造成为集约高效的生产空间、宜居适度的生活空间和绿色可持续的生态空间相结合的统一体。

●运行模式。通过建设综合智能化的信息网络,形成“点—链—网”良好耦合的、无所不在的、立体的智慧应急网络运行模式。

●基本功能。通过合理地布局应急区域中的市政公用设施、公共服务设施、生活服务设施，优化调整区域用地结构，促进区域社会生产、物质循环、能量流动、信息传播功能的顺利实现。

由以上分析可知，基础支撑维度和区域空间维度所形成的“物”的智能系统与社会活动维度和经济活动维度代表的“人”的交互、共享、合作共同升华、凝练出实现应急管理科学发展的集体智慧。同时，凝结集体智慧的发展战略维度按照区域科学发展的要求对经济活动维度和社会活动维度中“人”的行为进行引导和调节，对基础支撑维度和区域空间维度中的“物”进行设计和规划，从而建立一个智慧的应急管理体系。

3.2.2 发展战略提升

可从“价值引领—制度规范—辩证定位—系统设计”4个方面，助推智慧应急建设的战略提升。

●价值引领战略提升。坚持人民至上、生命至上，将“以人民为中心”作为智慧应急发展的价值引领，规范智慧应急发展，引导智慧应急发展，从“国之大者”的战略高度切实提高智慧应急的人文关怀。

●制度规范战略提升。加强智慧应急的伦理与法律规范，实现对伦理风险防范的端口前移，具体要从外部控制和内部控制入手：一是外部控制，即指外在于个体的、强加在个体身上的制度体系，从法律层面规范智慧应急的发展；二是内部控制，必须依靠行政人员不断加强自身伦理规范，不断提高行政人员的伦理道德水平，引导行政人员增强风险防控意识，严守智慧应急伦理底线，强化智慧应急伦理责任。

●辩证定位战略提升。正确理解和辩证把握智慧应急的价值意涵要从两个方面着手：一方面，智慧技术的应用是对应急管理工作如虎添翼般的辅助；另一方面，智慧应急不完全等同于“智慧+应急”，要明确智慧应急的本质是应急管理，是智慧技术与应急管理的深度融合，而非物理上的机械结合。

●系统设计战略提升。系统分析和设计功能齐备的智慧应急平台，预先确定平台中各个模块的功能定位，以实现从综合分析研判、协同会商、辅助决策到智慧调度全过程数据的有序交换、深度融合、按需服务、良性循环。

3.2.3 发展战略转变

新一代信息技术促使智慧应急进入一种新的状态，主要形成了9个战略转变。

●从“小应急”向“大应急”转变。“小应急”的主要表现：一是灾种的单一分别、分类治理应对；二是治理过程的限制，治理环节的分散，就应急谈应急；“大应急”的体现：一是自然灾害、事故灾难、公共卫生事件、社会安全事件等“全灾种”；二是事前、事发、事中、事后等“全链条”；三是防灾、减灾、抗灾、救灾等“全手段”；四是人因、物因、环境、管理等“全要素”；五是科技、法制、监管、文化等“全策略”；六是政府、社会、企业、人民等“全主体”。因此，从“小应急”迈向“大应急”的转变如下。一是应急方式的变化。“大应急”所囊括的应急主体、客体、手段、方式和目标发生了根本性转变，由单向化、部门化、局部化的模式向综合性、系统性和整体性的模式转变。二是应急重点环节发生变化。改变了以往事发后应急的传统模式，强调将风险管控在最前端，社会、组织、企业和个人应积极参与到风险的事前预防、监测中，政府则为事中处置和救援的核心。三是应急方案的科学性。在应对任何突发事件时，进行科学的研判、精准的施策，尤其注重发挥专家团队在公共安全和突发事件中的管理作用。

●从“单一应急”向“复合应急”转变。与传统灾害相比，现代灾害具有衍生性与复合性等新特征，传统应急平台难以适应全灾害、全过程与全方位复合型灾害治理需求。复合应急平台能汇聚不同来源与不同类型大数据，可以对其进行智能收集、存储、挖掘、分析与共享，比传统应急平台更能满足复合型灾害治理需求。

●从“经验应急”向“科学应急”转变。在应急管理中，单纯依靠经验是不能实现应急管理科学化的。智慧应急平台的出现打消了人们的疑虑，全面提升了应急管理的能力。

●从“人工应急”向“智慧应急”转变。新兴的智慧应急平台为应急管理提供了高效的智能手段，通过无处不在的传感器、无线互联网、云基础设施、智能手机与物联网等收集大数据，同时利用新一代深度学习、云计算与人工智能等智慧技术，促进了新型“智慧应急”模式的形成。

●从“政府应急”向“社会应急”转变。传统应急平台往往是政府单向传播信息，智慧应急平台则提供了多种信息来源，促进了政府、企业、志愿者与民众共同参与应急管理，为社会嵌入应急管理提供了重要渠道。

●从“静态应急”向“动态应急”转变。新兴的智慧应急平台为应急管理提供了高效的动态与情境平台，能够实时捕捉时空动态信息。同时，平台是一个开放性的可视化平台，能有效增强动态情境意识，有利于实现“全覆盖、无死角、无盲区”动态感知。

●从“分散应急”向“整合应急”转变。传统应急管理缺乏有效的实时协调与整合反应能力，智慧应急平台促进了“部门—部门、政府—民众、国家—国家”之间的横向与纵向整合能力。它还能整合应急现场、应急过程与灾害影响等基础信息，有利于构建“全域覆盖、全面融合、全程贯通”的整合型应急管理模式，打破传统的部门分离、条块分割、各自为战的碎片化管理缺陷，从而实现“整体智治、高效协同”的目标。

●从“数据治理”向“数据智能”转变。通过广泛汇聚感知数据、业务数据、外部数据和互联网数据，逐步建立跨层级数据共享交换体系，形成应急管理大数据中心，推动从数据治理向数据智能转变。提高异构数据互操作能力，培育发展一批面向不同应急业务场景的数据应用产品，提供监测预警、辅助决策、研判分析、应急指挥等数据辅助支撑能力。

●从“一网通办”向“一网统管”转变。充分利用区块链、物联网、云计算、人工智能、机器深度学习等技术手段，推动技术与业务系统的深度融合，从“一网通办”向“一网统管”的政府管理模式转变，构建横向到边、纵向到底、全闭环的数字化治理模式。

3.2.4 发展战略目标

建成覆盖自然灾害、事故灾难、公共卫生事件、社会安全事件等重点风险领域的感知网络、多手段融合的应急通信网络，大数据、人工智能、机器人、移动互联网、区块链等现代信息技术得到广泛应用，智慧应急大脑初步建成，“智慧应急”新生态基本形成，新一代信息技术与应急管理业务有效融合，深度应用，监测预警、监管执法、指挥决策、救援实战、社会动员、安全防护等方面实现智能化,形成全面感知、动态监测、智能预警、扁平指挥、快速处置、精准监管、人性服务的智慧应急管理新模式。具体如下。

●智慧体系。通过信息化、智能化技术手段,构建全方位、全过程、全覆盖的智慧应急管理体系,推动应急管理的科学化、规范化和信息化,提高应急管理的整体水平和效能。

●智慧感知。利用各种传感器、监控设备等,对重点区域、行业、对象进行实时监测,及时识别和发现潜在的或正在发生的风险隐患和异常情况。

●智慧预警。基于大数据分析、人工智能等技术,对收集到的各类信息进行深度挖掘和智能分析,预测可能发生的灾害事故,并及时发布预警信息。这有助于提升应急管理的准确性和及时性。

●智慧发布。可以及时发布应急信息,包括预警信息、救援进展、安全知识等,提高公众对应急事件的认知和理解。

●智慧整合。能够整合各类应急信息,包括基础数据、实时监测数据、历史数据等,实现信息的共享和交换。

●智慧应用。通过机器学习、神经网络、知识图谱、深度学习等算法,利用模型工厂、应用工厂和应用超市等,为监督管理、监测预警、指挥救援、决策支持、政务管理 5 大业务域提供应用服务能力。创新移动应用、智能应用、集成应用和“互联网+”应用,形成应急管理众创众智的应用新生态。

●智慧决策。利用大数据分析和人工智能等技术,对海量数据进行挖掘和分析,通过构建风险评估模型和预警机制,为应急决策提供科学依据和辅助支持。

●智慧指挥。构建应急指挥平台,实现跨部门、跨层级的信息共享和协同作战。利用大数据、人工智能等技术辅助决策,优化应急方案,确保应急响应的协调性和有效性。

●智慧救援。配备先进救援装备和技术,提高救援队伍的专业性、机动性和安全性。利用无人机、机器人等技术进行现场勘查、救援和物资投送,提升应急管理的敏捷性和专业性。

●智慧资源。可以对应急资源进行统一管理和调度,包括人员、物资、设备等。通过智能化的调度算法,实现应急资源的快速调配和优化配置,提高应急救援的效率。

●智慧演练。通过模拟演练和实战训练,提高应急人员的专业素养和应急处置能力。同时,利用虚拟现实等技术模拟灾害场景,进行逼真的应急演练,提升应急人员的实战经验和心理素质。

●智慧普及。可以为社会公众提供应急知识普及、救援技能培训等服务,提高公众的应急意识和自救互救能力,形成全社会共同参与的应急管理格局。

●智慧恢复。在灾害事故发生后,利用大数据、人工智能等技术对灾害进行全面评估,快速定损,精准救助。同时,利用互联网、物联网等技术实现对灾区的远程支持、资源优化和智能调度,帮助灾区快速恢复正常生产和生活秩序。

●智慧评估。应急信息化系统可以对灾害事故进行事后评估和总结,分析灾害原因、损失情况、救援效果等,为今后的应急管理工作提供经验和教训。这有助于不断完善应急管理机制,提高应急管理能力。

●智慧创新。随着技术的发展和应急管理的需求变化,平台需要不断进行技术创新和优化升级,以适应新的应急场景和需求,提高应急管理的智能化、精细化水平。

3.2.5 发展战略框架

基于应急管理部出台的《应急管理信息化发展战略规划框架（2018—2022）》，形成了两网络、四体系、两机制的智慧应急发展战略框架。

1）两网络

●全域覆盖的感知网络。通过物联感知、卫星感知、航空感知、视频感知、全民感知等途径，汇集各地、各部门感知信息，构建全覆盖的感知网络，实现对灾害易发多发频发地区和高危行业领域全方位、立体化、无盲区动态监测，为多维度全面分析风险信息提供数据源。打造“应急感知一张网”，构建“一网统管”智慧应急体系，实现安全治理“风险清、底数清、隐患清”，形成“能监测、能预警、能分析、能处置”的全流程闭环防控机制。

●天地一体的应急通信网络。采用 5G、软件定义网络（SDN）、IPv6、专业数字集群（PDT）等技术，综合专网、互联网、宽窄带无线通信网、北斗卫星、通信卫星、无人机、单兵装备等手段，建成天地一体、全域覆盖、全程贯通、韧性抗毁的智慧应急通信网络。

2）四体系

●先进强大的大数据支撑体系。建设全国应急管理数据中心，构建智慧应急管理业务云，形成性能强大、弹性计算、易购兼容的云资源服务能力；构建全方位获取、全网络汇聚、全维度整合的海量数据资源治理体系，满足精细治理、分类组织、精准服务、安全可控的智慧应急数据资源管理要求。

●智慧协同的业务应用体系。建设统一的全国智慧应急应用平台，形成“智慧应急大脑”，通过机器学习、神经网络、知识图谱、深度学习等算法，利用模型工厂、应用工厂和应用超市等为上层的监督管理、监测预警、指挥救援、决策支持、政务管理 5 大业务域提供应用服务能力，有力支撑常态、非常态下的事前、事发、事中、事后全过程业务开展；构建统一的门户，为各级各类用户提供集成化的应用服务入口。

●安全可靠的运行保障体系。建立全面立体的安全防护体系和科学智能的智慧应急运维管理体系，实现对应急管理信息系统的多层次、全维度的安全防控。部署智能化运维管理系统，建立完善的运维管理制度和运维反应机制，保障应急管理部信息网络以及应用系统安全、稳定、高效、可靠地运行。

●严谨全面的标准规范体系。各标准之间相互联系、相互作用、相互约束、相互补充，构成一个完整统一体，指导智慧应急建设全过程。

3）两机制

●统一完备的信息化工作机制。建立全国统一领导、地方各级部门分工协作的智慧应急信息化工作组织领导体系，建立覆盖项目建设全过程的协调联动制度机制、项目管理制度，完善应用考核机制。

●创新多元的科技力量汇集机制。培育专业化的技术研究团队，打造智慧应急专业人才培养体系，加强各类先进技术攻关、融合与集成创新，建立开放的“政产学研用”技术创新机制和产业生态，调动全社会力量共同参与智慧应急建设。

3.3 智慧应急发展视角

3.3.1 全生命周期战略视角

基于目前的突发公共事件阶段演化过程的研究，已经形成了较为成熟的应急管理全生命周期阶段论理论体系，目前代表性的主要有四阶段论、五阶段论、六阶段论等。基于上述四阶段论、五阶段论、六阶段论等应急管理全生命周期管理理论体系的综合描述，建立全新的智慧应急的全生命周期“七阶段论”理论体系。

该理论体系的全生命周期战略视角可从7个方面展开：突发事件“潜伏期”生命周期、突发事件“爆发期”生命周期、突发事件“持续期”生命周期、突发事件“后续期”生命周期、突发事件“恢复期”生命周期，以及覆盖在这5个过程之上的突发事件“政务期”生命周期、突发事件“决策期”生命周期，它们分别对应急准备过程、应急响应过程、应急处置过程、应急保障过程、应急善后过程、应急政务过程、应急决策过程。

3.3.2 技术研究范式战略视角

技术研究范式从本质上讲是一种理论技术体系，是一个有结构、有层次、有序列的技术概念系统。由于突发公共事件是一种使社会秩序失范的不确定性灾害，这种不确定性在不断增强，需要技术研究范式作为应急管理的支撑。因此，随着现代技术的发展和逐渐成熟，智慧应急建设需要当今一系列最新的技术研究范式作为支撑。

该技术研究范式战略视角可从12个方面展开：微服务技术、网络通信技术、接入感知技术、云计算技术、物联网技术、大数据技术、地理信息技术、移动测量技术、人工智能技术、数据挖掘技术、决策支持技术、VR/ AR/ MR 技术等。这些作为技术研究范式，越来越多地应用到智慧应急建设的方方面面。

3.3.3 复杂巨系统战略视角

面向各类突发事件的智慧应急是一个巨型、开放、结构多层、组分多元，以及具有动态演化过程的、开放的特殊复杂巨系统，呈现出差异性、多样性等复杂特征。由此可知，面向应急管理的智慧应急建设是跨部门、跨领域、跨学科的综合性、复杂性的庞大的系统工程，是一个融合了多目标、多主体、多需求的组织管理体系，是一个“开放的复杂巨系统”，其中的多个复杂系统相互联系和相互作用，复杂程度和难度不是一般的系统可以比拟的。

该复杂巨系统战略视角可从10个方面展开：应急管理体系复杂巨系统、应急学科体系复杂巨系统、应急预案体系复杂巨系统、智慧应急事件复杂巨系统、智慧应急过程复杂巨系统、智慧应急用户复杂巨系统、智慧应急数据复杂巨系统、智慧应急技术复杂巨系统、智慧应急平台复杂巨系统、智慧应急功能复杂巨系统。

3.3.4 系统工程论战略视角

面向应急管理的智慧应急平台不是小系统、不是简单系统、不是封闭系统，而是“开放的复杂巨系统”。其系统的数量十分庞大、种类极其繁多、层次结构和关联关系异常复杂，呈现出高度不确定性、更强的涌现性等特点。对这样一个复杂巨系统，以定性和定量的方法实施有效的组织管理，使其健康、快速地发展，就需要从系统工程的角度，在整体上认识并处理问题，着眼于发展的过程，深层挖掘相关的技术方法。因此，必须基于系统工程理论，按照系统工程思想设计智慧应急平台组成这个“复杂巨系统”的信息系统。

该系统工程论战略视角可从 16 个方面展开：智慧应急基础设施系统系统工程、智慧应急网络通信系统系统工程、智慧应急接入感知系统系统工程、智慧应急数据管理系统系统工程、智慧应急技术支撑系统系统工程、智慧应急通用功能系统系统工程、智慧应急业务应用系统系统工程、智慧应急成果展现系统系统工程、智慧应急操作终端系统系统工程、智慧应急统一门户系统系统工程、智慧应急对外接口系统系统工程、智慧应急安全保障系统系统工程、智慧应急运行管理系统系统工程、智慧应急法律法规系统系统工程、智慧应急标准规范系统系统工程、智慧应急运行环境系统系统工程。

3.3.5　比较优势战略视角

智慧应急比较优势战略视角是指在发展智慧应急时，充分利用和发挥自身优势，通过比较和选择，找到最适合自身发展的战略路径。以下是从智慧应急比较优势战略视角看待智慧应急的主要内容。

●识别并发挥自身优势。在智慧应急的发展过程中，首先要全面分析和评估自身的优势和资源，包括技术、人才、资金、政策等方面。通过识别并发挥这些优势，可以形成自身的核心竞争力，提升智慧应急的发展质量和效益。

●借鉴先进经验与模式。在智慧应急的发展过程中，可以积极借鉴国内外先进的应急管理经验和模式，学习其成功之处，并结合自身实际进行创新和应用。通过借鉴先进经验与模式，可以少走弯路，加速智慧应急的发展进程。

●聚焦重点领域和关键环节。在智慧应急的发展过程中，应根据自身的实际情况和发展需求，聚焦重点领域和关键环节，集中力量进行突破和创新。通过聚焦重点领域和关键环节，可以实现智慧应急的快速发展和重点突破。

●强化产学研用合作。智慧应急的发展需要产学研用各方的紧密合作和协同创新。通过加强产学研用合作，可以促进技术创新和应用转化，推动智慧应急技术的不断升级和发展。

●推动跨界融合与创新。智慧应急的发展需要跨界融合与创新的支持。通过推动不同领域、不同行业的跨界融合与创新，可以形成新的应急管理模式和解决方案，提升智慧应急的应对能力和效率。

3.3.6　模式可持续战略视角

智慧应急模式可持续战略视角是指在发展智慧应急时，注重模式的可持续性，确保智慧应急系统能够长期稳定地运行和发展。以下是从智慧应急模式可持续战略视角看待智慧应急的主要内容。

●可持续发展理念。在智慧应急模式的设计和实施中，应融入可持续发展的理念，确保智慧应急系统的建设和运行符合经济社会可持续发展的要求。这包括资源利用、环境保护、社会公平等方面的考虑。

●系统稳定性与可靠性。智慧应急系统需要具备高度的稳定性和可靠性,能够长期稳定运行并应对各种突发事件。因此,在设计和实施智慧应急模式时,应注重系统的稳定性、可靠性和安全性,确保系统能够持续为用户提供优质的应急服务。

●技术创新与可持续性。在智慧应急模式的发展中,应注重技术创新和可持续性的结合。通过引入新技术、优化系统架构、提高数据处理能力等方式,不断提升智慧应急系统的性能和可持续性。同时,也要关注技术创新对环境和社会的影响,确保技术创新与可持续发展目标相一致。

●跨部门协同与可持续发展。智慧应急模式需要实现跨部门的协同合作,确保各部门在应急管理中能够形成合力。通过加强部门间的沟通、协作和资源共享,提高应急管理的整体效率和可持续性。同时,也要注重与其他领域、其他行业的协同合作,形成更加完善的应急管理体系。

●社会参与与可持续发展。智慧应急模式发展需要社会的广泛参与和支持。在通过加强宣传教育、提高公众应急意识、鼓励社会组织和公众参与应急管理等方式,增强社会的应急能力和可持续性。同时,也要关注社会公平和公正,确保智慧应急服务能够惠及广大人民群众。

3.3.7 军民融合发展战略视角

智慧应急军民融合发展战略视角是一个结合了军民融合与智慧应急发展的综合性视角,旨在将军事应急管理与民用应急管理体系相结合,形成一体化的智慧应急军民融合体系。以下是从智慧应急军民融合发展战略视角看待智慧应急的主要内容。

●军民一体化规划与设计。在智慧应急军民融合发展战略下,需要制定一体化的军民应急规划与设计,确保军事应急管理体系与民用应急管理体系在规划、设计、建设、运行等方面实现有机衔接和高效协同。

●资源共享与优化配置。通过军民融合,实现军事应急资源与民用应急资源的共享和优化配置。这包括应急物资、装备、设施、技术、人才等方面的资源共享,以提高应急资源的利用效率和应对能力。

●技术创新与军民融合。在智慧应急军民融合发展战略中,需要积极推动军民融合技术创新,将军事领域的前沿技术与民用领域的技术创新相结合,推动智慧应急技术的军民融合应用和发展。

●协同应对与联合处置。在智慧应急军民融合发展战略下,需要建立协同应对与联合处置机制,实现军事应急力量与民用应急力量的快速响应和联合行动。通过军民协同,提高应对突发事件的速度和效率。

●人才培养与队伍建设。智慧应急军民融合发展战略需要重视人才培养和队伍建设。通过加强军民融合应急管理人才培训、交流和实践锻炼,提高应急管理人员的综合素质和专业能力,为智慧应急军民融合体系的发展提供有力的人才支撑。

3.4 智慧应急发展机制

3.4.1 安全风险的联控联防机制

安全风险的联控联防机制是指为了有效应对和降低应急安全风险,政府、企业、社会组织和公众等各方共同参与,形成联合防控、联合应对的工作格局。这种机制强调多方合作、信息共享、资源整合和协同应对,以提高应急安全风险的防控能力。

●联合防控与应对。政府、企业、社会组织和公众等各方应共同参与应急安全风险的防控与应对工作,通过建立联合防控指挥部或协调机构,统筹协调各方资源和力量,实现资源共享、优势互补,形成合力。

●信息共享与沟通。建立高效的信息共享与沟通机制,确保政府、企业、社会组织和公众之间能够及时获取和传递应急安全风险的相关信息。通过加强信息沟通和协调,提高应急响应的效率和效果。

●风险评估与预警。加强应急安全风险的评估工作,定期分析和研判安全风险形势,及时发现潜在的安全隐患。同时,建立健全预警机制,及时发布预警信息,提醒各方做好应急准备工作。

●资源整合与调配。整合政府、企业、社会组织和公众等各方资源,形成合力。在应急响应过程中,根据实际需要,及时调配各方资源和力量,确保应急工作的顺利进行。

●培训与演练。加强应急安全风险的培训和演练工作,提高公众和应急队伍的安全意识和应对能力。通过定期的培训和演练,不断提升应急响应的水平和效果。

●法律法规与制度保障。制定和完善应急安全风险的法律法规和制度保障措施,明确各方职责和权力。同时,加强执法力度,确保各项法律法规和制度得到有效执行。

3.4.2 监测预警的互联互通机制

监测预警的互联互通机制是指在监测和预警安全风险的过程中,各个相关系统、平台、机构之间实现信息的互联互通、共享和协同工作的机制。这种机制旨在提高监测预警的效率和准确性,确保各方能够及时获取到相关的监测数据和预警信息,从而作出正确的决策和应对措施。

●信息共享与协同。建立信息共享平台,实现各个监测预警系统之间的数据共享和协同工作。通过平台上的数据交换和共享,确保各方能够及时获取到相关的监测数据和预警信息,避免信息孤岛和重复工作。

●标准化与规范化。制定统一的监测预警标准和规范,确保各个系统之间的数据格式、传输协议和接口标准一致。这有助于减少数据转换和处理的难度,提高信息共享的效率和准确性。

●互联互通协议与接口。建立统一的互联互通协议和接口标准,确保各个系统之间能够无缝对接和协同工作。这有助于减少数据传输的延迟和错误,提高监测预警的实时性和准确性。

●协同决策与响应。在监测预警过程中,各个相关机构需要共同参与决策和响应工作。通过协同决策和响应机制,实现各方之间的信息共享、资源整合和优势互补,提高应对风险的能力。

●培训与交流。加强监测预警领域的培训与交流工作,提高各方在信息共享、协同工作和应对风险方面的能力和水平。促进各方之间的合作与沟通,提高监测预警的互联互通水平。

3.4.3 决策处置的联治联动机制

决策处置的联治联动机制是指在应急决策和处置过程中,各个相关机构、部门、组织之间实现联合治理、协同联动的工作机制。这种机制旨在提高应急决策和处置的效率和准确性,确保各方能够迅速响应、协同作战,有效应对突发事件。

●联合指挥与决策。建立联合指挥机制,由相关机构、部门、组织共同组成指挥机构,负责统一指挥和决策。通过联合指挥,实现各方之间的信息共享、资源整合和协同作战,提高应急决策和处置的效率和准确性。

●协同行动与配合。各个相关机构、部门、组织之间需要密切协作,实现协同行动和配合。通过明确各自的职责和任务,加强沟通和协作,确保各方能够在应急决策和处置过程中形成合力,共同应对突发事件。

●资源共享与调配。建立应急资源共享机制,实现各方之间的应急资源互通有无和优势互补。在应急决策和处置过程中,根据实际需要,及时调配和共享应急资源,确保资源的高效利用和合理配置。

●信息沟通与反馈。加强信息沟通与反馈机制,确保各方能够及时获取到相关的信息和数据,作出正确的决策和应对措施。建立信息共享平台等方式,促进信息的及时传递和共享,提高应急决策和处置的效率和准确性。

●培训与演练。加强应急决策和处置领域的培训与演练工作,提高各方在协同作战、资源共享和信息沟通等方面的能力和水平。通过培训与演练活动,促进各方之间的合作与沟通,提高应急决策和处置的联治联动水平。

3.4.4 恢复重建的共融共通机制

恢复重建的共融共通机制是指在灾害发生后,为了实现受灾地区的社会、经济和环境快速恢复与重建,需要建立一种多方参与、协同合作、资源共享的机制。这种机制强调政府、企业、社会组织和公众之间的紧密合作,共同推进灾后恢复与重建工作。

●政府引导与支持。政府应该发挥主导作用,制定灾后恢复与重建的总体规划和政策指导。通过出台相关政策和法规,提供资金支持和政策优惠,鼓励企业和社会组织参与灾后恢复与重建工作。

●企业参与与合作。企业应积极参与灾后恢复与重建工作,发挥其在资源、技术和管理等方面的优势。企业可以通过与政府、社会组织和公众的合作,共同推进灾后恢复与重建项目。

●社会组织协同。社会组织在灾后恢复与重建中发挥着重要作用。它们可以迅速组织志愿者和资源，为受灾地区提供急需的救援物资和服务。同时，社会组织还可以与政府和企业合作，共同策划和执行灾后恢复与重建项目。

●公众参与。通过广泛宣传和教育，提高公众的灾后恢复与重建意识，鼓励他们积极参与灾后恢复与重建工作。同时，政府和企业也应该为公众提供参与灾后恢复与重建的渠道和平台。

●信息共享与沟通。建立有效的信息共享和沟通机制，确保政府、企业、社会组织和公众之间能够及时获取和传递灾后恢复与重建的相关信息。通过加强信息沟通和协调，提高灾后恢复与重建工作的效率和效果。

●公众心理的安抚机制。公众和应急人员经历重大公共突发事件后，有时会引发心理恐慌甚至造成持久的精神创伤。因此，有必要利用智慧应急大数据挖掘技术可溯源、防篡改的技术特性，建立多途径、精准的公众心理安抚机制。

●绩效评估机制。一是评估跨部门协同应急的整体绩效。对区域危机治理过程中的决策协同、资源协同、信息协同、执行协同等重要环节的多维数据展开整体分析，评估整体治理程度；二是评估单一部门的协同应急绩效。运用大数据等信息技术逐一评价参与应急的部门，科学、客观地评价各部门在协同应急治理过程中取得的绩效。

3.4.5 全面建设的运行保障机制

智慧应急建设要可持续推进，必须要加快推进运行保障机制建设，以机制建设保障新型智慧应急高质量发展。

●统筹协调机制。一是加强规划统筹协调，做好总体规划、部门规划、工程规划等之间的相互衔接，确保统筹部署、顶层设计和层层落实；二是加强政策措施统筹协调，形成政策合力，防止政出多门和各自为政；三是加强项目建设统筹协调，做好项目建设基础共建、互联互通、信息共享等方面的统筹规划，促进集约建设、系统互联和信息共享；四是加强资金安排统筹协调，确保财政资金严格依据规划投资，避免重复建设和投资浪费等现象。

●共享开放机制。一是推进重点网络信息基础设施共享开放，尤其是要加快移动互联网、云计算、大数据、物联网、人工智能等应用基础设施平台开放；二是推进数据资源共享开放，完善政务数据资源共享交换，扩大公共信息资源开放范围；三是推进创新平台共享开放，更好地支撑社会创新创业。

●协同联动机制。一是加快构建社会治理协同联动机制，加快跨部门、跨层级、跨区域业务流程优化和前后对接；二是加快构建民生服务协同联动机制，推进“一站式”政务办事服务；三是加快构建规划、投资、建设、运营全过程协同联动机制，满足技术升级、业务变化和机构调整等需求。

●创新试验机制。一是加强新技术创新应用试验田建设；二是构建数据开发利用创新试验机制；三是加快制度创新试验，适应智慧应急人才、项目建设、业务运营等需求，加快财税、投融资、人才评价和激励、部门考核等相关制度的创新。

●包容试错机制。一是建立针对新兴业态审慎包容监管制度；二是建立财政资金投资容错试错机制；三是营造创新创业包容试错机制，鼓励年轻人、企业家、有梦想的人结合智慧应急发展需求开展创新创业。

●迭代更新机制。一是完善智慧应急顶层设计和发展规划迭代更新机制；二是完善智慧应急标准规范和规章制度迭代更新机制；三是完善智慧应急网络系统平台应用迭代更新机制。

●市场竞争机制。一是构建项目建设运营竞争机制，择优选择信誉好、技术强、服务优的服务商承接智慧应急项目建设和运营；二是构建政务数据开发利用竞争机制，鼓励采取竞标授权运营等模式，推进政务数据资源社会化开发利用。

●安全保障机制。一是完善网络平台应用安全保障机制；二是完善数据安全保障机制；三是建立供应链安全保障机制。

3.4.6 军民融合的深度发展机制

军民融合的深度发展机制是指在应急管理中，将军事力量与民用力量进行有机融合，实现资源共享、优势互补，以提高应对突发事件的能力和效率。这种机制强调军事与民用力量的协同合作，共同构建强大的应急管理体系。

●战略规划与政策引导。政府应制定应急军民融合的战略规划，明确发展目标和任务。同时，出台相关政策，引导军事和民用力量共同参与应急管理工作，形成军民融合的工作格局。

●组织体系与协调机制。建立健全应急军民融合的组织体系，包括应急指挥部、协调机构等，统筹协调军事和民用力量，确保在应急响应过程中能够实现快速、有效的协同合作。

●资源共享与优化配置。推动军事和民用资源的共享与优化配置，包括应急物资、设备、技术等，提高资源的利用效率，降低应急成本，增强应对突发事件的能力。

●人才培养与交流合作。加强军事与民用领域的人才培养和交流合作，提高应急管理人员的专业素质，促进军事和民用力量之间的沟通与理解，增强协同合作的能力。

●技术创新与成果转化。推动军事和民用领域的技术创新和成果转化，提高应急管理的科技含量，不断提升应急管理的技术水平，提高应对突发事件的效果。

●法律法规与制度保障。制定和完善应急军民融合的法律法规，明确军事和民用力量在应急管理中的职责和权力。同时，建立健全相关制度，为应急军民融合提供制度保障。

3.5 智慧应急发展模式

3.5.1 顶层设计模式

●技术引领型顶层设计模式。智能化的技术体系是支撑智慧应急发展的关键所在，为覆盖应急管理的全周期、全过程，应以政府为主导，制订应急科技研发计划，配套投入充足资金，并与相关领域的科技企业互相合作，着力打造集约高效的智慧应急技术支撑体系，用数智技术推动智慧应急建设和长效发展。

●理念引导型顶层设计模式。需要由政府提出具有前瞻性的应急管理发展理念，以政策引导为主、项目投资为辅，引导多元社会力量根据自身特点积极参与智慧应急建设与实践。在这一过程中，企业、非政府组织等社会力量是发展主体，政府主要起引导作用，通过

“标准化”的信息交流和情况通报体系，对所有参与者施加“软压力”，进而保障战略计划顺利实施。

●产业促进型顶层设计模式。智慧应急发展需要摆脱过去依赖政府的行政主导推动模式，逐步向政府、市场和社会“共建、共治、共享”的参与式治理模式转变。其中，政府投资的项目应偏向于社会效益突出的重点公共服务领域。此模式有利于政府、企业和组织在政策、技术、人员、资金、数据等方面相互配合、形成合力，最大限度地整合各类社会资源，共同推进智慧应急发展。

●项目驱动型顶层设计模式。为了更好地鼓励市场力量和社会力量积极参与智慧应急建设，各级应急管理部门可以项目为引领，由政府制订明确的应急管理项目计划，并领导实施，进而鼓励集结业界和社会精英力量，使企业、个人和社会组织以合作者、参与者的身份出现，在政府的统筹安排下分工协作，共同推进当地智慧应急建设和长效发展。

●军民融合型顶层设计模式。一是资源统筹。统筹信息网络资源，完善共建合用机制，实现军队信息系统与民用智慧应急平台安全引接和信息数据的共享共用。二是系统共建。按照“民用与军用一体、平时与战时衔接、经济与战备兼容”的要求，广泛开展智慧应急信息基础设施领域军民合建共用。三是互利共赢。牢固确立“共赢”理念，彻底实现由“单独发展”向“共同发展”、“单项合作”向“平台共建”、“贴近式发展”向“融合式发展”的智慧应急建设思想转变。

3.5.2 建设运营模式

●政府独资建设模式。是指在整个智慧应急建设过程中，政府不借助于运营商，而是利用自己的资金、凭借自己所掌握的技术手段对整个智慧应急建设进行整体计划、独立投资和后期运维工作。优点：政府可以控制平台的使用方式和经营模式，不需要进行复杂的商务谈判和协商，同时政府能够对工程进行严密的控制并对运营过程进行深入监管。缺点：其一，政府需要承担投资建设的全部费用；其二，政府必须承担投资风险；其三，政府要凭一己之力负责平台的运营和维护。

●政府投资、运营商建设模式。是指在整个智慧应急建设过程中，由政府主导并负责主要投资，运营商为政府提供相关技术支持，同时由运营商负责平台的运营和维护工作。优点：首先，保证了政府对智慧应急平台的监管力度和主动权；其次，运营商之前已经建设了许多基础设施，积累了丰富的相关建设与运营经验；再次，保证了政府与运营商都能够从事自己的优势工作。缺点：第一，政府依然要承担智慧应急建设费用；第二，智慧应急建设任务虽由运营商来承担，但是政府仍是主导方，仍需承担相应的风险；第三，由于是由政府主导，运营商对平台规划和发展的控制权较小。

●政府、运营商合资建设模式。在刚开始进行智慧应急建设时，政府要投入必要的资金，进行一些前期基础设施的建设，同时应该制定相关的政策和法律法规。运营商则在整体工程开始之后全面参与，利用已有的优势在政府的支持下进行后期的建设运营和维护工作。优点：第一，政府节约了投资建设智慧应急平台的资金，仅需支付部分资金用于购买公共服务；第二，智慧应急平台的投资建设和运营全部由运营商负责；第三，运营商能通过灵活配置投资和收益模式来达到政府监管和企业运营的平衡；第四，运营商对于整个智慧应急平台有很大的操控权。缺点:运营商要谨慎地考量所有的合作企业和协调过程,保证将自己所承担的商业风险降到最低。

●政府牵头、运营商建设模式。该模式是政府向私人机构颁布特殊许可,允许自筹资金建设智慧应急某一基础设施,并在一定时期内管理和经营该设施以及相应的产品和服务。在经营期满后,政府将无偿收回项目设施及配套的所有权利。优点:在投资建设智慧应急平台的过程中,政府很少参与具体事务,几乎全部的资金压力和投资风险都由运营商来承担。缺点:此种模式下运营商承担的压力过大,不能充分调动运营商投资建设及发展的积极性。

●运营商独资建设运营模式。该模式是由运营商承担智慧应急平台从建设到运维的全部任务,并负担全部所需费用,政府难以进行干涉和掌控。优点:政府在智慧应急平台建设与运营的过程中不承担任何责任,不进行任何投资,同时也没有任何风险,能够极大地调动运营商建设与运营的积极性。缺点:由于所有的权利与责任全部在运营商手中,政府对智慧应急平台建设没有话语权,政府难以进行深入的监管。

3.5.3 业务执行模式

智慧应急业务执行模式是一种基于信息化、智能化技术的应急管理模式,旨在提高应急管理的效率、准确性和有效性。该模式通过整合各类应急资源和信息,实现跨部门协同、智能化决策和精细化管理,以应对各种突发事件。

●智慧应急业务执行模式需要建立一个全面整合的信息化平台,将各类应急资源、信息、数据等进行统一管理和共享。这个平台应具备数据采集、监测预警、应急指挥、资源调度、决策支持等功能,能够提供全面的应急管理服务。

●智慧应急业务执行模式需要借助大数据、人工智能等先进技术,对整合后的数据进行深度分析和挖掘,发现潜在风险,提前预警。同时,利用这些技术构建智能化决策支持系统,为应急决策提供科学依据。通过数据分析和模型预测,可以实现对突发事件发展趋势的预测分析,为应急决策提供有力支持。

●智慧应急业务执行模式强调跨部门协同和联动。通过建立跨部门协同机制,实现各部门之间的信息共享、资源整合和协同工作。在突发事件发生时,各部门可以快速响应、协同作战,形成合力,提高应对突发事件的能力和效率。这种协同联动可以打破部门之间的信息孤岛,形成统一的应急管理体系。

●智慧应急业务执行模式注重精细化管理和服务。通过对应急资源和信息的精细化管理,确保资源的有效利用和快速调配。同时,通过提供个性化的服务,满足不同部门和地区的需求,提高应急管理的针对性和有效性。这种精细化管理可以确保应急资源得到合理配置和使用,提高应急响应的速度和质量。

3.5.4 平台运行模式

●独立运行模式。独立运行模式是指单独的、专门的应对突发事件的一种智慧应急平台建设模式。主要缺陷是:成本太高,重复建设;鞭长莫及,力不从心;政府、企业、事业单位之间相互冲突、互不配合。

●主辅运行模式。主辅运行模式是指以政府智慧应急平台为主,以企业、行业、事业单位智慧应急平台为辅的一种运行模式。主要缺陷是:政府居高临下、负担过重、挂一漏万;企业、行业、事业单位责任过轻,疏于防范;政府、企业、事业单位之间缺少统一协调,难以形成合力。

●分散运行模式。分散运行模式是指各个政府、企业、事业单位自行负责应对各个区域内突发事件的一种智慧应急平台建设模式。主要缺陷是:行政性分散、行业性分散与区域性分散;行政性分割、区域性分割与行业性分割;无法应对解决区域性突发事件、行业性突发事件。

●主辅统筹运行模式。主辅统筹运行模式是指以政府智慧应急平台为主,以企业、行业、事业单位智慧应急平台为辅,并由政府统一协调指挥的一种建设模式。主辅统筹运行模式与上述这 3 种模式相比较具有明显优势,主要是:成本较低、责任明确、统一协调、互相配合,形成合力,共同应对突发事件。

3.5.5　平战结合模式

●"平时"模式。"平时"是突发公共事件发生前的准备期和间隙期,围绕"平时"建立常态化工作机制,提高整体抗灾能力,提前做好应急准备,采取有效的措施预防和减缓灾害影响的业务需求及目标,平台提供值班、监测、预警、资源管理、分析、联络等全流程服务。

●"平时平战切换期"模式。由"平时"向"战时"转换的过程,围绕新形势下的应急管理能力建设要求,确保快速提升预防及处置应对能力,以抓部署工作落实为目标。借鉴信息技术,实现突发公共事件的态势跟踪和准确研判,及时向公众发布预警信号、快速组织各级单位开展现场的应急处置工作。

●"战时"模式。"战时"即突发公共事件触发后,属于应急响应阶段。组织和指挥展开应急工作,确保资源的合理调配和协调,加强舆情和公众引导,以最大程度降低灾害损失和保障人员安全为目标,平台提供全量态势、统一调度、协同指挥、研判分析、效果评估等业务支撑服务。

●"战平过渡期"模式。"战平过渡期"是灾害事件或紧急情况结束后,属于应急恢复阶段。基于高效的转换机制从应急状态过渡到正常状态时期,以恢复正常的运营生产、重建受损的设施和系统为目标,平台提供事故调查、灾情评估、灾情核查、灾情救助等业务支撑服务。

3.5.6　军地协同模式

●构建"协同化"的军民联合指挥模式。充分发挥军地联合智慧应急指挥的合力,促进军民指挥双方密切合作和良性互动。既要着眼战时动员准备,又要立足平时应急管理,实现平时与战时、应急与应战联动的一体化联合指挥。

●构建"多元化"的军民应急处置力量模式。统筹联合国家部委、人民军队、社会志愿群众等社会多方力量,基于智慧应急充分调动军地各方应急处置力量,形成规模适度、布局合理、多元力量的军民应急队伍。

●"常态化"的军民预案编制模式。定期组织军地有关部门对当地灾情进行判断预测,及时组织军地有关部门进行应急预案的先期谋划、修订完善、论证审批,使智慧应急中的军民数字预案编制常态化、长效化。

●构建“共享化”军民应急信息保障模式。在技术转化层面，深入实施军民融合发展战略，重视推动军地优势技术转移转化，促进军民应急信息保障技术更新换代；在信息共享层面，整合双方应急信息资源，促进军民应急信息互联互通、信息共享。

●构建“融合化”的军民应急资源保障模式。充分发挥军地双方资源保障优势，推动智慧应急中的军民应急资源管理更加先进、更加高效。推动军民优势应急资源双向转化，更深层次发展军民融合式应急资源体系。

●构建“通用化”军民应急基础设施模式。要以制定统一规范的军民应急设备标准为切入点，推动形成军地应急设备信息化衔接、相互兼容、统一规范的军民应急标准体系。

3.6 智慧应急发展模型

3.6.1 理论基础模型

智慧应急理论基础是一个综合性的体系，融合了多个领域的知识和方法。这些理论为智慧应急提供了基本框架、技术支撑和决策支持，推动了智慧应急的发展和实践。包括以下模型。

●应急管理理论模型。这是智慧应急的出发点和落脚点，应急管理理论涉及危机管理、灾害管理、风险管理等领域，为智慧应急提供了基本框架和指导原则。

●公共安全理论模型。公共安全是智慧应急的最终目标，公共安全理论涉及风险识别、风险评估、风险防控等领域，为智慧应急提供了风险管理和公共安全保障的理论基础。

●危机管理理论模型。危机管理理论是应急理论的重要组成部分，这个理论强调预防和准备的重要性，以及在危机发生时进行快速、有效的响应。

●风险管理理论模型。风险管理理论关注的是识别、评估、处理和监控潜在的风险，以防止或减少其对组织、社区或个人的影响。风险管理理论有助于预测和识别可能发生的危机，从而采取相应的预防和准备措施。

●全生命周期理论模型。基于目前的突发公共事件阶段演化过程的研究，已经形成了较为成熟的应急管理全生命周期阶段论理论体系，目前具有代表性的主要有四阶段论、五阶段论、六阶段论等。

●复杂巨系统理论模型。面向应急管理的智慧应急建设是跨部门、跨领域、跨学科的综合性、复杂性的庞大的系统工程，是一个融合了多目标、多主体、多需求的组织管理体系，是一个“开放的复杂巨系统”。

●系统工程理论模型。智慧应急是一个复杂的系统工程，涉及多个部门、多个环节和多个资源。系统工程理论为智慧应急提供了整体性、协同性和优化性的思考方式，帮助实现各个部门和资源之间的协同和整合。

●技术研究范式理论模型。技术研究范式从本质上讲是一种理论技术体系，是一个有结构、有层次、有序列的技术概念系统。由于突发公共事件是一种使社会秩序失范的不确定性灾害，这种不确定性需要技术研究范式作为应急管理的支撑。

●决策科学理论模型。智慧应急的核心是决策，包括预警决策、响应决策、恢复决策等。决策科学理论为智慧应急提供了决策理论、决策方法和决策支持系统等工具，帮助提高决策的准确性和效率。

●恢复和重建理论模型。恢复和重建理论关注的是在危机后如何快速、有效地恢复和重建受损的设施、社区和生活。这个理论强调恢复和重建的策略应基于灾后的实际情况，并充分利用各种资源。

●信息技术和智能化技术理论模型。智慧应急充分利用物联网、大数据、云计算、人工智能等新一代信息技术和智能化手段，实现对应急管理的智能化、信息化和数字化改造和升级，为智慧应急提供了强大的数据收集、处理、分析和决策支持能力。

3.6.2　技术逻辑模型

智慧应急技术逻辑模型是一个综合性的结构，旨在整合并优化各种技术和资源，以应对紧急情况和提高应急管理的效率。它需要具备高度的可配置性和灵活性，以适应不同的应急场景和需求。它应该允许管理员或决策者根据具体情况调整参数、配置规则、定义流程等，以确保平台能够满足不同应急场景的需求。随着技术的不断进步和应急管理的需求变化，逻辑层需要具备可扩展性和可升级性，以适应不断变化的应急管理需求。因此，其技术逻辑模型如下。

●数据感知与采集层。此层负责通过物联网设备、传感器、视频监控系统等手段，实时感知和采集与应急相关的各种数据，如环境数据、社会动态、灾害情况等。

●数据传输与通信层。这一层确保从数据感知与采集层获取的数据能够安全、高效地传输到应急指挥中心或其他相关部门。它利用有线通信、无线通信、卫星通信等多种通信方式，实现数据的实时传输和共享。

●数据处理与分析层。在这一层，接收到的数据会经过清洗、分类、聚合和挖掘等处理，以提取有价值的信息和趋势。通过数据分析，可以预测潜在的风险和危机，并为决策者提供科学依据。

●信息集成与共享层。该层负责集成和共享来自不同部门和系统的信息。它建立一个统一的信息平台，实现各部门之间的数据共享和协同工作。通过信息集成和共享，可以提高应急响应的效率和准确性，减少信息孤岛和重复工作。

●预警与预测层。基于数据处理和分析的结果，智慧应急技术框架可以提供预警和预测功能。通过构建预警模型，可以及时发现潜在的风险并发出预警信号；通过预测模型，可以预测灾害的发展趋势和影响范围，为决策者提供决策支持。

●智慧决策与指挥层。基于数据处理与分析的结果，该层负责提供智慧决策和指挥功能。它整合各种应急资源和力量，建立统一的应急指挥系统，实现救援资源的快速调度、人员调配和任务分配。

●应急响应与处置层。在紧急情况下，该层负责快速、高效地响应和处置。它利用前面各层的技术和数据分析结果，为救援人员提供实时的现场信息和决策支持，确保救援行动的有效性和安全性。

●评估与总结层。在应急响应结束后，该层负责对整个应急过程进行评估和总结。它分析救援效果、资源利用效果、决策效果等，发现存在的问题和不足，并提出改进措施，为未来的应急管理工作提供经验和借鉴。

●安全保密层。该层负责确保整个智慧应急系统的安全性和保密性。通过数据加密、访问控制、身份认证等手段，保护数据和系统的安全稳定运行。

3.6.3 智慧应急数学模型

智慧应急数学模型是一种基于数学方法和算法的应急决策和管理模型。它运用数学理论、统计分析和优化算法等技术手段，对突发事件进行量化分析和预测，为决策者提供科学依据和决策支持。包括以下几个方面。

●数据处理和分析模型。智慧应急数学模型首先需要对收集到的应急数据进行处理和分析。这可能涉及数据清洗、去重、转换和标准化等操作，以及运用统计分析方法对数据进行描述、比较和推断。

●测度评价模型。通过一系列精炼的指标、图示或特征类别来反映突发事件当前的各种状态，该类模型具体包括协调度分析、多准则评价等多种量化评估方法。运用该类模型可以监测、评估突发事件运行状态，从而即时发现问题。

●风险评估和预测模型。基于处理后的数据，智慧应急数学模型可以运用风险评估和预测算法，对潜在的风险和危机进行量化和评估。这可能包括概率模型、时间序列分析、机器学习算法等，以预测风险的发展趋势和可能的影响范围。

●信息共享与协同模型。模型促进不同部门、团队和利益相关者之间的信息共享和协同工作。通过信息化平台和工具，实现信息的实时更新和共享，提高应急响应的协同性和效率。

●响应和流程管理模型。模型可以对应急响应和管理流程进行建模和优化，这包括基于时间窗口的调度模型、基于网络流的运输模型、基于仿真的流程优化模型等，以确保应急响应的高效性和有序性。

●运筹和决策模型。通过决策优化算法，为决策者提供科学、合理的决策建议，这涉及多目标决策、多属性决策、线性规划、整数规划等优化算法，运用该类模型可以更准确地找到相对最优的突发事件解决方案。

●资源分配模型。在应急管理中，资源的合理分配至关重要。资源分配模型可以根据各地区的需求和可用资源，优化资源的分配方案，确保救援工作的高效进行。

●救援路径优化模型。在紧急情况下，快速有效地将救援人员和资源运送到受灾地区至关重要。救援路径优化模型可以通过考虑路况、距离、时间等因素，优化救援路径，提高救援效率。

●改变影响评估模型。主要用于评估不同的突发事件问题解决方案对经济、社会、交通、生态、物质空间环境等产生的影响，模型的评价结果为人们选择突发事件最优问题解决方案提供了科学依据。

●运作机制模型。可以解析突发事件构成要素之间的相互联系和相互作用关系以及现象的成因，成果表现为反映突发事件运作机制的数学模型或者规则。

●实时更新与动态调整模型。模型需要具备实时更新和动态调整的能力，以适应不断变化的紧急状况。这确保了模型在应对危机时始终保持其有效性和准确性。

3.9 智慧应急发展科技

3.7.1 科技理念创新

●驱动与前瞻布局创新。在智慧应急信息化领域,始终坚持创新驱动,将科技创新作为引领发展的核心动力。通过前瞻性的战略布局,紧跟国际科技前沿,聚焦应急管理的重大需求,推动智慧应急信息化技术的持续创新和升级。

●深度融合与协同优化创新。注重智慧应急信息化技术与各业务领域的深度融合,通过跨领域的协同优化,实现智慧应急信息化系统的全面升级,包括加强智慧应急信息化技术与应急管理体系、应急资源配置、应急决策支持等方面的深度融合,提升应急管理的整体效能。

●智能化升级与精准化决策创新。强调智能化升级的重要性。通过引入人工智能、大数据分析等先进技术,提升智慧应急信息化系统的智能化水平,实现对灾害和突发事件的精准预警、精准研判和精准决策,有助于提高应急响应的效率和准确性,减少灾害损失。

●安全可控与稳定可靠创新。注重加强智慧应急信息化系统的安全防护和风险控制,确保系统的稳定运行和数据安全。同时,通过优化系统架构、提升软硬件性能等措施,提高智慧应急信息化系统的可靠性和稳定性。

●开放共享与持续创新。通过构建开放式的创新生态,吸引更多的创新资源和创新力量参与到智慧应急信息化科技研发中来。同时,鼓励持续创新,不断推动智慧应急信息化技术的升级和完善,以适应不断变化的应急管理需求。

●智能化与自动化导向创新。通过集成人工智能、大数据分析、机器学习等技术,实现对灾害和突发事件的自动监测、预警和决策支持,提高应急响应的效率和准确性。

●跨部门协同与信息共享创新。通过建立统一的信息平台和数据标准,打破信息孤岛,实现各部门之间信息的实时传递和共享,提高应急管理的协同性和整体性。

●以预防与减灾为核心的创新。通过利用先进的监测技术和数据分析方法,及时发现和评估潜在风险,为制定有效的预防措施和减灾策略提供科学依据。

●技术创新与持续升级创新。紧跟科技发展的步伐,不断引入新技术、新方法和新设备,提升智慧应急的科技含量和智能化水平,以适应日益复杂多变的应急环境。

●人性化与易用性创新。通过优化用户界面、简化操作流程、提供个性化服务等方式,使智慧应急平台更加符合用户的使用习惯和需求,提高用户的满意度和参与度。

3.7.2 科技规划创新

探索智慧应急科技发展路径的着力点在于,围绕灾害事故的主动、全面、精准监测监控,多灾种、跨尺度灾害事故的早期预警和快速有效预测,跨区域、跨层级、跨部门的科学决策、综合协调与高效处置等科学问题,开展共性、关键性、颠覆性技术分析,提出智慧应急科技发展的前瞻性、全局性战略规划。

●全周期、全链条、全要素的量化风险评估技术研究规划。围绕灾害事故全周期和应急管理全链条，探索灾害成灾机理和评估模型，实现风险评估的定量化、标准化、系统化、综合化。重点发展基于多灾种、多尺度、多物理场，系统化的风险评估技术，多灾害耦合致灾过程模拟和情景构建技术，“数据—计算—推理”融合的风险评估技术与系统等。

●多灾种耦合、多领域协同的监测预测预警技术研究规划。灾害多发、重发，迫切需要建立实时、多源信息融合的灾害监测网络系统，推动灾害演化预测技术和系统研发，构建纵横贯通、全覆盖的复合型高效预警系统。实现监测微观化、泛在化、综合化，预测标准化、规范化、智能化，预警自动化、网络化、精准化，构建智慧的灾害事故监测预测预警系统。

●跨区域、跨层级、跨部门深度融合的应急处置救援技术与装备研究规划。发展远程化、可遥控、智能化的应急现场处置与救援关键技术、快速疏散和避难技术、多维信息实时传输技术、虚拟仿真技术、人员自动搜救技术、人体损伤评估技术，开发“人—机—物”深度融合的在线应急感知系统和应急机器人等装备。增进协调有序化、救援自动化和管控智能化，发展防灾减灾救灾技术、提升公众自救互救能力，实现应急处置的智能高效。

●一体化智慧应急平台建设规划。基于物联网、云计算、大数据、模拟仿真、情景推演、虚拟现实、数字孪生等新一代信息技术和公共安全技术，构建风险评估与预防、监测预测预警、应急处置与救援、业务持续性管理一体化的智慧应急平台。构建智慧应急多灾种、多类型灾害事故应急管理的跨部门、跨区域信息共享和应急协作联动机制，建设从公众个体到建筑/建筑群、社区，再到城市/城市群、省和国家的新一代智慧应急平台体系。

3.7.3 科技方向创新

智慧应急科技方向创新主要聚焦于利用现代科技手段提升应急管理的智能化、精准化和高效化水平，包括以下方面。

●关键技术研发与突破。针对应急管理中的关键技术瓶颈，加大研发力度，力求取得突破性进展。这包括研发高灵敏度、高可靠性的监测预警技术，提高灾害和突发事件的预警准确率和时效性；发展快速响应、高效协同的应急通信技术，确保信息在紧急情况下的畅通无阻；探索基于大数据、人工智能的决策支持系统，提升应急决策的科学性和精准性。

●创新技术应用与研发。积极探索和应用新兴技术，如物联网、区块链、5G通信等，推动应急信息化的创新发展。通过研发新型的信息采集、传输和处理技术，提高应急信息化的智能化、自动化水平。

●大数据与人工智能的深度融合创新。大数据和人工智能技术的结合为智慧应急提供了强大的支持，通过收集、整合和分析海量的应急数据，可以实现对灾害风险的实时监测、预警和评估。能够进一步挖掘数据的潜在价值，通过机器学习、深度学习等技术，构建灾害预测模型，为决策者提供科学、精准的决策依据。

●物联网与边缘计算的协同应用创新。物联网技术可以实现应急资源的智能化管理，包括救援设备的远程监控、调度和维护等。通过在救援设备、环境监测系统等关键节点部署物联网设备，可以实时收集数据并上传到云端或边缘计算设备进行处理，确保在紧急情况下能够迅速作出响应。

● 5G与卫星通信技术的联合发展创新。5G技术的高速、低延迟特性为应急通信提供了强有力的支持，通过 5G 网络，可以实现救援现场与指挥中心之间的实时音视频传输，为决策者提供直观的现场信息。同时，卫星通信技术可以弥补地面通信网络的不足，确保在灾害发生时能够保持通信畅通。

●应急装备与器材创新。针对应急救援的实际需求，研发新型、高效的应急装备和器材，包括开发适用于复杂环境下的救援机器人、无人机等智能装备，提高救援效率和安全性；研发多功能、便携式的应急救援器材，满足现场快速响应和处置的需求；推动应急装备与器材的智能化、模块化发展，提高装备的适应性和灵活性。

●区块链技术在应急管理中的应用探索创新。通过构建基于区块链的智慧应急平台，可以实现应急资源的透明化管理和追溯，确保资源的合理分配和使用。同时，区块链技术还可以用于构建应急信用体系，提高应急救援的社会参与度和公信力。

●开放合作的生态创新。推动政产学研用深度融合，构建开放合作、互利共赢的创新生态。加强政府、企业、高校和科研机构之间的合作与交流，共同推动智慧应急科技攻关创新。同时，积极参与国际交流与合作，学习借鉴国际先进经验和技术成果，推动智慧应急科技攻关创新的国际化发展。

3.7.4　科技平台创新

智慧应急科技创新平台是一个集科研、开发、转化、应用于一体的综合性平台，旨在推动智慧应急领域的技术研发、应用推广和产业发展，包括以下内容。

●科技支撑机构。建立国家重点实验室、国家工程技术研究中心等一批代表国家水平、瞄准世界一流的研究基地以及产品的检测认证中心，对灾害和事故灾难的发生、发展及应对处置全过程进行动态模拟仿真、情景构建推演、态势研判、优化决策、指挥跟踪的先进显示系统和综合分析平台等。

●技术研发中心。中心集中了科研人员和专家团队，专注于智慧应急关键技术的研发和创新。这些技术可能包括大数据分析、云计算、物联网、人工智能等前沿科技，应用于灾害预警、风险评估、决策支持、指挥调度等各个应急管理环节。

●成果转化与推广中心。中心负责将技术研发中心取得的科研成果进行转化，推动其在实际应急管理工作中的应用。通过与企业、政府等合作，加速智慧应急技术的产业化和市场化进程，促进相关产业的发展。

●产业孵化与培育基地。基地提供场地、资金、技术等支持，为创新型应急企业提供孵化服务。通过孵化器的模式，帮助初创企业快速成长，培育一批具有核心竞争力的智慧应急科技企业，推动应急产业的快速发展。

●人才培养与交流中心。培养具备应急管理和科技创新能力的人才，同时开展国内外交流与合作，引进优秀人才和先进技术，提升应急管理整体创新水平。

●数据资源共享平台。整合各类应急数据资源，为科研人员和企业提供数据支持。通过数据共享，促进科研合作和技术创新，推动智慧应急领域的发展。

●交流合作中心。与国内外其他科研机构、高校、企业等交流与合作，通过开展合作项目、举办学术会议等方式，加强科技交流与合作，促进应急科技创新成果的共享和推广。

●试验验证与示范基地。可以建立试验验证与示范基地，模拟真实的应急场景，对新技术、新产品进行实际测试和评估，确保其在实际应用中的有效性和可靠性。

●政策研究与咨询服务中心。承担政策研究和咨询服务功能，为政府和企业提供应急管理政策建议和决策支持。通过深入研究应急管理的政策需求和发展趋势，为政策制定提供科学依据。

3.7.5 科技教育创新

智慧应急科技教育创新在推动应急管理领域的发展和提升应对突发事件能力方面扮演着重要角色，这种创新主要体现在以下几个方面。

●跨学科交叉融合。应急管理学科既具有不同于常态公共管理的专业性及行业性或部门性，又具有突出的跨学科跨专业多部门多行业交叉综合协同的特点。在应急学科建设上，必须重视跨院系、跨学科、跨专业建设，突出交叉性和融合性，形成立体综合的学科知识、理论和实践体系。

●学科内容的更新与拓展。随着科技的进步和应急管理实践的发展，智慧应急学科需要不断更新和拓展其内容，以反映最新的理论、技术和应用。这包括引入大数据、云计算、物联网、人工智能等前沿技术，并将其与应急管理实践相结合，形成新的学科知识点和理论体系。

●教学方法和手段的创新。需要探索新的教学方法和手段。可以利用虚拟现实、增强现实等技术，构建模拟应急场景，让学生在虚拟环境中进行实践操作和演练，提高应急处理能力和水平。

●国际合作与交流。可以引进国外先进的理念、技术和经验，推动国内智慧应急学科的快速发展。同时，也可以参与国际性的应急管理项目和活动，提高我国在国际应急管理领域的影响力和话语权。

●专业教师队伍建设。以全局视野、战略思维高度重视应急管理教师队伍建设规划及实施，积极打造稳定合理的老中青人才梯队，建立专业性、动态化应急师资评价标准，创新师资引进和培养机制。同时，应建立行业专家库，积极打造“学术—实践双向交流”机制，推动应急人才在学术研究部门与实践应用部门之间相互有序有效跨界交流。

●人才培养体系。建立多层次、多类型的应急人才培养和服务体系，培养应急管理领域创新及领军型、复合型及应用型人才。

●专家咨询团队。加强高质量、高水平、高标准应急管理专家咨询团队建设，为实现新时代应急管理体系和能力现代化提供有深度、有精度、有力度的决策咨询，同时能够针对突发事件应急管理的热点、难点、重点问题面向公众进行政策解读、知识普及、答疑解惑。

3.7.6 科技重点创新

面向未来突发事件应急管理“风险—预测—处置—保障”高度联动和韧性管理的重大发展需求，实现跨领域、跨层次、跨时段、跨区域的全方位灾害智慧化应对与保障。因此，智慧应急重点攻关应主要包括以下方面。

●突破重大基础理论。深化多学科交叉融合，重点开展重大灾害及灾害链成因机理、典型事故成因机理、安全风险防控理论研究，为提升多灾种和灾害链综合监测、风险早期识别和预报预警、灾害事故复盘分析与推演能力奠定基础。

●应急处置与救援技术及装备基础理论。主要包括:现场信息快速获取及高速传输理论与方法,天—空—地一体化智能感知、协同、调度方法,无人机和机器人在现场救援和指挥中的智能化应用方法,人与机器人共享环境主动感知与自然交互原理,机器人群体智能原理,现代化智能救援装备原理。

●攻克关键核心技术。基于大数据、云计算、人工智能、物联网、卫星通导遥一体化、5G等高新技术,重点开展重大灾害及灾害链典型事故风险防控等技术研发,为提高灾害事故风险超前感知、智能预警和精准防控能力提供支撑。

●重大灾害事故及多灾种耦合致灾机理与规律。主要包括:重大危险源识别评价与监测预警理论,复杂条件下重大灾害事故的多物理场耦合演化模式,重大灾害事故的动力学演化规律与风险分析方法,多灾种并发和次生衍生的演变规律与致灾机理,地震、台风、地质灾害等重大灾害的风险评估理论和计算分析方法。

●多因素耦合的情景构建与情景推演理论方法。主要包括:多类型灾害事故在自然因素、技术因素、环境因素等复杂交互作用下的结构化和量化情景构建方法,大数据分析、高性能计算、虚拟现实、AI等技术支持下的情景推演与态势评估方法。

●承灾载体灾变机理与韧性评估方法。主要包括:建筑/建筑群、关键基础设施、城市/城市群等不同类型承灾载体的脆弱性与鲁棒性分析方法,建筑/建筑群典型灾害荷载作用下的快速大规模计算分析和结构安全综合评价理论,隧道、地下洞群与管线等重大基础设施在高应力、爆炸等复杂工程环境下的岩土体性能演化规律、岩土体与结构体的相互作用机制和灾变机理,不同重大基础设施的安全相互依赖性和关联效应评价理论。

●多粒度信息综合集成与融合分析方法。主要包括:基于数据流阈值触发的主动预警方法,基于决策支持模型及专家系统的危机预警理论,基于大数据、云计算、物联网、AI、复杂系统建模等技术的综合预测、预警、分析和决策理论与方法,基于"数据—模型—知识"融合的精准决策方法。

●灾害事故舆情分析方法。主要包括:网络舆情大数据快速采集和高速处理方法,舆情自动发现识别与研判方法,舆论评价模型,舆论噪声辨别和虚假互联网声音过滤方法。

●数据驱动的灾害事故案例推理方法。主要包括:灾害事故案例要素的快速采集、数字化存储与分析方法,案例快速检索与适配方法,基于应急决策动态需求的数字化案例推理方法,数据—模型—案例耦合推理与态势预测方法。

●复杂灾害的大数据与大计算融合分析方法。主要包括:数据-模型混合驱动的灾害演化大规模快速分析方法,大规模灾变过程仿真数据与现场数据的多参数、多维度匹配及灾害演化过程动态修正方法,基于大数据的突发事件感知与预警理论和方法,基于高性能计算的大规模复杂灾害事故场景快速计算方法;云计算和边缘计算结合的人机交互式仿真建模理论与方法,物理空间-信息空间-社会空间三元融合的集成化计算理论与方法。

●应急信息快速获取与传输技术和装备。研究抢险救灾、地震灾害、测绘应用、空中动态侦查、安全监控、摄影航拍等多用途功能,不受海拔限制的现场信息快速获取及传输技术,发展用于信息实时采集及传输、小型应急救援物资空投、紧急情况下的信息传输中继、远程指挥协调的装备,如轻型专用无人机、专用机器人等。

●数据计算融合的灾害事故预测预警技术。探索构建科学的数据计算融合方法，实现智能化预测和自动化预警，形成对灾害事故的智能研判能力，进而将智慧应急从“物联”推向“智联”。研究人—机—物深度融合的预测预警技术，实现人机物的互动互联，实施多工作任务协同的系统性监控与预测预警，从而达到监控微观化、泛在化、综合化，预测方法标准化、规范性、智能化，监控信息自动化、互联网、精确化，监控预测预报信息自动化、智能化、一体化。

●研发先进适用装备。积极适应物联网、5G、无人机、机器人、新材料等新技术新装备发展趋势，重点开展灾害事故现场生命搜救等系列装备研发，提升应急救援装备的智能化、轻量化、标准化、高效化水平。

●救援智能化和控制智能化。通过无害化、绿色化、远程化的应急现场处置和救援技术，人员快速撤离和避难技术，多维信息实时传输技术，虚拟仿真技术，人员自动搜救技术，人体损伤评估技术，人—机—物深度融合在线应急感知技术，应急机器人等技术，提高协调有序化、救援智能化和控制智能化水平。

●灾害风险实现全周期和全链条式的信息化评估。通过风险评估定量化和标准化技术、多灾种多维度多物理空间组合型的系统化风险评估方法、多种灾害耦合致灾风险建模与情景重构方法以及潜在、不确定性、模糊风险的预评估方法等技术手段，有效整合各种灾害中发生风险演变的“哨点”，并在“空天地一体化”平台的基础上，综合利用物联网、大数据分析等现代信息技术对危险演变进行空间认知与动态判断，从而实现对灾害与重大意外风险判断和防范方法的定量化、标准化、系统化、综合化与未来化。

●韧性城市关键技术与韧性保障平台。研究多灾种灾害条件下城市韧性评估技术，构建城市韧性分析的数据模型综合集成系统，实现实时、动态、互动、融合的信息采集、传递和处理。研发构建“多灾种—多尺度—多系统”特大城市韧性影响评估系统，构建韧性综合保障平台。

●自主知识产权应急软件研发。亟须发展具有自主知识产权的智慧应急软件体系和软件工程，包括地震震源分析和烈度计算软件、重大基础设施风险评估与事故重现仿真软件、建（构）筑物结构安全分析评估软件、灾害事故计算分析与仿真软件、交通仿真与应急疏散优化分析软件、气象监测预测预警分析软件、复杂灾害场景应急救援仿真软件、应急管理与决策指挥综合软件等。

3.8 智慧应急发展趋势

3.8.1 下一代新信息技术

下一代新信息技术是指在现有信息技术的基础上，通过新的理论、新的技术、新的应用模式等方面的创新，推动信息技术的发展，以满足人们对信息化的新需求，主要包括新一代现代信息技术和新一代知识社会创新 2.0 理论。

●新一代现代信息技术。包括互联网、互联网+、云计算、物联网、大数据、人工智能、量子计算、元宇宙、数字孪生、边缘计算、5G 通信、地理信息系统（GIS）、遥感（RS）、全球卫星定位(GNSS)、3S(GIS、RS、GNSS)集成、三维实景、数据挖掘、虚拟现实(VR)/增强现实(AR)/混合现实(MR)、智能视频、3D 打印、无人机、机器人、决策支持、社交媒体、区块链等。

●新一代知识社会创新 2.0 理论。是指面向知识社会的下一代创新,是一种适应知识社会的,以用户为中心,以社会实践为舞台,以大众创新、共同创新、开放创新为特点的用户参与的创新形态。包括科学 2.0、技术 2.0 和管理 2.0,这三者相互作用,共同塑造了新一代知识社会创新 2.0 理论:科学 2.0 就是基于 Web2.0 时代的一种科学形态;技术 2.0 就是基于 Web2.0 时代的一种技术形态;管理 2.0 就是基于 Web2.0 时代的一种管理形态。它的显著特征在于:每个人都可以发出自己的声音,要使创意民主化。

新一代现代信息技术和新一代知识社会创新 2.0 理论共同支撑驱动,从而形成一种新的智慧应急信息化形态或模式,可更好地用于对突发事件进行预警、防范、处置、保障和善后等全程管理。

3.8.2　趋势发展方向

推动下一代信息技术在智慧应急中的广泛、均衡、深度应用乃至跨越式发展,实现信息技术与应急管理的协同演化,其主要趋势发展方向如下。

●凸显总体国家安全观的价值引领。提高公共安全治理水平,必须坚持安全第一、预防为主,建立大安全大应急框架,完善公共安全体系,推动公共安全治理模式转向事前预防。这就要求下一代新信息技术优先用于公共安全风险预防,以尽量避免或减少人员伤亡,彰显"人民至上、生命至上"的价值理念。推动下一代新信息技术应用探索多灾种、灾害链综合监测预警,通过构建灾害知识图谱和灾害链事件图谱及扩大感知网络,融合多源异构数据,提升多点触发预警能力。

●注重对中国应急管理制度优势的支撑。推进应急管理体系和能力现代化,需要充分发挥应急管理体系的特色和优势。下一代新信息技术的应用旨在支撑而非替代应急管理的制度优势,重在降解即便改进制度设计也不能应对的剩余不确定性。随着非常规突发事件趋向于多发,通过改进制度设计应对不确定性的空间下降,应用下一代新信息技术降解剩余不确定性的需求增加。

●重视非常规突发事件的应急管理。在全球范围内,突发事件的不确定性都在增强,主要体现为常规突发事件频发和非常规突发事件多发,尤其是后者。然而,非常规突发事件由于发生的时间和空间不确定性更高,其应急管理尚处于数字化的早期,连续、动态的监测数据不充足。后果的不确定性更高,更加复杂多变环境下的机器学习理论和方法尚不成熟,导致辅助决策面临更大的挑战,非常规突发事件更容易造成严重的后果。如何有效支撑此类非常规突发事件的应急管理,是发展和应用下一代新信息技术并将其应用于智慧应急必须接受的挑战。这就需要对非常规突发事件动力学演化规律、致灾机理进行更深入的研究,提升智慧应急天空地、人机物一体化的感知能力,建立融合感知数据和专家知识的可交互、可解释的人机协同研判机制,为应急响应的关键指挥决策提供智能辅助。

●突出强调常规、未知风险识别和评估。对常规、未知风险识别和评估是实现公共安全风险预防主动管理、超前实施的发展理念及执行思路的前提和基础:一方面,针对已知和可预测的风险，从突发事件、承灾载体、应急管理三方面进行综合分析，推动风险评估的定量化和规范化，将已知灾害或风险的危险性和潜在致灾程度控制在最低限度；另一方面，针对未来新材料、新工艺、新技术的革命性发展，基于下一代新信息技术构建风险预测预判工具，要在产业规划、工艺设计、政策发布、技术推广之前引入安全风险评估，考虑其与人类、环境、社会进行碰撞融合所产生的未知、模糊风险，进行具有理念颠覆性的预先性风险评估与预防管理。

●监测预警向主动感知、智能预测和预警应急联动发展。伴随下一代新信息技术的迅猛发展，公共安全监测预警科技将在信息技术的支持下向自动化监测判识、预警应急联动方向发展。从工程科技的发展趋势方面来看，近年来公共安全监测预警科技发展的前沿问题是公共安全监测大数据应用、监测评估预警模式开发（突发事件诱导因子识别预警）以及预警应急联动模式形成。下一代新信息技术将提升推动公共安全监测预测预警向主动感知、智能预测、预警应急联动方向发展，基于大数据分析和大规模快速计算的预警应急联动成为趋势。

●智慧应急平台和智慧应急装备向智能化、自动化方向发展。为应对人工智能、万物互联、信息泛在和国家战略实施对公共安全的重大需求，需构建集智能硬件、平台软件和高端智库于一体的新型公共安全智慧应急平台：建立自动化、智能化、一体化现场保障、生命救护、高机动多功能应急救援等大型或特种应急装备；建立多层次、多维度、高内聚、低耦合、自适应、自学习、安全可靠运行的智慧应急平台软件；建立具有科学性、专业性、系统性和前瞻性的公共安全智库。科学地预测、预警、预判中长期大势大局，对可能出现的危机及预期影响进行先导性分析，为公共安全提供全局性、方向性和制胜性战略。

●推动公共安全与应急管理向系统性和协同性发展。随着下一代新信息技术的发展，未来智能终端为人类塑造万物互联、人机合一、全景式的数字化生活，实现人、机、云端无缝交互和全面情景感知，公共安全需求的重心由建立连接和实现语音沟通，转变为实时获取各种形式的信息内容和服务。信息泛在和无限带宽实现了政府与社会公众的高度协同，引导公共安全向创新活跃、协同发展、联动融合、开放共治转变。

●突发事件应对由单一化向多元协同和高效化发展。随着全球化和区域合作的发展，公共安全的国际化、地区化趋势日益明显。统筹多元力量促进多个国家在应急信息化领域的深度合作，形成利益、责任、命运共同体，实现应急资源深度共享。研究建立多个国家安全与公共安全耦合的应急信息策略库、应急资源库、快速远程应急响应与救援平台体系，形成面向重大国家战略的系统化风险识别、分析与预警技术，形成技术与政策耦合优化的推进模式。

●全生命周期理念的安全保障与韧性城市成为发展趋势。基于公共安全科技三角形框架（突发事件、承载载体和应急管理）和城市复杂巨系统全局观，采用全生命周期的理念对突发公共事件进行管控，保障社会持续稳定安全运行，实现公共安全的关联诊断、自动反应、自主保护、主动服务和快速恢复，全面提升城市韧性与安全保障能力。应用物联网和互联网技术，将公共安全应急管理流程与全生命周期管理深度融合，保障社会的持续稳定安全运行，实现突发公共事件潜在致灾因子和运行状态全面准确监测预测预警，以及事故现场危险要素快速监测检验和救援以及事故后的勘验与事故重构等。

●公共安全与应急管理向多行业大整合、高共享、深应用发展。在当前信息化和国际化快速推进时期，下一代新信息技术助力公共安全科技发展，但也催生了新的风险隐患，给公共安全科技工作提出了新的挑战。在此背景下，通过广泛采用下一代新信息技术，整合多行业资源，实现多元化、智能化、一体化的灾害信息实时获取和共享，以及多行业实现应急联动和防控，最终实现公共安全的行业资源大整合、行业信息高共享和行业保障深应用。

3.8.3 五大主攻趋势

基于下一代新信息技术的发展，产生了智慧应急发展“五大主攻趋势”（参考应急管理信息化发展战略规划框架）。

1）融合指挥

以空天地全面感知和一体化融合通信为基础，以智慧应急指挥中心为阵地，建立科学高效、左右互通、上下连通的融合指挥体系，实现监测预警“一张图”、指挥协同“一体化”、应急联动“一键通”，做到即时连通零距离、场景即时传播零时差、指令即时下达零延误，支撑各层级、各部门、前后方多场景应用、多终端快速接入，满足应对多灾种、多行业领域灾害事故应急指挥的工作需要，满足全面指挥、精准和高效指挥的工作需要，满足应急指挥智能化、扁平化和一体化作战的需要。为实现打造“横向到边、纵向到底”的智慧应急指挥体系，为智慧应急救援智能化、扁平化和一体化指挥作战提供有力的信息化支撑，需重点加强三方面内容建设。

●指挥场景融合。音视频通信纵向打通“省、市、县、镇、村”五级，横向打通省内外公安、气象、水利等专业部门，实现各级应急管理部门间和各相关部门间的融合指挥，打造“横向到边、纵向到底”的应急指挥体系；同时面向移动指挥车、现场指挥部、救援现场等多场景指挥，建设方舱应急指挥车、前线指挥系统等。

●指挥要素融合。统一协调和指挥调度各类救援队伍、物资装备、专家、预案、社会力量、应急责任人等资源和力量，实现对救援人员、物资、设备等指挥对象的汇聚融合、统一展示和融合指挥。建设融合通信指挥调度模块、应急资源预案和预案资源管理模块、实战演练模块、应急物资信息管理模块、应急大仓库等。

●指挥流程融合。覆盖应急值班值守、事件接报、应急响应、分析研判、协同会商、指挥调度、信息发布、总结评估等应急全业务流程，建设预警发布模块、应急指挥辅助决策模块、总结评估模块等。

2）应急通信

通过推进建设稳定可靠的指挥信息网、天地联动的卫星通信网、高效灵活的宽窄带无线自组通信网，形成“全面融合、空天地一体、全程贯通、韧性抗毁、随遇接入、按需服务”的智慧应急通信网络，实现多种通信手段的融合；在灾害事故发生后，部署各种信息采集终端及通信终端，综合利用各种通信技术和网络资源，搭建“通信枢纽、现场指挥、伴随保障”三位一体的应急通信体系，实现前方指挥部、后方指挥中心与灾害现场之间的通信畅通，解决非常态下应急通信“看不见，听不到”的问题。为全面推进实现智慧应急通信网络“天地一体、全域覆盖、全面融合、全程贯通”的目标，加大投入应急管理卫星通信网及无线通信网建设和完善优化。

●智慧应急通信网建设。一是建设卫星通信网，包括建设 Ku 频段卫星固定站，按需配置 Ka 卫星便携站（具备高通量卫星通信功能）、天通宽带便携终端等；二是建设无线通信网，包括建设370M交换调度控制中心、网管系统、固定站、移动站、便携站、终端、LTE便携站、终端等；三是建设灾害事故现场通信网，主要是按需配置或升级完善移动应急指挥车，按需配置自组网便携通信设备、系留无人机、侦查无人机（含三维建模）、高智能便携智图设备、单兵图传设备、高智能便携智图设备等。

●智慧应急通信应用创新。建设应急5G专网、开展5G+卫星融合通信应用，瞄准低轨卫星与高空飞艇，探索构建短波应急通信网，部署短波电台，支持点对点短波通信，保障应急指挥调度的可靠通信能力支撑。

3）短临预警

短临预警主要是指基于灾害短临预报，同时结合预警响应能力、应急管理灾害风险防御范围分析，依托“一键通”移动指挥系统、手机短信等多种渠道，提前1~3小时对中高风险、隐患点责任人进行精准靶向预警和信息推送，预警到点、责任到人，提高短临预警精准性，实现灾害监测预警和防灾减灾水平提升。

●建立短临预警工作机制。建立省、市、县、镇灾害四级联动工作机制，各级按联动机制实施响应，实现各级政府、相关部门短临预警信息快速下达和协调联动。

●打造短临预警“精细化”能力。构建省、市、县、镇级的灾害短临预警平台，推动开展省、市、县、镇四级短时临近监测预警业务，实现各级之间预警信息的快速交流共享，达到上下级短时预警快速联防互动的效果；通过大数据、云计算等手段，提升短临与精细预报能力；深入开发短临滚动精细化预报子系统，实现“一键发布、一键接收”功能，实现预警服务自动化生成，提高智能化预警水平。

●推动短临预警多灾种应用。将短临预警拓展到各种突发事件领域，实现多灾种监测预警全覆盖，实现多业务预警的集约化智能化运行和管理。化整为零，以各级应急管理部门预报服务需求为牵引，集监测、预报、服务及业务管理于一体，形成完整的预报服务业务系统。

4）全域感知

通过视频感知、物联感知、航空感知、卫星感知和全民感知等感知方式，实现突发事件等领域的监测预警和应急处置动态数据采集汇聚，构建全域覆盖应急感知数据采集体系。建设全域感知网络，实现泛在连接，提高对现实社会的感知和掌控能力，为应急管理大数据智慧分析和应急指挥系统实战应用提供数据支撑。针对灾害监测预警和应急处置现场实时动态监测等业务应用需求，全域覆盖应急管理感知数据采集体系构建，应急管理大数据分析应用数据来源提供，全要素、全领域、全过程感知实现等需求，应重点打造以下内容。

●打造应急管理全域感知平台。支持感知数据汇聚集成、展示分析与智能应用，实现数据智能驱动、风险智识、视频感知分析和遥感感知分析，完善应急管理感知数据接入、处理、共享交换、管理、服务等服务能力，实现应急管理数据智能驱动，为智慧应急管理大数据智慧分析和应急管理全面应用提供前端数据支撑。

●接入安全生产感知数据。主要针对危险化学品重大危险源，冶金、有色、建材、机械、轻工、纺织等重点工贸行业，以及非煤矿山等进行感知网络建设，接入危险化学品重大危险源感知数据、车辆感知数据、危化运输企业感知数据、联防联控感知数据、冶金等重点工贸行业感知数据、非煤矿山感知数据、烟花爆竹感知数据、重要安全设施的完好性和运行状态感知数据、重大危险源及厂界周边隐患感知数据等数据。

●接入自然灾害感知数据。主要针对以汛旱风灾害、森林火灾、地震地质灾害为主的自然灾害高发区域进行感知网络建设,接入台风及防汛抗旱感知数据、森林火险火情感知数据、地质灾害感知数据、气象灾害感知数据等。

●接入城市安全感知数据。推动建设完善城市安全感知网络,获取城市大型建筑感知数据、大型公用设施感知数据、地下管网及综合管廊感知数据、公共空间感知数据、轨道交通感知数据、消防重点单位感知数据、重大活动保障感知数据等。

●接入应急处置现场感知数据。分步建设前端现场的感知采集设备,接入应急现场环境风向、风力、气压、温度等实时感知数据,接入应急现场视频监控及移动采集视频等音视频感知数据。

●接入卫星遥感数据。接入中国资源卫星应用中心、国家卫星气象中心等的遥感监测数据,建设卫星遥感影像专题库,包括高分、资源、风云、环境等系列卫星遥感数据,通过对卫星遥感数据的分析,支撑灾前监测预警、灾中观测、灾后评估等。

5)数据智能

基于全域感知和应急管理大数据基础,结合人工智能和大数据分析挖掘技术进行辅助分析,对应急管理相关领域数据进行治理,实现数据的深度学习,按需分析建模,建立事件链和预案链的综合分析模型,对灾害进行综合研判。通过专题研判、智能方案生成、专题辅助决策可视化、总结评估等功能,为研判风险和应对灾害提供辅助支持,为科学决策提供支撑手段。推动信息系统从数据组合、治理融合向智能聚合发展,强化数据治理深度学习,将更为精准的预防落到实处。进一步加强应急管理信息数据的采集、分类和整合,加强数据的分析与治理,善于分析历史和预见未来,做到"大海捞针""点石成金"。

●应急管理数据治理和服务管理。建设数据资源库,完成数据治理、共享和交换,实现数据管理、数据服务行为管控和数据智能报表,保障数据安全。

●"数据智能+安全生产"监管执法。一是推进监控预警智能化功能开发,融合相关部门数据,利用数据智能手段,实现对"两客一危一重货"重点车辆更加全面、可靠的数据分析预警,提高事前预警、事发处置能力;二是汇聚生产安全事故数据,通过应用大数据、人工智能等技术,实现事故数据的深度分析,通过分析不同时段不同区域的事故规律,"分析历史预见未来",研判未来的事故风险;三是建设"安全生产基础信息和隐患排查信息系统",实现企业安全风险及事故信息事中事后全过程全要素智能解析、关联跟踪及可视化展示,实现对风险管控能力的自动评估,并对安全形势进行预测预警;四是建设"安全生产执法信息系统",对各级执法检查、风险隐患、违法行为历史数据进行分析和学习,建立执法经验模型,指导各级安全生产执法业务能力提升。

●"数据智能+自然灾害"。一是使用气象站雨量大数据,实时监测各地短时极端强降雨灾害时空分布,实现短时极端强降雨及可能引发次生灾害风险的早识别;二是以台风灾害引发的多灾种综合风险监测为主攻方向,收集实时台风的路径预测信息,实现对台风在不同时间段对各类风险点的影响程度及影响的人口数量,对影响程度进行风险分级的分析评估,采取相应的预警和防御措施;三是利用立体感知数据,建立地质灾害中短期趋势预测模型,实现对重点关注地区未来中短期内地质灾害发生的时间、地点、发生概率进行预测,提前发出临灾预警。

●“数据智能+精准调度指挥”和应急救援。一是建设“应急指挥系统”,通过数据辅助决策进行有效调度指挥,实现精准救援,构筑有效支撑、感知灵敏、智能预警、快速反应、综合协调的应急调度指挥体系;二是建设“应急物资综合系统”,进行救灾物资的需求预测,通过调拨计划制订与灾害种类、灾害等级、人口数量、防灾水平、交通环境多维度分析,实现动态预测和智能化方案制定;三是建设“应急预案和应急资源系统”,实现典型应急案例与现场救援情形、现有救援资源的智能匹配,提出现场指挥部开设、救援力量布置、作战方案等参考处置方案,提供辅助决策支撑。

3.8.4 七大目标趋势

基于智慧应急发展“五大主攻趋势”,实现七大目标趋势。

●一个大数据中心、五大能力。构建应急管理大数据中心,提升监测预警能力、辅助决策能力、监管执法能力、救援实战能力和社会动员能力。

●一朵云。在电子政务云上,划分应急管理专区,建设应急管理云,打造智慧应急大脑。

●一张图。基于应急管理部 GIS 平台,建设灾害风险专题图、应急避险转移安置专题图、应急资源专题图、指挥救援专题图等,形成应急管理一张图。

●一张表。基于大数据应用支撑平台,对全方位获取、全网络汇聚、全维度整合的海量应急管理数据资源进行全面治理,形成应急“一张表”,提供对海量数据的存储与分析计算功能,满足精细治理、分类组织、精准服务、安全可控的数据资源体系管理目标。

●两张网。借助物联网,打造移动物联网示范应用的标杆区,以及“新一代宽带无线移动通信网”,推进应急管理感知网络、应急管理通信网络建设。

●三大重点工程。一是安全风险防范工程:在建设安全生产风险监测预警系统、自然灾害综合监测预警系统的基础上,推进应急避险转移安置一张图、城市安全监测预警体系建设;二是应急通信能力提升工程:构建数字超短波应急专网和卫星通信网,完善应急指挥信息网建设,构建与公网、有线网等网络互联互通的网络体系;三是航空应急救援信息化工程:依据航空救援体系建设试点要求,建设航空调度信息系统,提升航空救援快速反应能力,实现航空救援的可视化、立体化、智能化。

●五大多样化功能。一是综合监督管理。为应急管理部门和企业提供行政许可、行政执法、日常监管、诚信管理、安全生产巡查、专项治理、挂牌督办、安全生产动态考核、安全生产培训考试、应急管理统计分析等功能,实现日常安全监管业务全覆盖。二是风险监测预警。构建风险监测指标体系和监测预警模型,实现风险的监测、评估、预警和趋势分析,强化风险的分类分级管控。三是可视化指挥调度。融合视频会议、视频监控、应急指挥调度、VoIP 电话等信息媒介,建立大容量组网、智能网络适应、高保真视音频、软硬结合、多业务融合等的统一协同指挥系统,通过应急一张图实现事故信息、资源分布、辅助决策、事故态势可视化展示,实现政府、企业、队伍、公众协同应急、科学救援。四是智能辅助决策。利用 GIS 快速搭建适用于综合数据分析的模型,实现各类监测数据、监管数据、二三维数据可视化展示,为应急监管部门提供决策依据。五是智慧应急 APP。建设手机工作台 APP 应用系统,实现安全监管的移动化、便捷化。

第 4 章　智慧应急基础理论总体架构

4.1　智慧应急基础理论总体架构框图描述

由于智慧应急建设的内容极其丰富，涉及领域极其众多，覆盖范围极其广泛，牵涉相关技术极其复杂，涉及相关专业极其众多，因此必须建立一个智慧应急基础理论总体架构，以便能更好地统一规范化指导智慧应急建设。经研究和抽象，智慧应急基础理论总体架构框图描述表达如下（图 4-1）

4.2　智慧应急基础理论总体架构数学表达式

基于上述智慧应急基础理论架构示意图，得知智慧应急基础理论架构由"3-分支、4-四边形、3-三维坐标系、6-正方体"4 个部分组成，简称"3436"智慧应急基础理论架构，其内容表达式为 TheoryFrame =（3-分支，4-四边形，3-三维坐标系，6-正方体），该基础理论架构层次由外至内描述如下。

●第一层次：3-分支。3 个分支分别代表着应急管理体系基础理论描述，即 Branch=（应急管理体系 A 基础理论描述，应急学科体系 B 基础理论描述，应急预案体系 C 基础理论描述。

●第二层次：4-四边形。四边形的四条边分别代表着智慧应急支撑理论描述，即 Quadrangle=（智慧应急过程全生命周期 T 支撑理论描述，智慧应急内容复杂巨系统 R 支撑理论描述，智慧应急技术研究范式 J 支撑理论描述，智慧应急组成系统工程 L 支撑理论描述）。

●第三层次：3-三维坐标系。四边形内部三个轴及相应的直角坐标系代表着智慧应急笛卡尔三维坐标系理论描述，即 3D-Coordinate=（智慧应急事件轴 E，智慧应急过程轴 T，智慧应急用户轴 U）。

●第四层次：6-正方体。智慧应急笛卡尔三维坐标系中的正方体代表着智慧应急平台内容通用框架理论描述，正方体的六个面分别代表着应急准备过程智慧化，应急响应过程智慧化，应急处置过程智慧化，应急保障过程智慧化，应急善后过程智慧化，应急政务过程智慧化；正方体的几何中心代表着应急决策过程智慧化，即 Cube=（应急准备过程 T_1 智慧化，应急响应过程 T_2 智慧化，应急处置过程 T_3 智慧化，应急保障过程 T_4 智慧化，应急善后过程 T_5 智慧化，应急政务过程 T_6 智慧化，应急决策过程 T_7 智慧化）。

基于上述内容表达式描述，经抽象得出智慧应急基础理论架构四元组数学表达式：TheoryExpression=（Branch，Quadrangle，3D-Coordinate，Cube），其中：

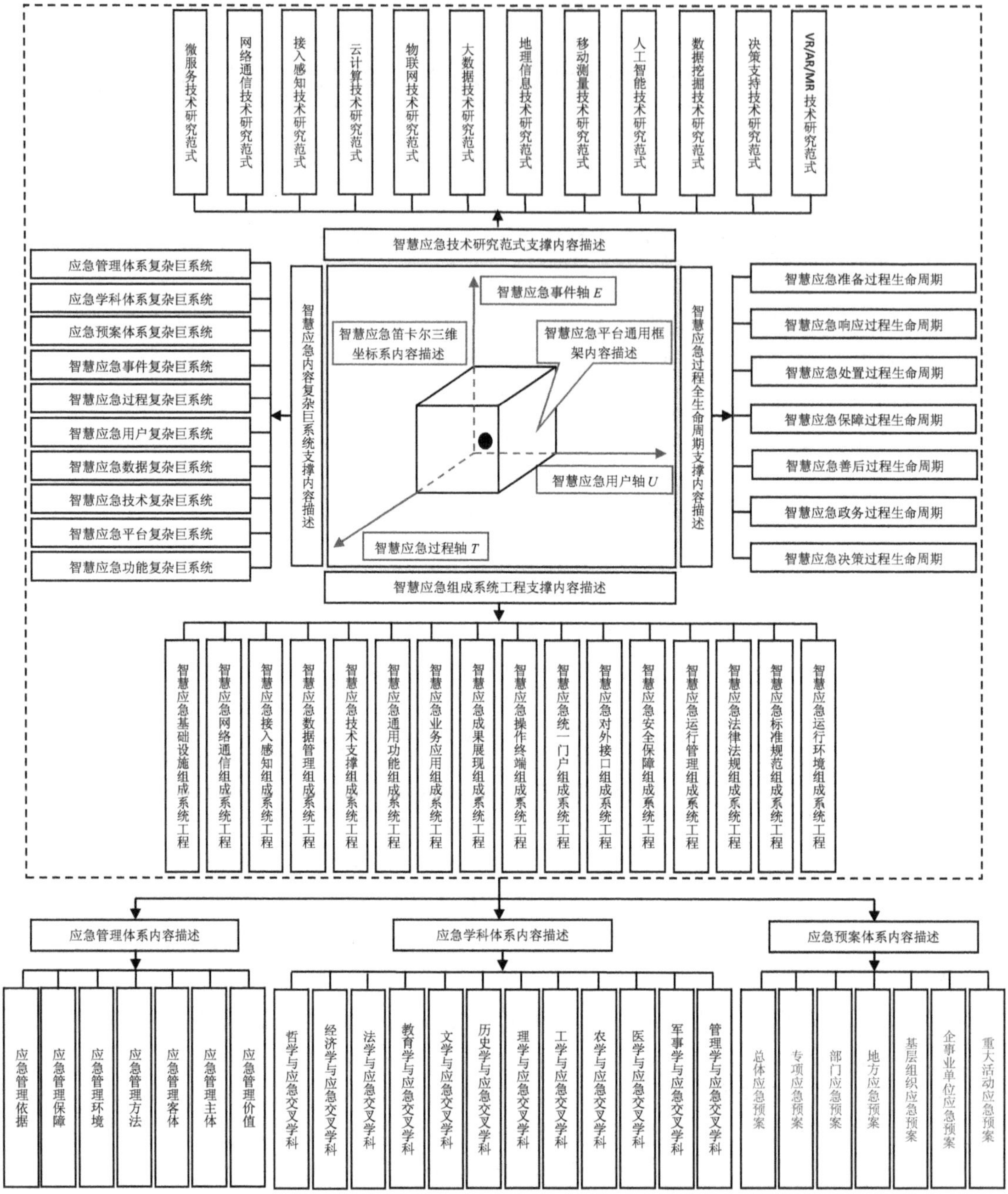

图 4-1 智慧应急基础理论总体架构框图描述

（1）Branch=$\{A, B, C\}$，是应急体系基础理论描述集合，A、B、C 分别为 Branch 中的一个体系基础理论描述，其中，$C \in B \in A$。

（2）Quadrangle=$\{T, R, J, L\}$，是智慧应急支撑理论描述集合，T、R、J、L 分别为 Quadrangle 中的一个支撑理论描述，其中，$L \in J \in R \in T$。

（3）3D-Coordinate=$\{E, T, U\}$，是智慧应急笛卡尔三维坐标系理论描述集合，E、T、U 分

别为 3D-Coordinate 中的一个坐标轴描述,其中,$U \in T \in E$。

(4)Cube ={T_1, T_2, T_3, T_4, T_5, T_6, T_7},是智慧应急平台内容通用框架理论描述集合,T_1、T_2、T_3、T_4、T_5、T_6、T_7 分别为 Cube 中的一个智慧应急过程智慧化描述。其中,$T_7 \in T_6 \in T_5 \in T_4 \in T_3 \in T_2 \in T_1$。

(5)Cube⇒3D-Coordinate⇒Quadrangle⇒Branch,表示 Cube 依赖于 3D-Coordinate,3D-Coordinate 依赖于 Quadrangle,Quadrangle 依赖于 Branch。

(6)⇒ 代表"依赖于",∈代表"从属于"。

4.3　智慧应急基础理论总体架构内容组成

4.3.1　应急管理体系内容描述

我国应急管理体系建设的核心内容是"一案三制",即应急管理预案以及体制、机制、法制。根据不同标准,应急管理体系包括不同的组成部分。

●从管理对象来看,包括自然灾害事件、事故灾难事件、突发公共卫生事件系、社会安全事件等应急管理体系。

●从管理层级来看,包括中央、地方、基层等应急管理体系。

●从管理阶段来看,包括预防与准备、监测与预警、应急处置与救援、事后恢复与重建等应急管理体系。

从管理基本要素来看,应急管理要明确"应对什么"(应急管理客体)、"谁来应对"(应急管理主体)、"为何应对"(应急管理价值)、"依据什么来应对"(应急管理依据)、"利用什么来应对"(应急管理保障)、"如何应对"(应急管理方法)、"在什么情形下应对"(应急管理环境)。这 7 个基本要素相互影响、相互作用、相互制约,由此共同构成了一个完整的应急管理体系。

归纳起来,作为一个由 7 个要素共同构成的应急管理体系,需要回答的是:一个国家(应急管理主体)在怎样的应急管理环境下,为有效应对哪些类型和特点的突发事件(应急管理客体),实现怎样的应急管理目标(应急管理价值),需要哪些应急管理依据、应急管理保障、应急管理环境、应急管理方法。7 个要素处在 3 个不同的层次。

●应急管理价值居于上层。价值是行动的先导,具有先导性、决定性的作用。

●应急管理主体、应急管理客体位于中层。处在承上启下的地位,具有实体性、能动性的作用。

●应急管理依据、应急管理保障、应急管理环境、应急管理方法处于下层。为应急管理提供各种基础条件,具有基础性、保障性的作用。

因此,应急管理体系划分为 7 个层次描述:应急管理依据、应急管理保障、应急管理环境、应急管理方法、应急管理客体、应急管理主体、应急管理价值等。

4.3.2　应急学科体系内容描述

应急管理具有很强的跨学科性、综合性,以及与哲学、经济学、法学、教育学、文学、历史学、理学、工学、农学、医学、军事学、管理学等学科交叉融合的特性,是一门新兴的多学科交叉渗透的学科。从应急管理学科演进的自身规律来看,特别是现代信息技术的发展,为应急管理学科发展、学科之间的交叉融合提供了重要支撑和条件。新文科、新理科、新工科相互作用,打破了传统学科的封闭性和局限性,应急管理学科走向了跨学科、综合性、融合性、交叉性发展方向。

因此,应急交叉学科划分为 12 个学科描述:哲学与应急交叉学科、经济学与应急交叉学科、法学与应急交叉学科、教育学与应急交叉学科、文学与应急交叉学科、历史学与应急交叉学科、理学与应急交叉学科、工学与应急交叉学科、农学与应急交叉学科、医学与应急交叉学科、军事学与应急交叉学科、管理学与应急交叉学科等。

4.3.3 应急预案体系内容描述

应急预案体系是指针对各种突发事件,如自然灾害、事故灾难、公共卫生事件和社会安全事件等,所制定的应急管理、指挥、救援计划的整体系统。这个体系旨在迅速、科学、有序地应对这些事件,最大程度地减少事件可能造成的损害。应急预案体系包括不同级别的预案,如国家级、地方级、部门级等,这些预案根据各自的职责和实际情况制定,形成一个相互关联、协调一致的整体。每个预案都包括应急组织管理指挥系统、应急工程救援保障体系、综合协调与相互支持系统、保障供应体系以及应急队伍等多个重要子系统。应急预案的制定需要参考有关法律、法规、规章、上级人民政府及其有关部门的预案,以及本地区的实际情况等因素。总的来说,应急预案体系是一个综合性的、多层次的、相互关联的系统,它旨在提高应对突发事件的能力和效率,减少灾害损失,保障人民生命财产安全。

因此,应急预案体系划分为 7 个体系描述:总体应急预案体系、专项应急预案体系、部门应急预案体系、地方应急预案体系、基层应急预案体系、企事业单位应急预案体系、重大活动应急预案体系等。

4.3.4 智慧应急过程全生命周期支撑内容描述

灾害全生命周期理论覆盖了一个灾害从它发生到最终解决的全部过程,它认为灾害发生和解决期间都存在一定的序列性质。因此,灾害全生命周期理论将灾害的管理过程完整地描述出来,从而帮助组织的管理者有效地应对可能发生的灾害情况。因此,运用灾害全生命周期理论合理划分突发事件的发展阶段,把握每个发展阶段的特点非常重要。基于目前的灾害阶段演化过程的研究,已经形成了较为成熟的应急管理全生命周期阶段论理论体系,目前具有代表性的主要有四阶段论、五阶段论、六阶段论等,能应用于智慧应急过程全生命周期描述。

因此,智慧应急过程划分为 7 个全生命周期描述:智慧应急准备过程生命周期、智慧应急响应过程生命周期、智慧应急处置过程生命周期、智慧应急保障过程生命周期、智慧应急善后过程生命周期、智慧应急政务过程生命周期、智慧应急决策过程生命周期。

4.3.5 智慧应急技术研究范式支撑内容描述

通常意义上的“范式”定义具有复杂性,范式的基本含义有:一是某一学科或相关联的科学领域即“科学共同体”所具有的共同的基本理念,包括中心观点和价值取向;二是以这种共同理念为基础,形成科学共同体的行为规则、模式;三是具有公认的研究问题和解决问题的方法和框架;四是有十分典型的范例作为模板或者典范,即科学共同体所共有和公认的一套规则。所以,技术研究范式从本质上讲是一种理论技术体系,是一个有结构、有层次、有序列的技术概念系统。由于突发公共事件是一种使社会秩序失范的不确定性灾害,这种不确定性在不断增强,因此需要应急管理技术研究范式作为支撑。

因此,智慧应急技术划分为 12 个研究范式描述:微服务技术研究范式、网络通信技术研究范式、接入感知技术研究范式、云计算技术研究范式、物联网技术研究范式、大数据技术研究范式、地理信息技术研究范式、移动测量技术研究范式、人工智能技术研究范式、数据挖掘技术研究范式、决策支持技术研究范式、VR/AR/MR 技术研究范式。

4.3.6　智慧应急内容复杂巨系统支撑内容描述

现代社会是一个复杂的社会-技术体系,具体地说,其是由一个个的社会-技术单元或子体系相互关联、耦合和嵌套而形成的多层级系统,它们之间存在着多种多样的非线性作用机制。社会中各类突发事件的发生由自然资源、经济、生态、社会等多个方面要素交错所致,其复杂性突出表现在关系多,既有内部的关系,也有内外沟通的关系;既有力学的关系,也有非力学的关系;既有线性的关系,也有非线性的关系;既有物理型的关系,也有逻辑型的关系;既有单向的关系,也有多向的关系;既有稳定的关系,也有不稳定的关系;既有确定的关系,也有不确定的关系;既有可解的关系,也有不可解的关系。由此可知,面向各类突发事件的智慧应急建设内容是一个巨型、开放、结构多层、组分多元,以及具有动态演化过程的特殊复杂巨系统,呈现出差异性、多样性等复杂特征。

因此,智慧应急内容划分为 10 个复杂巨系统描述:应急管理体系复杂巨系统、应急学科体系复杂巨系统、应急预案体系复杂巨系统、智慧应急事件复杂巨系统、智慧应急过程复杂巨系统、智慧应急用户复杂巨系统、智慧应急数据复杂巨系统、智慧应急技术复杂巨系统、智慧应急平台复杂巨系统、智慧应急功能复杂巨系统。

4.3.7　智慧应急组成系统工程支撑内容描述

由于突发事件的不确定性、复杂性、高变异性、紧迫性、关联性和当代信息网络的快速发展,应急管理成为一项复杂、开放、巨大的系统工程,系统工程的理论方法与技术将在应急管理中显示出独特的优势。强化应急管理的系统工程建设,从全灾种、全过程、全方位、全社会、全球化的视角统筹应急管理建设。因此,面向应急管理的智慧应急不是小系统、不是简单系统、不是封闭系统,而是“开放的复杂巨系统”。其各种组成系统的数量十分庞大、种类极其繁多、层次结构和关联关系异常复杂,呈现出高度不确定性、更强的涌现性等特点。对智慧应急这样一个复杂巨系统,以定性和定量的方法实施有效的组织管理,使其健康、快速地发展,就需要从系统工程的角度,在整体上认识并处理问题,着眼于发展的过程,深层挖掘相关的技术方法。

因此,智慧应急组成划分为 16 个系统工程描述:智慧应急基础设施组成系统工程、智慧应急网络通信组成系统工程、智慧应急接入感知组成系统工程、智慧应急数据管理组成系统工程、智慧应急技术支撑组成系统工程、智慧应急通用功能组成系统工程、智慧应急业务应用组成系统工程、智慧应急成果展现组成系统工程、智慧应急操作终端组成系统工程、智慧应急统一门户组成系统工程、智慧应急对外接口组成系统工程、智慧应急安全保障组成系统工程、智慧应急运行管理组成系统工程、智慧应急法律法规组成系统工程、智慧应急标准规范组成系统工程、智慧应急运行环境组成系统工程等。

4.3.8 智慧应急笛卡尔三维坐标系内容描述

笛卡尔三维坐标系是一种在三维空间中定义物体位置和位置关系的坐标系，具有广泛的应用领域。它可以用来表示三维空间中的任意一点的位置，并且具有直角坐标系和斜角坐标系两种特殊形式。如何构建描述智慧应急平台建设的笛卡尔三维直角坐标系？选择构建该坐标系的 3 个轴最为关键。那么在上述智慧应急内容复杂巨系统描述中，选择其中的智慧应急事件、智慧应急过程、智慧应急用户作为该坐标系的 3 个轴是最为满意的选择。

因此，由智慧应急事件轴、智慧应急过程轴、智慧应急用户轴构建出智慧应急笛卡尔三维直角坐标系，简称智慧应急笛卡尔三维坐标系。

●智慧应急事件轴描述。该轴由自然灾害事件、事故灾难事件、公共卫生事件、社会安全事件组成。

●智慧应急过程轴描述。该轴由应急准备过程智慧化、应急响应过程智慧化、应急处置过程智慧化、应急保障过程智慧化、应急善后过程智慧化、应急政务过程智慧化、应急决策过程智慧化组成。

●智慧应急用户轴描述。该轴由政府部门用户、建制单位用户、专业单位用户、企事业单位用户、社区及公众用户、非营利组织用户组成。

●智慧应急笛卡尔三维坐标系描述。该坐标系由智慧应急事件轴、智慧应急过程轴、智慧应急用户轴按照数学上的笛卡尔坐标系原则构成。

4.3.9 智慧应急平台通用框架内容描述

智慧应急平台通用框架内容描述分别表达着应急准备过程智慧化、应急响应过程智慧化、应急处置过程智慧化、应急保障过程智慧化、应急善后过程智慧化、应急政务过程智慧化、应急决策过程智慧化。

●应急准备过程智慧化描述。由法律法规、标准规范、规章制度、预案制定、管理体系、组织机构、运行机制、监测预警、培训演练、宣传教育、行为素养、教育科技、灾害医学、灾害产业等 14 大信息系统组成。

●应急响应过程智慧化描述。由快速反应、心理干预、灾害识别、环境识别、社会动员、舆情监控等 6 大信息系统组成。

●应急处置过程智慧化描述。由协同指挥、队伍施救、施救装备、医疗医治、自救互救、基层治理、灾民保护、社会治安、灾情统计、信息发布、灾金使用、捐赠管理等 12 大信息系统组成。

●应急保障过程智慧化描述。由施救队伍、救援技术、信息平台、物质资源、航空基地、避难场所、媒体发布、灾金筹集等 8 大信息系统组成。

●应急善后过程智慧化描述。由损失统计、经验总结、调查评估、救助安抚、心理治疗、灾金绩效、恢复重建、体系调整等 8 大信息系统组成。

●应急政务过程智慧化描述。由综合办公、综合执法、综合档案、综合网站、综合门户、公众服务等 6 大信息系统组成。

●应急决策过程智慧化描述。由突发事件决策、承灾载体决策、应急管理决策、灾害因子决策等 4 大信息系统组成。

第 5 章　应急管理体系内容描述

5.1　应急管理体系内容基本框架描述

基于智慧应急基础理论总体架构框图描述，面向智慧应急建设需求的应急管理体系内容基本框架描述如下（图 5-1）。

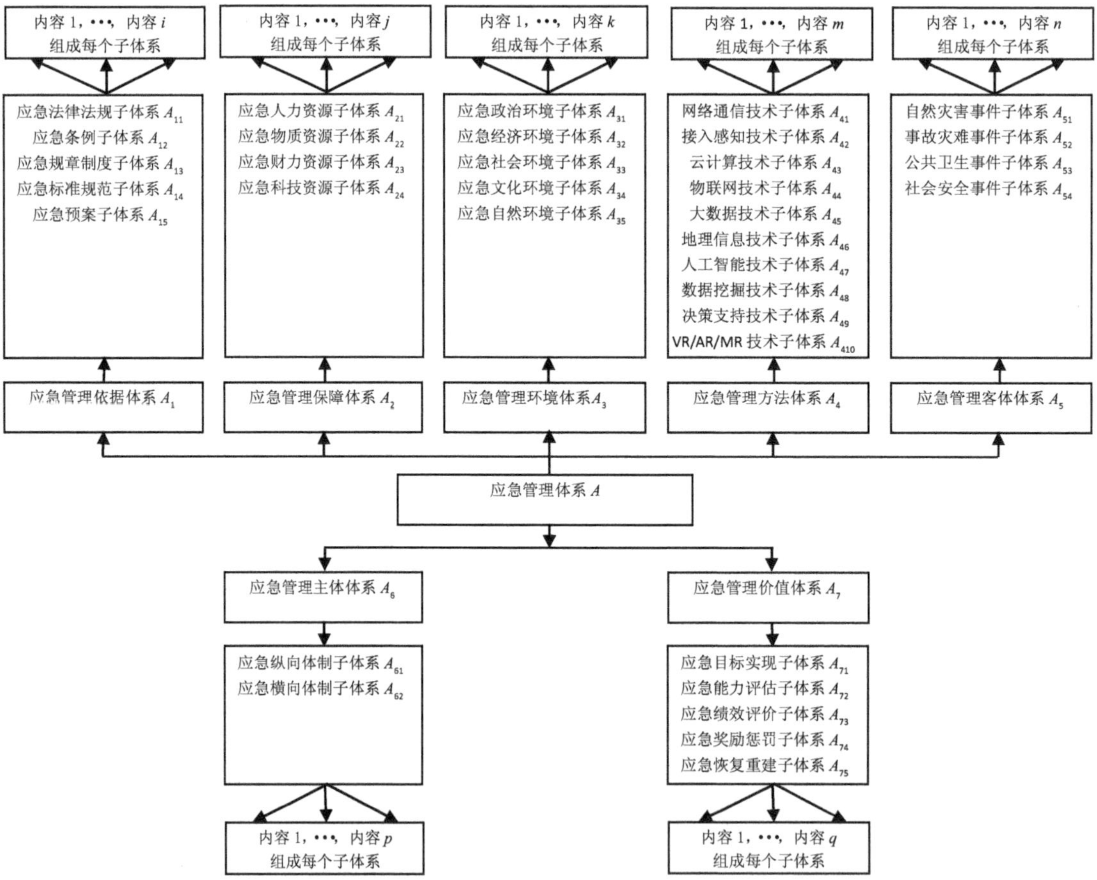

图 5-1　应急管理体系内容基本框架描述

5.2　应急管理体系内容数学表达式描述

基于上述基本框架描述，应急管理体系划分为三级：体系、子体系、内容。

●体系。就是指应急管理体系 A,包括若干具体应急管理体系 A_i 描述,即应急管理依据体系 A_1、应急管理保障体系 A_2、应急管理环境体系 A_3、应急管理方法体系 A_4、应急管理客体体系 A_5、应急管理主体体系 A_6、应急管理价值体系 A_7。

●子体系。上述每个体系 A_i 包含若干子体系 A_{ij} 描述。

●内容。上述每个子体系 A_{ij} 包含若干内容描述。

基于上述分级描述,经抽象得出其内容数学形式表达式。

$A=(A_1 \cap A_2 \cap A_3 \cap A_4 \cap A_5 \cap A_6 \cap A_7)$,其中∩代表"逻辑与",∋代表"包含",•代表"子集"。

● $A_1 \ni A_1$• 若干子体系 ∋ A_1• 若干子体系 • 若干内容。

● $A_2 \ni A_2$• 若干子体系 ∋ A_2• 若干子体系 • 若干内容。

● $A_3 \ni A_3$• 若干子体系 ∋ A_3• 若干子体系 • 若干内容。

● $A_4 \ni A_4$• 若干子体系 ∋ A_4• 若干子体系 • 若干内容。

● $A_5 \ni A_5$• 若干子体系 ∋ A_5• 若干子体系 • 若干内容。

● $A_6 \ni A_6$• 若干子体系 ∋ A_6• 若干子体系 • 若干内容。

● $A_7 \ni A_7$• 若干子体系 ∋ A_7• 若干子体系 • 若干内容。

基于上述内容表达式,经抽象得出应急管理体系内容描述 Atriple 三元组数学表达式:Atriple=(A,AA,W),其中:

(1)$A=\{A_1,A_2,\cdots,A_i\}$,A 由应急管理体系 A_i 集合组成,其中 A_i 为 A 中的一个体系。

(2)$AA=\{A_{i1}, A_{i2},\cdots, A_{ij}\}$, AA 由应急管理体系 A_i• 子体系 A_{ij} 集合组成,其中 A_{ij} 为 A_i 中的一个子体系。

(3)$W=\{W_1, W_2,\cdots, W_k\}$, W 由应急管理体系 A_i• 子体系 A_{ij}• 内容 W_k 集合组成,W_k 为 A_{ij} 中的一个内容。

(4)$A_{ij} \in A_i$,表示应急管理体系 A_i• 子体系 A_{ij} 从属于应急管理体系 A_i; $W_k \in A_{ij}$ 表示应急管理体系 A_i• 子体系 A_{ij}• 内容 W_k 从属于应急管理体系 A_i• 子体系 A_{ij}。

(5)i、j、k 都为 $1\sim\infty$ 的正整数,∈代表"从属于",• 代表"子集"。

5.3　应急管理体系内容组成表达描述

5.3.1　应急管理依据

应急管理依据是指应急管理主体开展应急管理活动所遵循的行为准则和基本依据,包括以下不同层次。

●应急法律法规。是指用以规范国家应急处置行为的法律规范体系。一是宪法。二是应急法律法规。包括综合性法规,也包括专业性法规。三是专业性法规。既可用于平时状态,也可用于应急状态。四是配套性法规。

●应急条例。是指为了应对突发事件,保障公民生命财产安全,维护社会稳定和秩序,制定的一系列紧急措施和法律规定。

●应急规章制度。是指针对突发事件和紧急情况制定的一系列方针和程序,是为了预防和控制潜在的事故或在紧急情况发生时，作出应急准备和响应，最大限度地减轻可能产生的事故后果而制定的制度。

●应急标准规范。是指在应对突发事件时，为了更加高效地组织、协调、指导和管理应急工作，制定和实施的一系列具有规范性和约束力的制度、方法、程序、技术标准和工作规范。

●应急预案制定。是针对事故发生后的应急救援机构和人员，应急救援的设备、设施、条件和环境，制定的行动的步骤和纲领，控制事故发展的方法和程序等。

5.3.2 应急管理保障

应急管理保障是指应急管理主体开展应急管理活动赖以实现目的的各种应急资源或工具，包括以下内容。

●应急人力资源。是指对应急人力资源进行规划、培训、选拔、录用、考核、激励以及计划、组织、控制和协调的活动过程。

●应急物质资源。是指应对突发公共事件时所必需的物资保障，其本质就是保障人民生活的物资。主要包括：第一类是指生活物资；第二类是指工作物资；第三类是指特殊物资。

●应急财力资源。是指用于应对突发事件、突发灾害等紧急情况的特定资金和经费，主要包括财政资金、灾害保险、社会捐赠，可以通过预算拨款、募捐、捐赠、贷款等方式筹集。

●应急科技资源。主要采用科学措施研究突发事件发生之前、之中及之后整个周期过程的全方位、系统性防范与应对的规律、策略，包括：应急科学学、应急科学基础理论方法、应急信息技术。

5.3.3 应急管理环境

应急管理环境是对应急管理活动产生影响作用的内外各种条件的统称，回答“在什么情形下管理”的问题，主要包括以下内容。

●应急政治环境。是一个国家或地区内，面向突发事件的政治力量、政策和法规等因素的综合表现，包括：一是应急政治体制；二是应急政治文化；三是政治经济；四是应急政治力量；五是政策和法规。

●应急经济环境。是为突发事件预防及准备、监测与预警、处置与救援提供专业产品和服务的经济环境。

●应急社会环境。是指由人与人之间的各种社会关系所形成的环境，包括政治制度、经济体制、文化传统等，以及社会力量、社会策略、社会机制、文化伦理、社会系统、社会结构等社会性元素。

●应急文化环境。是指人们在应急实践中形成的应急意识和价值观、应急行为规范以及外化的行为表现等。

●应急自然环境。是指灾害地区各种自然条件和自然资源的总称，包括生态环境、生物环境和地下资源环境等。

5.3.4　应急管理方法

应急管理方法是指实现应急管理目标的措施与方法，回答“如何管理”的问题，使应急管理工作真正做到了及时准确、经济高效。应急管理方法可以是传统的，也可以是现代的。不同国家以及同一个国家在不同历史阶段，在应急管理活动中对应急管理方法的运用程度不同：有的强调人力优先，发挥人的主观能动性；有的强调技术优先，强化装备技术支撑和关键技术研发，充分发挥现代信息技术对应急管理的支撑辅助作用，包括：微服务技术、网络通信技术、接入感知技术、云计算技术、物联网技术、大数据技术、地理信息技术、移动测量技术、人工智能技术、数据挖掘技术、决策支持技术、VR/AR/MR 技术等。

5.3.5　应急管理客体

应急管理客体是应急管理主体直接作用和影响的对象，回答“管理什么”的问题，即应急管理客体指的是各种各样的突发事件，重点可以从两个方面入手。

●从突发事件的类型来看。它可以是稳定单一的，各类事件之间相互独立、互不影响；也可以是复杂多元的，各类事件相互作用、相互影响，产生连锁联动效应。在管理模式上，单一类型的事件要求采取以单灾种分类管理为主的模式，多元类型的事件要求采取以综合管理为主的模式。

●从突发事件的特点来看。它可以是本地化为主的，事件的影响和后果只限于当地；也可是跨域的，事件的影响和后果跨地区扩散传播。在管理模式上，本地化事件要求以本地管理为主，跨域事件要求以跨域管理为主。

5.3.6　应急管理主体

应急管理主体是指在应急管理活动中承担和实施应急管理职能的人或组织，回答“谁来管理”的问题。主要表现为应急管理体制，其核心是应急管理组织结构及其组成方式，是一个纵横交错的网络结构。

●应急纵向体制。在纵向上，坚持“分级负责、属地管理为主”的原则，包括两种类型：一是地方负责，中央只有在地方提出请求时才会介入，为地方提供必要的帮助；二是中央与地方分级负责，各自承担部分职责。

●应急横向体制。在横向上，既要发挥应急管理部门的综合优势以及相关部门的专业优势，又要建立健全各级应急管理委员会等议事协调机构。包括两种类型：一是以分类管理为主的部门负责型；二是以统筹整合为主的综合协调型。

5.3.7　应急管理价值

应急管理价值是指应急管理主体开展应急管理活动所要达到的目的及其标准，回答“为何管理”的问题。主要表现以下方面。

●应急目标实现。主要是指在开展应急管理活动过程中坚持的使命、愿景、价值观：一是应急管理总体目标实现；二是应急管理具体目标实现。

●应急能力评估。按照静态查评和动态考评两个方法对应急能力进行评估：一是静态查评。主要采用核实的方法,通过听汇报、查资料、查记录、实物核对等方法,依据评估标准进行静态查评;二是动态考评。主要采用考问、考试、演练等方式进行动态查评。

●应急绩效评价。是指运用一定的评价方法、量化指标及评价标准,对应急管理部门为达成其职能所确定的绩效目标的实现程度,及所安排预算的执行结果所进行的综合性评价。

●应急奖励惩罚。是对应急管理工作人员进行激励和责任追究的手段,它涵盖了对应急管理人员在应急事件处理中的表现进行评价,并在评价基础上给予相应的奖励及处理。

●应急恢复重建。是消除突发事件短期、中期、长期影响的过程,主要包括两类活动:一是恢复,即使社会生产活动恢复正常状态;二是重建,即对于因为灾害或灾难影响而不能恢复的设施等进行重新建设。

第 6 章　应急学科体系内容描述

6.1　应急学科体系内容基本框架描述

基于智慧应急基础理论总体架构框图描述，面向智慧应急建设需求的应急学科体系基本框架描述如下（图 6-1）。

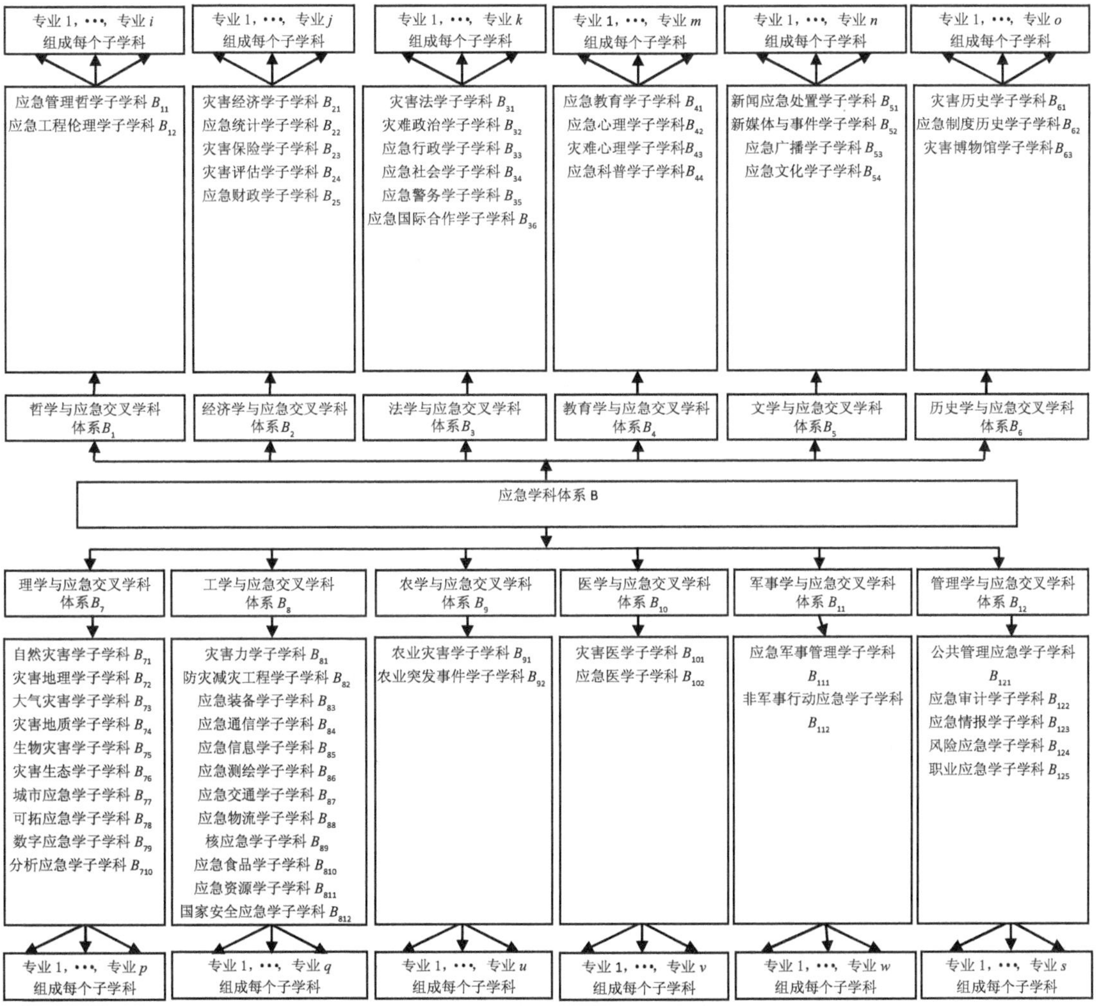

图 6-1　应急学科体系内容基本框架描述

6.2 应急学科体系内容数学表达式描述

基于上述框架描述，应急学科体系划分为三级：学科、子学科、专业。

●学科。就是指应急学科体系 B，包括若干具体应急学科 B_i 描述，即哲学与应急交叉学科 B_1、经济学与应急交叉学科 B_2、法学与应急交叉学科 B_3、教育学与应急交叉学科 B_4、文学与应急交叉学科 B_5、历史学与应急交叉学科 B_6、理学与应急交叉学科 B_7、工学与应急交叉学科 B_8、农学与应急交叉学科 B_9、医学与应急交叉学科 B_{10}、军事学与应急交叉学科 B_{11}、管理学与应急交叉学科 B_{12}。

●子学科。上述每个学科体系 B_i 包含若干子学科 B_{ij} 描述。

●专业。上述每个子学科 B_{ij} 包含若干专业描述。

基于上述分级描述，经抽象得出其内容数学形式表达式：

$B=(B_1 \cap B_2 \cap B_3 \cap B_4 \cap B_5 \cap B_6 \cap B_7 \cap B_8 \cap B_9 \cap B_{10} \cap B_{11} \cap B_{12})$，其中∩代表“逻辑与”，∋代表“包含”，• 代表“子集”：

● $B_1 \ni B_1$• 若干子学科 $\ni B_1$• 若干子学科 • 若干专业。

● $B_2 \ni B_2$• 若干子学科 $\ni B_2$• 若干子学科 • 若干专业。

● $B_3 \ni B_3$• 若干子学科 $\ni B_3$• 若干子学科 • 若干专业。

● $B_4 \ni B_4$• 若干子学科 $\ni B_4$• 若干子学科 • 若干专业。

● $B_5 \ni B_5$• 若干子学科 $\ni B_5$• 若干子学科 • 若干专业。

● $B_6 \ni B_6$• 若干子学科 $\ni B_6$• 若干子学科 • 若干专业。

● $B_7 \ni B_7$• 若干子学科 $\ni B_7$• 若干子学科 • 若干专业。

● $B_8 \ni B_8$• 若干子学科 $\ni B_8$• 若干子学科 • 若干专业。

● $B_9 \ni B_9$• 若干子学科 $\ni B_9$• 若干子学科 • 若干专业。

● $B_{10} \ni B_{10}$• 若干子学科 $\ni B_{10}$• 若干子学科 • 若干专业。

● $B_{11} \ni B_{11}$• 若干子学科 $\ni B_{11}$• 若干子学科 • 若干专业。

● $B_{12} \ni B_{12}$• 若干子学科 $\ni B_{12}$• 若干子学科 • 若干专业。

基于上述框架内容表达式，经抽象得出应急学科体内容描述系 Btriple 三元组数学表达式：Btriple=(B,BB,W)，其中：

（1）$B=\{B_1,B_2,\cdots,B_i\}$，B 由应急学科 B_i 集合组成，其中 B_i 为 B 中的一个学科。

（2）$BB=\{B_{i1}, B_{i2},\cdots, B_{ij}\}$，$BB$ 由应急学科 B_i• 子学科 B_{ij} 集合组成，其中 B_{ij} 为 B_i 中的一个子学科。

（3）$W=\{W_1,W_2,\cdots,W_k\}$，W 由应急学科 B_i• 子学科 B_{ij}• 专业 W_k 集合组成，W_k 为 B_{ij} 中的一个专业。

（4）$B_{ij} \in B_i$，表示应急学科 B_i• 子学科 B_{ij} 从属于应急学科 B_i；$W_k \in B_{ij}$ 表示应急学科 B_i• 子学科 B_{ij}• 专业 W_k 从属于应急学科 B_i• 子学科 B_{ij}。

（5）i、j、k 都为 1~ ∞的正整数，∈代表“从属于”，• 代表“子集”。

6.3　应急学科体系内容组成表达描述

6.3.1　哲学与应急交叉学科

哲学学科包括哲学、应用伦理等 2 门分支学科，它们与应急管理进行交叉，能产生下列新的应急管理子学科：应急管理哲学、应急工程伦理学等。

6.3.2　经济学与应急交叉学科

经济学学科包括理论经济学、应用经济学、金融、应用统计、税务、国际商务、保险、资产评估、数字经济等 9 门分支学科，它们与应急管理进行交叉，能产生下列新的应急管理子学科：灾害经济学、应急统计学、灾害保险学、灾害评估学、应急财政学等。

6.3.3　法学与应急交叉学科

法学学科包括法学、政治学、社会学、民族学、马克思主义理论、公安学、党史党建学、纪检监察学、法律、社会工作、警务、知识产权、国际事务等 13 门分支学科，它们与应急管理进行交叉，能产生下列新的应急管理学科子学科：灾害法学、灾难政治学、应急行政学、应急社会学、应急警务学、应急国际合作学等。

6.3.4　教育学与应急交叉学科

教育学学科包括教育学、心理学（可授教育学、理学学位）、体育学、教育、体育、国际中文教育、应用心理等 7 门分支学科，它们与应急管理进行交叉，能产生下列新的应急管理学科子学科：应急教育学、应急心理学、灾难心理学、应急科普学等。

6.3.5　文学与应急交叉学科

文学学科包括中国语言文学、外国语言文学、新闻传播学、翻译、新闻与传播、出版等 6 门分支学科，它们与应急管理进行交叉，能产生下列新的应急管理学科子学科：新闻应急处置学、新媒体与突发事件学、应急广播学、应急文化学等。

6.3.6　历史学与应急交叉学科

历史学学科包括考古学、中国史、世界史、博物馆等 4 门分支学科，它们与应急管理进行交叉，能产生下列新的应急管理学科子学科：灾害历史学、应急制度历史学、灾害博物馆学等。

6.3.7　理学与应急交叉学科

理学学科包括数学、物理学、化学、天文学、地理学、大气科学、海洋科学、地球物理学、地质学、生物学、系统科学、科学技术史（分学科，可授理学、工学、农学、医学学位）、生态学、统计学（可授理学、经济学学位）、气象等 15 门分支学科，它们与应急管理进行交叉，能产生下列新的应急管理学科子学科：自然灾害学、灾害地理学、大气灾害学、灾害地质学、生物灾害学、灾害生态学、城市应急学、可拓应急学、数字应急学、分析应急学等。

6.3.8 工学与应急交叉学科

工学学科包括力学（可授工学、理学学位）、机械工程、光学工程、仪器科学与技术、材料科学与工程（可授工学、理学学位）、冶金工程、动力工程及工程热物理、电气工程、电子科学与技术（可授工学、理学学位）、信息与通信工程、控制科学与工程、计算机科学与技术（可授工学、理学学位）、建筑学、土木工程、水利工程、测绘科学与技术、化学工程与技术、地质资源与地质工程、矿业工程、石油与天然气工程、纺织科学与工程、轻工技术与工程、交通运输工程、船舶与海洋工程、航空宇航科学与技术、兵器科学与技术、核科学与技术、农业工程、林业工程、环境科学与工程（可授工学、理学、农学学位）、生物医学工程（可授工学、理学、医学学位）、食品科学与工程（可授工学、农学学位）、城乡规划学、软件工程、生物工程、安全科学与工程、公安技术、网络空间安全、建筑、城乡规划、电子信息、机械、材料与化工、资源与环境、能源动力、土木水利、生物与医药、交通运输、风景园林等 49 门分支学科，它们与应急管理进行交叉，能产生下列新的应急管理学科子学科：灾害力学、防灾减灾工程学、应急装备学、应急通信学、应急信息学、应急测绘学、应急交通学、应急物流学、核应急学、应急食品学、应急资源学、国家安全应急学等。

6.3.9 农学与应急交叉学科

农学学科包括作物学、园艺学、农业资源与环境、植物保护、畜牧学、兽医学、林学、水产、草学、水土保持与荒漠化防治学、农业、兽医、林业、食品与营养等 14 门分支学科，它们与应急管理进行交叉，能产生下列新的应急管理学科子学科：农业灾害学、农业突发事件学等。

6.3.10 医学与应急交叉学科

医学学科包括基础医学（可授医学、理学学位）、临床医学、口腔医学、公共卫生与预防医学（可授医学、理学学位）、中医学、中西医结合、药学（可授医学、理学学位）、中药学（可授医学、理学学位）、特种医学、护理学（可授医学、理学学位）、法医学、公共卫生、护理、中药、中医、医学技术、针灸等 17 门分支学科，它们与应急管理进行交叉，能产生下列新的应急管理学科子学科：灾害医学、应急医学等。

6.3.11 军事学与应急交叉学科

军事学学科包括军事思想及军事历史、战略学、战役学、战术学、军队指挥学、军制学、军队政治工作学、军事后勤学、军事装备学、军事训练学、军事智能、联合作战指挥、军兵种作战指挥、作战指挥保障、战时政治工作、后勤与装备保障、军事训练与管理等 17 门分支学科，它们与应急管理进行交叉，能产生下列新的应急管理学科子学科：应急军事管理学、非军事行动应急学等。

6.3.12　管理学与应急交叉学科

管理学学科包括管理科学与工程（可授管理学、工学学位）、工商管理学、农林经济管理、公共管理学、信息资源管理、工商管理、公共管理、会计、旅游管理、图书情报、工程管理、审计等 12 门分支学科，它们与应急管理进行交叉，能产生下列新的应急管理学科子学科：公共管理应急学、应急审计学、应急情报学、风险应急学、职业应急学等。

第 7 章　应急预案体系内容描述

7.1　应急预案体系内容基本框架描述

基于智慧应急基础理论总体架构框图描述，面向智慧应急建设需求的应急预案体系基本框架描述如下（图 7-1）。

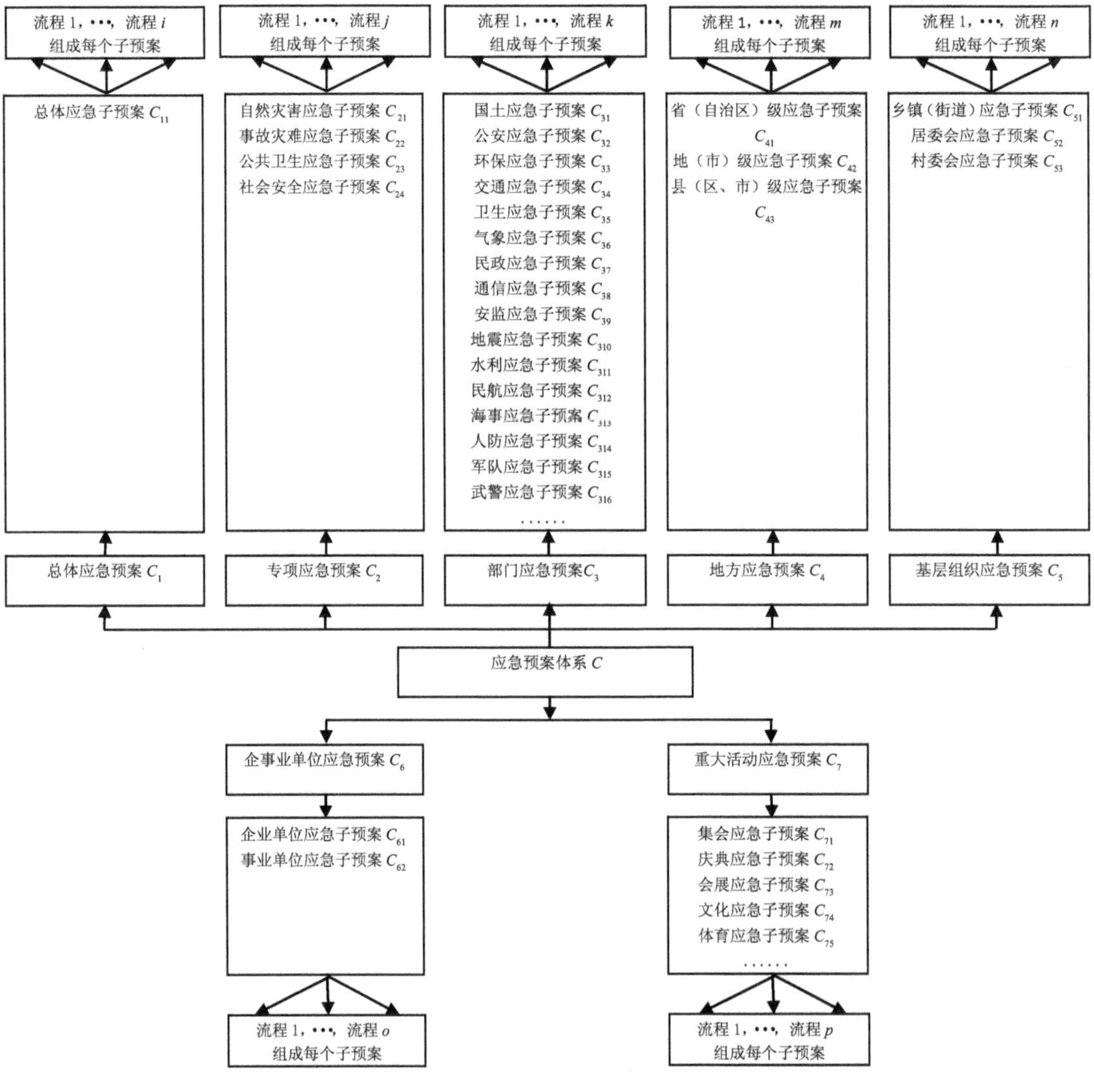

图 7-1　应急预案体系内容基本框架描述

7.2　应急预案体系内容数学表达式描述

基于上述框架描述，应急预案体系划分为三级：预案、子预案、流程。

●预案。就是指应急预案体系 C，包括若干具体应急预案 C_i 描述，即总体应急预案 C_1、专项应急预案 C_2、部门应急预案 C_3、地方应急预案 C_4、基层组织应急预案 C_5、企事业单位应急预案 C_6、重大活动应急预案 C_7。

●子预案。上述每个预案 C_i 包含若干预案 C_{ij} 描述。

●流程。上述每个子预案 C_{ij} 包含若干流程描述。

基于上述分级描述，经抽象得出其内容数学形式表达式：

$C=(C_1 \cap C_2 \cap C_3 \cap C_4 \cap C_5 \cap C_6 \cap C_7)$，其中∩代表“逻辑与”，∋代表“包含”，•代表“子集”：

● $C_1 \ni C_1$• 若干子预案 ∋ C_1• 若干子预案 • 若干流程。

● $C_2 \ni C_2$• 若干子预案 ∋ C_2• 若干子预案 • 若干流程。

● $C_3 \ni C_3$• 若干子预案 ∋ C_3• 若干子预案 • 若干流程。

● $C_4 \ni C_4$• 若干子预案 ∋ C_4• 若干子预案 • 若干流程。

● $C_5 \ni C_5$• 若干子预案 ∋ C5• 若干子预案 • 若干流程。

● $C_6 \ni C_6$• 若干子预案 ∋ C_6• 若干子预案 • 若干流程。

● $C_7 \ni C_7$• 若干子预案 ∋ C_7• 若干子预案 • 若干流程。

基于应急预案体系 C 理论框架内容表达式，经抽象得出应急预案体系内容描述 Ctriple 三元组数学表达式：Ctriple=(C, CC, W)，其中：

（1）$C=\{C_1, C_2, \cdots, C_i\}$，$C$ 由应急预案 C_i 集合组成，其中 C_i 为 C 中的一个应急预案。

（2）$CC=\{C_{i1}, C_{i2}, \cdots, C_{ij}\}$，$CC$ 由应急预案 C_i• 应急子预案 C_{ij} 集合组成，其中 C_{ij} 为 C_i 中的一个子预案。

（3）$W=\{W_1, W_2, \cdots, W_k\}$，$W$ 由应急预案 C_i• 应急子预案 C_{ij}• 流程 W_k 集合组成，W_k 为 C_{ij} 中的一个流程。

（4）$C_{ij} \in C_i$，表示应急预案 C_i• 应急子预案 C_{ij} 从属于应急预案 C_i；$W_k \in C_{ij}$ 表示应急预案 C_i• 应急子预案 C_{ij}• 流程 W_k 从属于应急预案 C_i• 应急子预案 C_{ij}。

（5）i、j、k 都为 1~ ∞ 的正整数，∈代表“从属于”，• 代表“子集”。

7.3　应急预案体系内容组成表达描述

7.3.1　总体应急预案

总体应急预案是各级人民政府突发事件应急预案体系的总纲，明确各类突发事件分级分类和应急预案框架体系，规定各级政府应对特别重大突发事件的组织指挥体系、工作机制等内容，是指导预防和处置各类突发事件的总体规范性文件。总体应急预案由各级人民政府制定发布，本级政府办公室（厅）组织实施。目前，总体应急预案体系包括：国家级、省（自治区)级、地(市)级、县(市)级总体应急预案。

7.3.2 专项应急预案

专项应急预案主要是各级人民政府及其相关部门为应对某一类型或某几种类型突发事件而制定的,涉及数个政府部门职责的应急预案。根据应对突发事件"横向到边、纵向到底"的要求,专项应急预案是总体应急预案的横向展开,是总体应急预案的专业化和具体化。因此,专项应急预案体系分为自然灾害应急预案、事故灾难应急预案、公共卫生应急预案、社会安全应急预案。专项应急预案由各级人民政府有关部门牵头制定,报本级人民政府批准后,由本级人民政府办公室(厅)印发实施。

7.3.3 部门应急预案

部门应急预案是各级人民政府有关部门根据总体应急预案、专项应急预案和自身职责,为应对某一类或几种类型突发事件而制定的涉及单个政府部门职责的应急预案。部门应急预案对组织机构的规定是"部门性"的,一般不涉及政府其他部门。部门应急预案和总体应急预案、专项应急预案一样,同样包括总则、应急指挥体系及职责、预防预警机制、应急响应、善后工作、应急保障、监督管理、附件等方面。由各级人民政府有关部门制定印发,报本级人民政府备案,由制定部门负责实施。

7.3.4 地方应急预案

地方应急预案是下级人民政府根据上级人民政府的总体应急预案、专项应急预案而制定的相应应急预案,具体包括:省(自治区)级应急预案、地(市)级应急预案、县(市)级应急预案、镇(街道)应急预案。这些地方应急预案在上级人民政府的领导下,按照分类管理、分级负责的原则由各地政府及其有关部门分别制定,其中总体应急预案编制(修订)完成后报上级人民政府备案,省总体应急预案报国务院备案。

7.3.5 基层组织应急预案

基层组织应急预案是在上级政府的领导下,根据辖区特点和实际需要,由乡镇、街道、居委会、村委会制定的应急预案。

7.3.6 企事业单位应急预案

企事业单位的应急预案依照有关法律、法规,参照政府应急预案,结合各自特点和实际情况制定。预案明确了企事业单位是其内部发生的突发事件的责任主体,预案是各单位应对突发事件的操作指南。省、市、县属重点单位的应急预案,报本级有关应急管理部门备案,重点单位由有关应急管理部门确定并实施动态管理。

7.3.7 重大活动应急预案

重大活动期间,在相对较小空间、较短时间内聚集了大量的人流、物流和现金流,卫生防疫、交通事故、恐怖袭击、火灾爆炸、刑事案件、群体性事件等各类突发事件的发生概率骤然上升，编制重大活动应急预案的目的在于预防和处置重大活动中可能出现的突发事件，最大限度地保护人民群众的生命和财产安全，维护社会和谐稳定。举办较大规模的集会、庆典、会展和文化体育等重大活动，主办单位应按照“谁主办、谁负责”的原则，根据有关法律、法规和政府相关应急预案，结合自身实际制定应急预案，报公安机关批准后实施，并报当地人民政府备案。

第 8 章　智慧应急过程全生命周期支撑内容描述

8.1　智慧应急过程全生命周期支撑内容基本框架描述

基于应急管理全生命周期管理理论体系的综合描述，建立全新的智慧应急全生命周期“七阶段论”理论体系。该理论体系将智慧应急过程全生命周期划分为 7 个阶段：突发事件“潜伏期”生命周期、突发事件“爆发期”生命周期、突发事件“持续期”生命周期、突发事件“后续期”生命周期、突发事件“恢复期”生命周期，以及覆盖在这 5 个过程之上的突发事件“政务期”生命周期、突发事件“决策期”生命周期。它们分别对应智慧应急准备过程、智慧应急响应过程、智慧应急处置过程、智慧应急保障过程、智慧应急善后过程、智慧应急政务过程、智慧应急决策过程等，每个过程由若干个子过程组成，每个子过程再由若干程序组成。

因此，基于智慧应急基础理论总体架构框图描述，智慧应急过程全生命周期支撑内容基本框架描述如下（图 8-1）。

8.2　智慧应急过程全生命周期支撑内容数学表达式描述

基于上述框架描述，智慧应急过程全生命周期划分为三级：过程、子过程、程序。

●过程。就是指智慧应急全生命周期过程 T，包括若干具体应急过程 T_i 描述，即智慧应急准备过程 T_1、智慧应急响应过程 T_2、智慧应急处置过程 T_3、智慧应急保障过程 T_4、智慧应急善后过程 T_5、智慧应急政务过程 T_6、智慧应急决策过程 T_7。

●子过程。上述每个智慧应急过程 T_i 包含若干子过程 T_{ij} 描述。

●程序。上述每个子过程 T_{ij} 包含若干程序描述。

基于上述分级描述，经抽象得出其内容数学形式表达式：

$T=(T_1 \cap T_2 \cap T_3 \cap T_4 \cap T_5 \cap T_6 \cap T_7)$，其中∩代表“逻辑与”，∋代表“包含”，•代表“子集”：

● $T_1 \ni T_1$• 若干子过程 ∋ T_1• 若干子过程 • 若干程序。

● $T_2 \ni T_2$• 若干子过程 ∋ T_2• 若干子过程 • 若干程序。

● $T_3 \ni T_3$• 若干子过程 ∋ T_3• 若干子过程 • 若干程序。

● $T_4 \ni T_4$• 若干子过程 ∋ T_4• 若干子过程 • 若干程序。

● $T_5 \ni T_5$• 若干子过程 ∋ T_5• 若干子过程 • 若干程序。

● $T_6 \ni T_6$• 若干子过程 ∋ T_6• 若干子过程 • 若干程序。

● $T_7 \ni T_7$• 若干子过程 ∋ T_7• 若干子过程 • 若干程序。

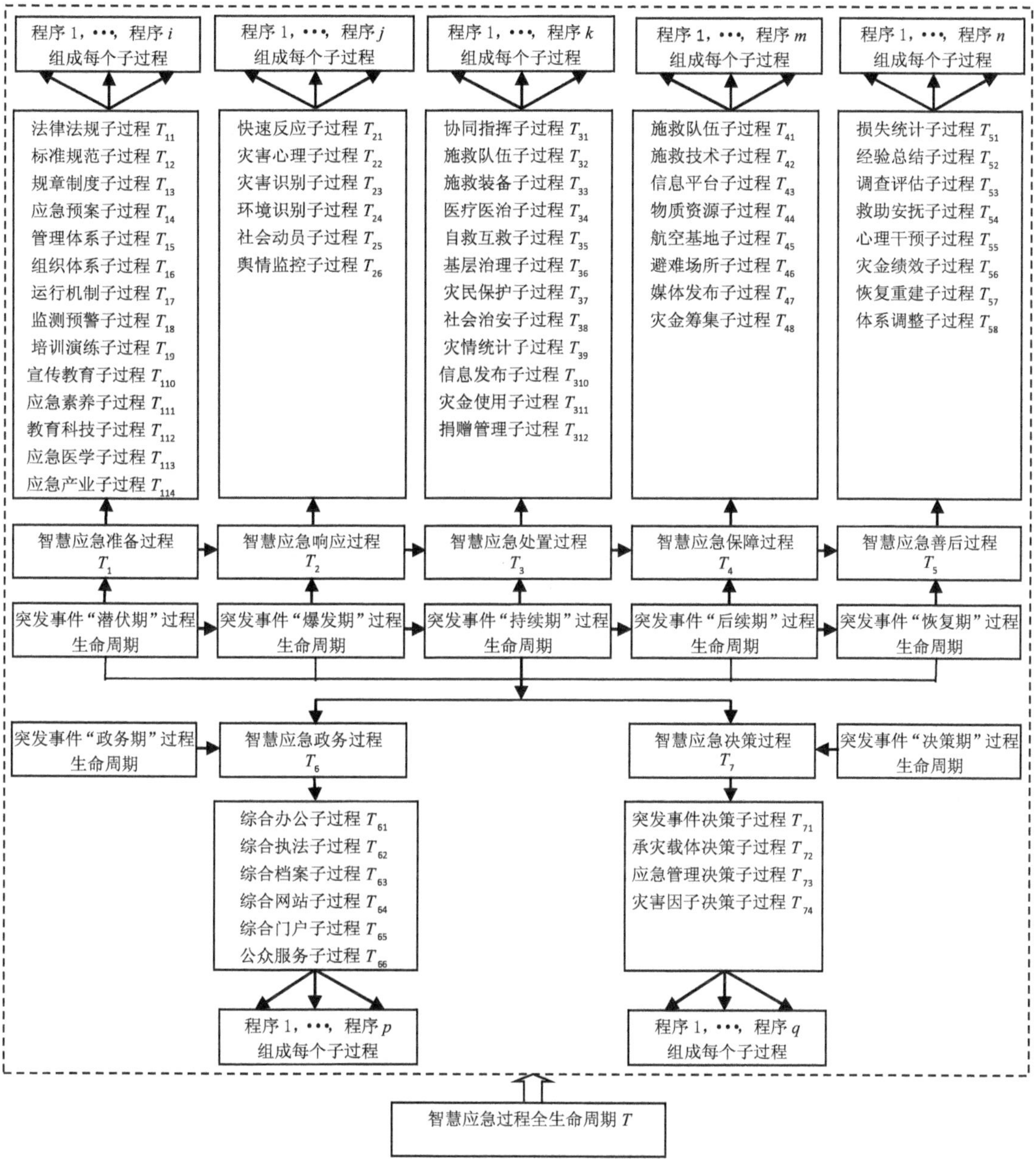

图 8-1　智慧应急过程全生命周期支撑内容基本框架描述

基于上述数学形式表达式，经抽象得出智慧应急过程全生命周期支撑内容描述 Ttriple 三元组数学表达式：Ttriple=(T, TT, W)，其中：

（1）$T=\{T_1, T_2, \cdots, T_i\}$，$T$ 由应急过程 T_i 集合组成，其中 T_i 为 T 中的一个过程。

（2）$TT=\{T_{i1}, T_{i2}, \cdots, T_{ij}\}$，$TT$ 由应急过程 T_i• 子过程 T_{ij} 集合组成，其中 T_{ij} 为 T_i 中的一个子过程。

（3）$W=\{W_1, W_2, \cdots, W_k\}$，$W$ 由应急过程 T_i• 子过程 T_{ij}• 程序 W_k 集合组成，W_k 为 T_{ij} 中的

一个程序。

（4）$T_{ij} \in T_i$，表示应急过程 T_i• 子过程 T_{ij} 从属于应急过程 T_i；$W_k \in T_{ij}$，表示应急过程 T_i• 子过程 T_{ij}• 程序 W_k 从属于应急过程 T_i• 子过程 T_{ij}。

（5）i、j、k 都为 1～ ∞ 的正整数，∈代表"从属于"，• 代表"子集"。

8.3 智慧应急过程全生命周期支撑内容组成表达描述

8.3.1 智慧应急准备过程生命周期

应急准备过程是人们应对突发公共事件"潜伏期"阶段的工作内容，是应急管理工作的前期阶段，也是灾前准备性应急管理工作阶段，是智慧应急过程全生命周期的第一个过程。因此，智慧应急准备过程生命周期包括如下子过程。

●法律法规子过程。主要包括应急国际公约和条约、国家宪法、全国人大法律、国务院行政法规或条例、地方人大法规或条例、建设原则等程序。

●标准规范子过程。主要包括应急标准规范原则、标准规范层次、标准规范类别、标准规范体系、标准规范内容、专业标准规范等程序。

●规章制度子过程。主要包括应急准备过程规章制度、响应过程规章制度、处置过程规章制度、保障过程规章制度、善后过程规章制度等程序。

●应急预案子过程。主要包括应急预案适用范围划分、适用种类划分、适用级别划分、框架内容要求、成熟性要求、管理性要求等程序。

●管理体系子过程。主要包括应急准备过程管理体系、响应过程管理体系、处置过程管理体系、保障过程管理体系、善后过程管理体系等程序。

●组织体系子过程。主要包括应急政府领导机构、常设办事机构、下级政府领导机构、受理机构、指挥调度机构、协同机构、咨询机构、航空机构等程序。

●运行机制子过程。主要包括应急预防与准备、监测预警、信息报告、快速响应、实时处置、"战时体制"、联防联控、航空救援、协同指挥、资源配置监管、合作参与运行、协同科研攻关、善后处置等程序。

●监测预警子过程。主要包括应急灾害监测预警体系、灾害排查与监控体系、灾害监测体系、灾害风险评估体系、灾害预测体系、灾害预警体系、灾害预警发布体系等程序。

●培训演练子过程。主要包括应急培训演练体系、培训演练基地、培训演练人员、培训演练形式、演练内容、演习内容、指挥训练、心理训练、演练设施等程序。

●宣传教育子过程。主要包括应急宣传教育目标、宣传教育保障、宣传教育内容、宣传教育形式与手段、心理治疗宣传教育等程序。

●应急素养子过程。主要包括应急文化素养分类、文化素养内容、政府宣传机构素养、新闻媒体媒介素养、社会公众素养等程序。

●教育科技子过程。主要包括应急国民教育体系、优化教育体系、创新教育体系、教育课程体系、师资队伍、教育学科、教育培训体系、教育资源保障、人才队伍培养方式、人才队伍培养种类、科研创新体系、"大应急"科技理念、科技创新原则、科技创新内容、实验室（中心)、基地建设、信息化平台、装备现代化、设施智能化、3D 仿真推演、人工智能、无人化操作、航空救援、海上救援、国际交流等程序。

●应急医学子过程。主要包括应急医学研究方向、医学能力建设、医学救治实施、医学区域网络、医学基础研究、医学教育内容等程序。

●应急产业子过程。主要包括应急灾害产业分类、灾害产业重点产品、灾害产业公众产品、灾害产业集聚等程序。

8.3.2　智慧应急响应过程生命周期

应急响应过程是人们应对突发公共事件的“爆发期”阶段的工作内容,是应急管理工作的起始阶段,也是灾中响应性应急管理工作阶段,是智慧应急过程全生命周期的第二个过程。因此,智慧应急响应过程生命周期包括如下子过程。

●快速反应子过程。主要包括应急预案启动、响应动作、响应速度、军地联动、政府协调等程序。

●灾害心理子过程。主要包括应急灾害心理问题障碍认知、心理问题应激源认知、心理问题行为认知、心理问题干预对象、心理问题干预范围、心理问题干预程序、心理问题干预模式、心理问题干预措施、心理问题反应诊断、心理问题自救方法、心理问题干预技术、心理问题救助形式等程序。

●灾害识别子过程。主要包括应急灾害种类、灾害演变、灾害特性、灾害风险、灾害受灾体等程序。

●环境识别子过程。主要包括应急环境区域布局形式、区域社会环境、区域自然地理环境、区域道路网环境、区域居民地环境、区域水系环境、区域人文景观环境、区域气象气候环境等程序。

●社会动员子过程。主要包括应急动员实施措施、动员实施内容、动员实施对象等程序。

●舆情监控子过程。主要包括应急舆情监控策略、监控方法、监控分析、监控原则、监控控制、监控保障、监控技术、监控平台、监控队伍、监控绩效等程序。

8.3.3　智慧应急处置过程生命周期

应急处置过程是人们应对突发公共事件的“持续期”阶段的工作内容,是应急管理工作的中间阶段,也是灾中处置性应急管理工作阶段,是智慧应急过程全生命周期的第三个过程。因此,智慧应急处置过程生命周期包括如下子过程。

●协同指挥子过程。主要包括应急指挥大平台体系、大指挥机制、指挥协同联动、指挥能力、数据实时采集、数据库建立、数据交换与共享、指挥通信平台、指挥协同平台、指挥调度平台、指挥辅助决策平台、军地联合指挥平台、指挥员心理素质、指挥员指挥能力、指挥团队组成、指挥团队品质、指挥团队能力等程序。

●施救队伍子过程。主要包括应急指挥型队伍、综合型队伍、骨干型队伍、专业型队伍、医疗型队伍、陆海空转运型队伍、专家型队伍、基层专(兼)职型队伍、社会型队伍、志愿型队伍、治安型队伍、心理救助型队伍、搜救犬型队伍等程序。

●施救装备子过程。主要包括应急生命搜索装备、救援人员自带装备、医疗救护类装备、救援破拆设备、救援工程类装备、排风水供水装备、气体检测装备、便携式照明灯装备、救援灭火装备、救援工程装备、信息化通信装备、后勤保障类装备、救援直升机装备、救援无人机装备等程序。

●医疗医治子过程。主要包括应急医疗医治工作原则、医疗医治实施要求、现场医疗医治工作、现场医疗医治处置、现场医疗医治能力、急救新技术应用、医疗转运与救治等程序。

●自救互救子过程。主要包括应急自救互救电话、自救互救种类、自救互救能力培养、自然灾害自救互救、事故灾难自救互救、社会事件自救互救、卫生事件自救互救、自救互救物资储备等程序。

●基层治理子过程。主要包括应急基层治理体系、基层治理理念、基层治理文化、基层治理队伍、基层治理网格化管理、基层治理“智治”、基层治理能力等程序。

●灾民保护子过程。主要包括应急灾民管理体系、灾民救助制度、灾民权利保护、灾民救助方式、灾民人身安全与尊严、灾民基本生活品权利、灾民经济和文化权利、灾民其他政治权利等程序。

●社会治安子过程。主要包括应急社会防控网络体系、防控运行机制、防控维护任务、防控科技水平等程序。

●灾情统计子过程。主要包括应急灾情统计指标体系、统计措施、统计内容、自然灾害灾情统计、事故灾难灾情统计、公共卫生事件灾情统计、社会安全事件灾情统计等程序。

●信息发布子过程。主要包括应急信息发布预案、信息收集研判、信息发布核实、信息发布准备、信息发布协调、信息发布媒体、信息发布渠道、信息发布地点、信息发布机构、信息发布形式、信息发布特点分析等程序。

●灾金使用子过程。主要包括应急灾金种类、灾金需求、灾金管理、灾金制度、灾金使用、灾金监督、灾金监管、灾金监督主体、灾金审计等程序。

●捐赠管理子过程。主要包括应急捐赠措施、捐赠导向、捐赠种类、捐赠管理、捐赠监管等程序。

8.3.4 智慧应急保障过程生命周期

应急保障过程是人们应对突发公共事件的“后续期”阶段的工作内容，是应急管理工作的后续阶段，也是灾中保障性应急管理工作阶段，是智慧应急过程全生命周期的第四个过程。因此，智慧应急保障过程生命周期包括如下子过程。

●施救队伍子过程。主要包括应急队伍统筹规划、队伍建设原则、队伍建设内容、队伍建设管理、队伍建设机制、队伍管理体制、队伍指挥调度、队伍装备水平、队伍教育训练、队伍建设保障、队伍科技化建设、队伍人员待遇、队伍保障措施等程序。

●施救技术子过程。主要包括应急施救通信技术、计算机硬软件技术、现代信息技术、计算机处理技术、基础数据、现场施救技术、协同指挥调度技术等程序。

●信息平台子过程。主要包括应急信息管理信息化、融合指挥、通信网络、短临预警、全域感知、数据智能等程序。

●物质资源子过程。主要包括应急物质配置策略、储备体系、选配要求、储备选择与要求、储备结构规模与布局、保障模式、管理模式、调用模式、调度使用机制、专用物资保障、医疗设施保障、生活物品保障、通信装备保障、交通运输保障、公共基础设施保障、工程防御保障、救援物资保障、物资生产与进口保障、临时仓储装卸与搬运、物资管理信息化等程序。

●航空基地子过程。主要包括应急航空基地建设规划、基地建设体系、基地建设运营模式、建设基地路径、基地应用场景等程序。

●避难场所子过程。主要包括应急避难场所分类、避难场所类型、避难场所形式、避难场所建设要求、避难场所设施设置、避难场所功能、避难场所运行管理、避难场所维护管理、避难场所评价等程序。

●媒体发布子过程。主要包括应急信息发布分类、信息处理流程、信息发布平台、信息发布沟通、信息报送内容和方式、信息发布责任主体、信息发布渠道、信息发布机制、信息发布工具、信息发布地点、信息发布队伍培训等程序。

●灾金筹集子过程。主要包括应急财政保障机制、财政使用制度、资金筹措、财政经费投入、银行信贷资金投入、责任保险资金投入、保险资金投入、社会捐赠资金投入等程序。

8.3.5　智慧应急善后过程生命周期

应急善后过程是人们应对突发公共事件的“恢复期”阶段的工作内容，是应急管理工作的结束阶段，也是灾后善后性应急管理工作阶段，是智慧应急过程全生命周期的第五个过程。因此，智慧应急善后过程生命周期包括如下子过程。

●损失统计子过程。主要包括应急灾损统计原则、直接损失统计、间接损失统计、生态环境破坏统计等程序。

●经验总结子过程。主要包括应急经验总结要点、总体经验总结、过程经验总结、功过奖惩、法律追究等程序。

●调查评估子过程。主要包括应急准备过程评估、响应过程评估、保障过程评估、处置过程评估、善后过程评估等程序。

●救助安抚子过程。主要包括应急救助安抚制度、救助安抚内容、救助安抚力量、救助安抚形式、救助安抚监督、救助安抚责任等程序。

●心理干预子过程。主要包括应急心理治疗措施、心理治疗方法、心理治疗援助、心理治疗评价等程序。

●灾金绩效子过程。主要包括应急绩效评价内容、保障能力绩效、效率运行绩效、公平度量绩效、善后处理绩效等程序。

●恢复重建子过程。主要包括应急工作要点、组织机构、灾民生活、工农业生产、社会秩序、城乡硬件、城乡软件等程序。

●体系调整子过程。主要包括应急准备过程调整、响应过程调整、处置过程调整、保障过程调整、善后过程调整等程序。

8.3.6　智慧应急政务过程生命周期

应急政务过程是人们应对突发公共事件的“政务期”阶段的工作内容，是应急管理工作的全过程阶段，即覆盖应急准备过程、应急响应过程、应急处置过程、应急保障过程、应急善后过程的全过程阶段，是智慧应急过程全生命周期的第六个过程。因此，智慧应急政务过程生命周期包括如下子过程。

●综合办公子过程。主要包括统一用户管理、值班管理、审批管理、个人办公管理、会议管理、督办管理、即时通信管理、通知公告管理、日常业务管理、物质资源管理等程序。

●综合执法子过程。主要包括移动端+PC 端综合执法办案、综合执法监督考核管理、综合执法勤务管理、综合执法指挥调度、专项综合执法管理、综合执法辅助管理、公众了解综合执法、综合执法分析研判等程序。

●综合档案子过程。主要包括综合档案数据采集、综合档案管理、综合档案查询、综合档案借阅、综合档案追溯化、综合档案提取审批、综合档案统计、综合档案销毁等程序。

●综合网站子过程。主要包括应急信息公开、应急宣传教育、应急预警监测、应急舆论引导、应急社会动员、应急公众参与等程序。

●综合门户子过程。主要包括统一账号与组织管理、认证授权管理、内容管理、统一界面展现、个性化定制、协作通信工具、用户管理、身份验证管理、接口管理、待办工作等程序。

●公众服务子过程。主要包括网上办事大厅、掌上办事、数据共享服务、数据增值服务、数据开放服务、数字展览馆服务、灾害预警预报、政务信息公开、公众互动交流等程序。

8.3.7 智慧应急决策过程生命周期

应急决策过程是人们应对突发公共事件的“决策期”阶段的工作内容，是应急管理工作的全过程阶段，即覆盖应急准备过程、应急响应过程、应急处置过程、应急保障过程、应急善后过程、应急政务过程的全过程阶段。因此，智慧应急决策过程生命周期包括如下子过程。

●突发事件决策子过程。主要包括突发事件规律性决策方案、突发事件关联性决策方案、突发事件因果性决策方案、突发事件趋势性决策方案、突发事件预测性决策方案、突发事件综合决策方案等程序。

●承灾载体决策子过程。主要包括承灾载体规律性决策方案、承灾载体关联性决策方案、承灾载体因果性决策方案、承灾载体趋势性决策方案、承灾载体预测性决策方案、承灾载体综合决策方案等程序。

●应急管理决策子过程。主要包括应急管理规律性决策方案、应急管理关联性决策方案、应急管理因果性决策方案、应急管理趋势性决策方案、应急管理预测性决策方案、应急管理综合决策方案等程序。

●灾害因子决策子过程。主要包括灾害因子规律性决策方案、灾害因子关联性决策方案、灾害因子因果性决策方案、灾害因子趋势性决策方案、灾害因子预测性决策方案、灾害因子综合决策方案等程序。

第 9 章　智慧应急技术研究范式支撑内容描述

9.1　智慧应急技术研究范式支撑内容基本框架描述

智慧应急建设需要当今一系列最新的技术作为支撑，包括：微服务技术、网络通信技术、接入感知技术、云计算技术、物联网技术、大数据技术、地理信息技术、移动测量技术、人工智能技术、数据挖掘技术、决策支持技术、VR/AR/MR 技术等。这些作为技术研究范式，越来越多地应用到智慧应急建设的方方面面，迅速上升到智慧应急技术研究范式描述支撑理论层面。因此，基于智慧应急基础理论总体架构框图描述，智慧应急技术研究范式支撑内容基本框架描述如下（图 9-1）。

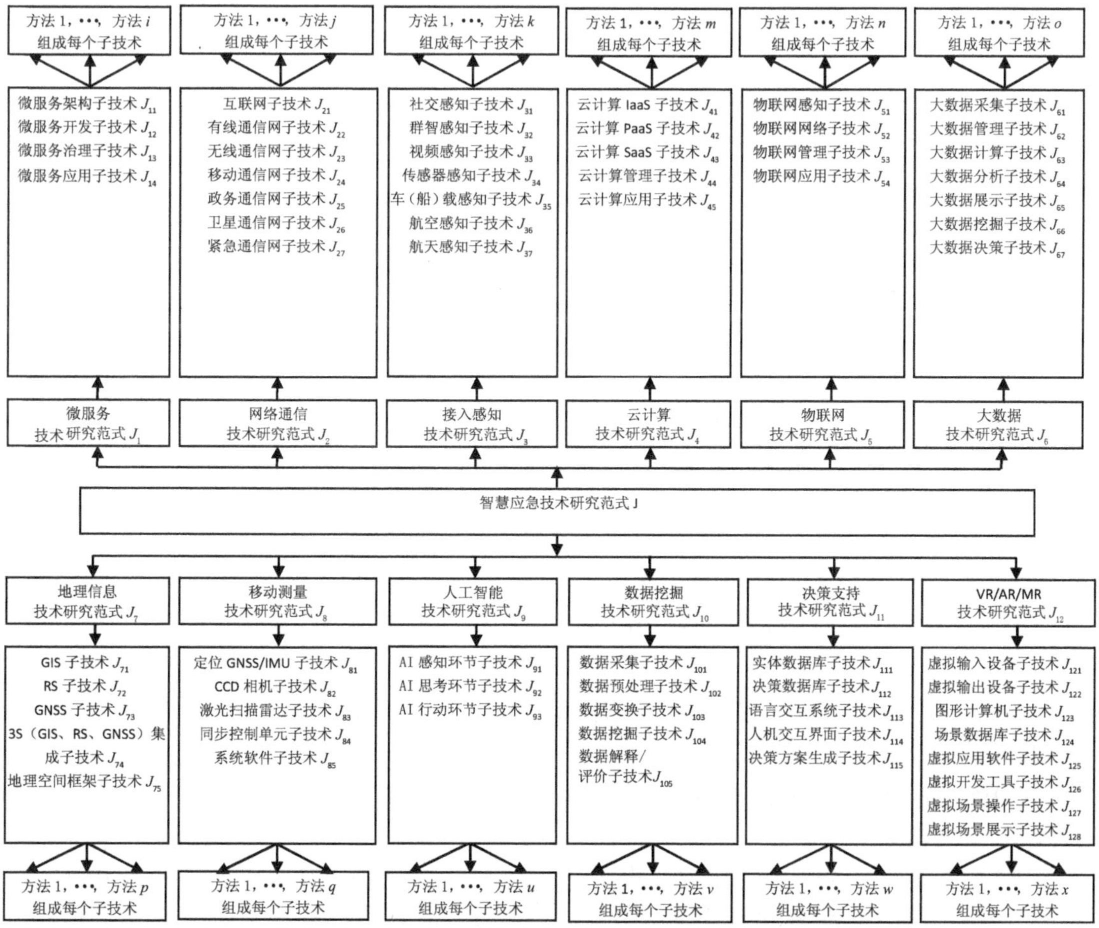

图 9-1　智慧应急技术研究范式支撑内容基本框架描述

9.2 智慧应急技术研究范式支撑内容数学表达式描述

基于上述框架描述，智慧应急技术研究范式划分为三级：技术、子技术、方法。

●技术。就是指智慧应急技术研究范式 J，包括若干具体智慧应急技术研究范式 J_i 描述，即微服务技术研究范式 J_1、网络通信技术研究范式 J_2、接入感知技术研究范式 J_3、云计算技术研究范式 J_4、物联网技术研究范式 J_5、大数据技术研究范式 J_6、地理信息技术研究范式 J_7、移动测量技术研究范式 J_8、人工智能技术研究范式 J_9、数据挖掘技术研究范式 J_{10}、决策支持技术研究范式 J_{11}、VR/AR/MR 技术研究范式 J_{12}。

●子技术。上述每个技术 J_i 包含若干子技术 J_{ij} 描述。

●方法。上述每个子技术 J_{ij} 包含若干方法描述。

基于上述分级描述，经抽象得出其内容数学形式表达式：

$J=(J_1 \cap J_2 \cap J_3 \cap J_4 \cap J_5 \cap J_6 \cap J_7 \cap J_8 \cap J_9 \cap J_{10} \cap J_{11} \cap J_{12})$，该理论表达式代表智慧应急技术研究范式 J 由若干不同的技术研究范式组成，其中 $\cap$ 代表“逻辑与”，$\ni$ 代表“包含”，• 代表“子集”：

● $J_1 \ni J_1$• 子技术 $\ni J_1$• 子技术 • 方法。
● $J_2 \ni J_2$• 子技术 $\ni J_2$• 子技术 • 方法。
● $J_3 \ni J_3$• 子技术 $\ni J_3$• 子技术 • 方法。
● $J_4 \ni J_4$• 子技术 $\ni J_4$• 子技术 • 方法。
● $J_5 \ni J_5$• 子技术 $\ni J_5$• 子技术 • 方法。
● $J_6 \ni J_6$• 子技术 $\supset J_6$• 子技术 • 方法。
● $J_7 \ni J_7$• 子技术 $\ni J_7$• 子技术 • 方法。
● $J_8 \ni J_8$• 子技术 $\ni J_8$• 子技术 • 方法。
● $J_9 \ni J_9$• 子技术 $\ni J_9$• 子技术 • 方法。
● $J_{10} \ni J_{10}$• 子技术 $\ni J_{10}$• 子技术 • 方法。
● $J_{11} \ni J_{11}$• 子技术 $\ni J_{11}$• 子技术 • 方法。
● $J_{12} \ni J_{12}$• 子技术 $\ni J_{12}$• 子技术 • 方法。

基于上述数学形式表达式，经抽象得出智慧应急技术研究范式支撑内容描述 Jtriple 三元组数学表达式：Jtriple=(J,JJ,W)，其中：

(1)$J=\{J_1, J_2, \cdots, J_i\}$，$J$ 由应急技术研究范式 J_i 集合组成，J_i 为 J 中的一个应急技术研究范式。

(2)$JJ=\{J_{i1}, J_{i2}, \cdots, J_{ij}\}$，$JJ$ 由应急技术研究范式 J_i• 子技术 J_{ij} 集合组成，J_{ij} 为 J_i 中的一个子技术。

(3)$W=\{W_1, W_2, \cdots, W_k\}$，$W$ 由应急技术研究范式 J_i• 子技术 J_{ij}• 方法 W_k 集合组成，W_k 为 J_{ij} 中的一个方法。

(4)$J_{ij} \in J_i$，表示应急技术研究范式 J_i• 子技术 J_{ij} 从属于应急技术研究范式 J_i，$W_k \in J_{ij}$，表示应急技术研究范式 J_i• 子技术 J_{ij}• 方法 W_k 从属于应急技术研究范式 J_i• 子技术 J_{ij}。

(5)I、j、k 都为 $1 \sim \infty$ 的正整数，$\in$ 代表“从属于”，• 代表“子集”。

9.3　智慧应急技术研究范式支撑内容组成表达描述

9.3.1　微服务技术研究范式

基于微服务架构的智慧应急平台是一种分布式软件架构,通过将应用内部业务功能拆分为粒度较小且职责单一的微服务,有效提高软件的可用性和可扩展性。相对于其他架构,基于微服务架构的智慧应急平台具备以下特点:复杂度可、灵活可扩展、独立部署、故障隔离等。因此,基于智慧应急技术研究范式支撑内容基本框架描述,面向智慧应急建设需求的微服务技术研究范式内容描述框架表达如下(图 9-2)。

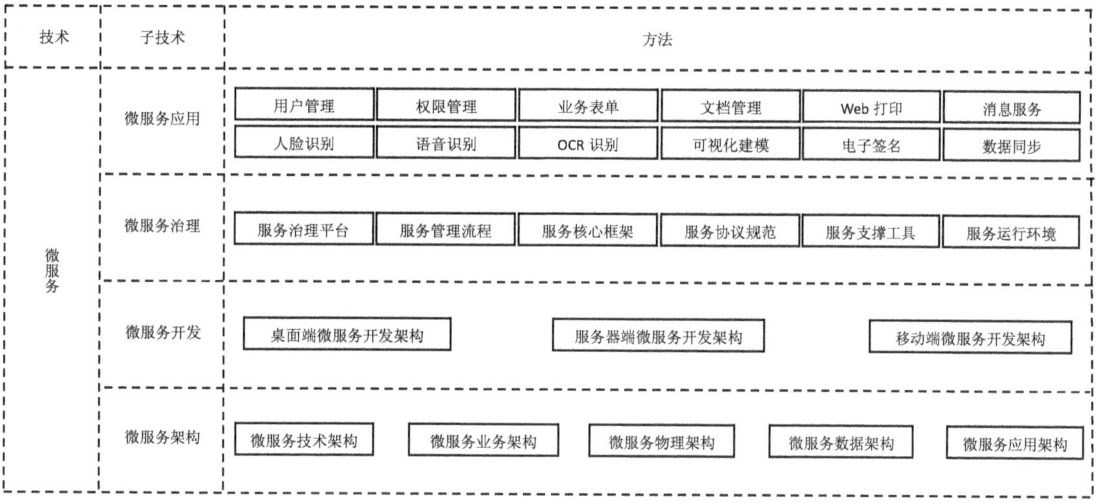

图 9-2　微服务技术研究范式内容描述框架

基于上述框架,面向智慧应急建设需求的微服务技术研究范式内容划分为三级:技术、子技术、方法。

●技术。就是指微服务技术。

●子技术。包括微服务架构、微服务开发、微服务治理、微服务应用等子技术。

●方法。上述每个子技术对应若干方法。

上述具体描述请参考专著《智慧应急原理与方法》(邹逸江著,浙江大学出版社,2023 年 11 月)。

9.3.2　网络通信技术研究范式

灾害发生后,原有通信基础设施遭受了毁灭性的破坏,需要增强现场通信,需要快速形成第一救援现场、前线指挥所和后方各级指挥所之间前后贯通、高速传输,跨层级跨地域“扁平化”的指挥体系,后方指挥所清晰掌控现场态势、调度指令直达“一线”,提升应急救援效率。为了能够在最短时间内掌握现场险情、灾情,确保指示、政令安全畅通,高效、有序地组织抢险救灾工作，就需要建立响应快速、手段丰富的应急网络通信系统。因此，基于智慧应急技术研究范式支撑内容基本框架描述，面向智慧应急建设需求的网络通信技术研究范式内容描述框架表达如下（图 9-3）。

图 9-3　网络通信技术研究范式内容描述框架

基于上述框架，面向智慧应急建设需求的网络通信技术研究范式内容划分为三级：技术、子技术、方法。

●技术。就是指网络通信技术。

●子技术。包括互联网、有线通信网、无线通信网、移动通信网、政务通信网、卫星通信网、紧急通信网等子技术。

●方法。上述每个子技术对应若干方法。

上述具体描述请参考专著《智慧应急原理与方法》（邹逸江著，浙江大学出版社，2023 年 11 月）。

9.3.3　接入感知技术研究范式

作为物联网的核心基础技术之一，接入感知技术是指在社交感知、群智感知、视频感知、传感器感知、车（船）载感知、航空感知、航天感知等系统中用于采集、记录、传输和处理数据的技术。因此，基于智慧应急技术研究范式支撑内容基本框架描述，面向智慧应急建设需求的接入感知技术研究范式内容描述框架表达如下（图 9-4）。

技术	子技术	方法				
接入感知	航天感知	对地卫星遥感	气象卫星遥感	环境卫星遥感	海洋卫星遥感	
		宇宙飞船遥感	航天飞机遥感	航天空间站遥感	其他	
	航空感知	航摄飞机遥感	直升机遥感	无人机遥感	探空火箭遥感	飞艇/气球遥感
	车（船）载感知	应急指挥车（船）	消防指挥车（船）	公安指挥车（船）	交通指挥车（船）	城市执法车（船）
		移动测量车（船）	卫生检测车（船）	环境监测车（船）	气象保障车（船）	核监测车（船）
	传感器感知	热敏传感器	光敏传感器	气敏传感器	力敏传感器	磁敏传感器
		湿敏传感器	声敏传感器	色敏传感器	放射敏传感器	其他
	视频感知	模拟视频	数字视频	网络视频	智能视频	其他
	群智感知	智能手机	智能手表	智能眼镜	智能穿戴	iPAD
	社交感知	固定/移动电话	短信	QQ	微信	微博
		博客	论坛	邮件	网站	维基百科
		大众点评	第三方评价	知乎	MSN	其他

图 9-4　接入感知技术研究范式内容描述框架

基于上述框架，面向智慧应急建设需求的接入感知技术研究范式内容划分为三级：技术、子技术、方法。

●技术。就是指接入感知技术。

●子技术。包括社交感知、群智感知、视频感知、传感器感知、车（船）载感知、航空感知、航天感知等子技术。

●方法。上述每个子技术对应若干方法。

上述具体描述请参考专著《智慧应急原理与方法》（邹逸江著，浙江大学出版社，2023 年 11 月）。

9.3.4　云计算技术研究范式

通过应急云计算技术提高应急信息的处理效率和安全性，让高速信息技术覆盖整个应急管理的全过程，做到灾害提前预防、准确评估事件的发展趋势、及时有效地正确决策、有效调度精确配置的应急资源。应急云计算技术的出现为应急管理提供了新思路，成为有效的应急管理辅助手段。因此，基于智慧应急技术研究范式支撑内容基本框架描述，面向智慧应急建设需求的云计算技术研究范式内容描述框架表达如下（图 9-5）。

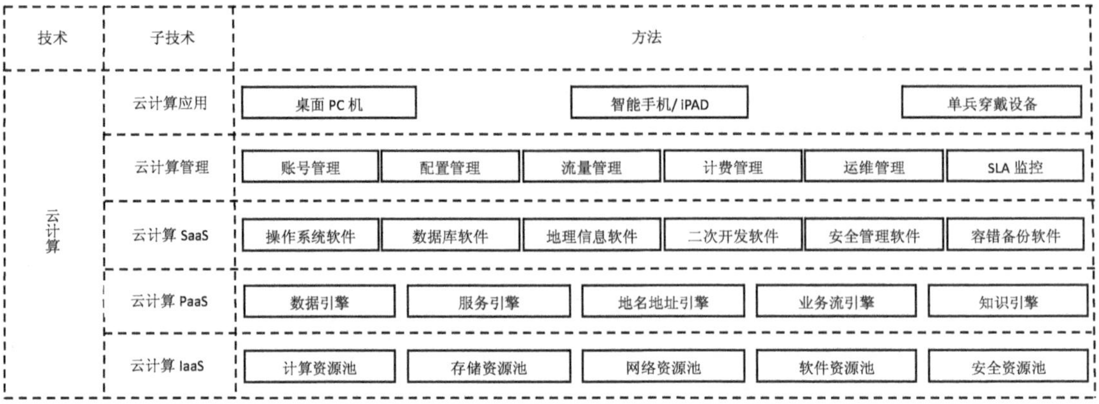

图 9-5 云计算技术研究范式内容描述框架

基于上述框架,面向智慧应急建设需求的云计算技术研究范式内容划分为三级:技术、子技术、方法。

●技术。就是指云计算技术。

●子技术。包括云计算 IaaS、云计算 PaaS、云计算 SaaS、云计算管理、云计算应用等子技术。

●方法。上述每个子技术对应若干方法。

上述具体描述请参考专著《智慧应急原理与方法》(邹逸江著,浙江大学出版社, 2023 年 11 月)。

9.3.5 物联网技术研究范式

通过物联网对复杂环境和突发事件的快速精确感知,打通应急指挥信息系统“六脉”,实现对突发灾难性环境的精确监测、救援指挥人员精确跟踪定位,提升应急指挥信息系统对应急事件态势的快速响应、精确感知、一体联动能力,适应当前经济社会发展对应急指挥管理控制的复杂要求。因此,基于智慧应急技术研究范式支撑内容基本框架描述,面向智慧应急建设需求的物联网技术研究范式内容描述框架表达如下(图 9-6)。

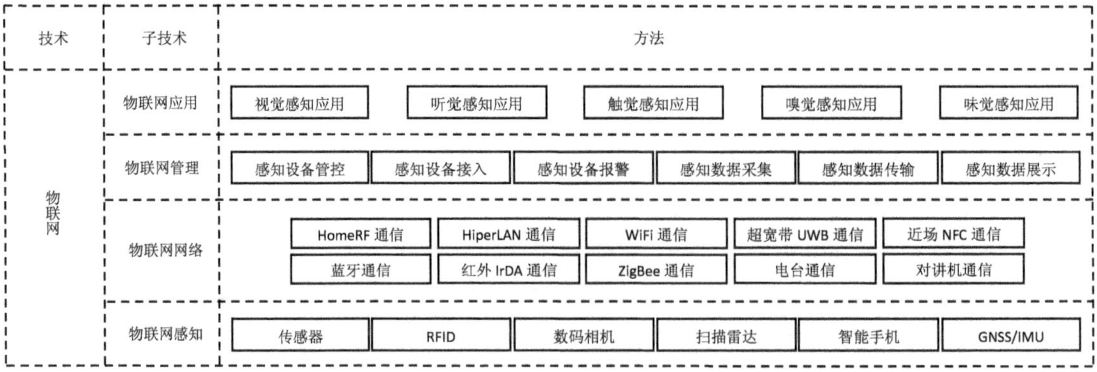

图 9-6 物联网技术研究范式内容描述框架

基于上述框架，面向智慧应急建设需求的物联网技术研究范式内容划分为三级：技术、子技术、方法。

●技术。就是指物联网技术。

●子技术。包括物联网感知、物联网网络、物联网管理、物联网应用等子技术。

●方法。上述每个子技术对应若干方法。

上述具体描述请参考专著《智慧应急原理与方法》（邹逸江著，浙江大学出版社，2023 年 11 月）。

9.3.6　大数据技术研究范式

大数据技术的运用推进了应急管理目标精细化，大数据技术之所以能够协助管理者开展精细化治理，主要是因为它能够破解突发事件中管理者和民众之间服务供求关系不对等的难题。大数据技术运用推进应急管理体系开放化，大数据技术运用改变了我国传统应急决策以政府为绝对主导的模式，使决策主体由单一向多元协同转变、决策过程由静态向动态转变。因此，基于智慧应急技术研究范式支撑内容基本框架描述，面向智慧应急建设需求的大数据技术研究范式内容描述框架表达如下（图 9-7）。

技术	子技术	方法				
大数据	大数据决策	关联性辅助决策	因果性辅助决策	规律性辅助决策	趋势性辅助决策	预测性辅助决策
	大数据挖掘	空间特征知识	聚类特征知识	分布规律知识	区分规则知识	存在状态知识
		空间关联知识	相关因素知识	异常偏差知识	概念描述知识	发生频率知识
		源头追溯知识	社交媒体知识	Web 页面知识	演变规律知识	趋势预测知识
	大数据展示	文本可视化	网络（图）可视化	时空可视化	多维可视化	其他可视化
	大数据分析	文本数据分析	Web 数据分析	多媒体数据分析	社交数据分析	移动数据分析
	大数据计算	批处理计算	流式计算	网络（图）计算	迭代计算	交互式计算
	大数据管理	分布式关系 DB	分布式文件 HDFS	非关系 NoSQL DB	与 NoSQL 混合 DB	并行 NewSQL DB
	大数据采集	日志数据采集	网络爬虫采集	社交媒体采集	移动 APP 采集	多源异构采集

图 9-7　大数据技术研究范式内容描述框架

基于上述框架，面向智慧应急建设需求的大数据技术研究范式内容划分为三级：技术、子技术、方法。

●技术。就是指大数据技术。

●子技术。包括大数据采集、大数据管理、大数据计算、大数据分析、大数据展示、大数据挖掘、大数据决策等子技术。

●方法。上述每个子技术对应若干方法。

上述具体描述请参考专著《智慧应急原理与方法》(邹逸江著,浙江大学出版社，2023年11月)。

9.3.7 地理信息技术研究范式

地理信息技术(即遥感卫星RS、地理信息系统GIS和全球定位系统GNSS)可以帮助应急管理人员更好地了解灾害现场的情况,及时采取应对措施。例如,遥感卫星可以帮助应急管理人员快速了解灾害现场的情况,地理信息系统可以帮助应急管理人员更好地了解灾害现场的地理环境,全球定位系统可以帮助应急管理人员更好地了解灾害现场的位置。因此,基于智慧应急技术研究范式支撑内容基本框架描述,面向智慧应急建设需求的地理信息技术研究范式内容描述框架表达如下(图9-8)。

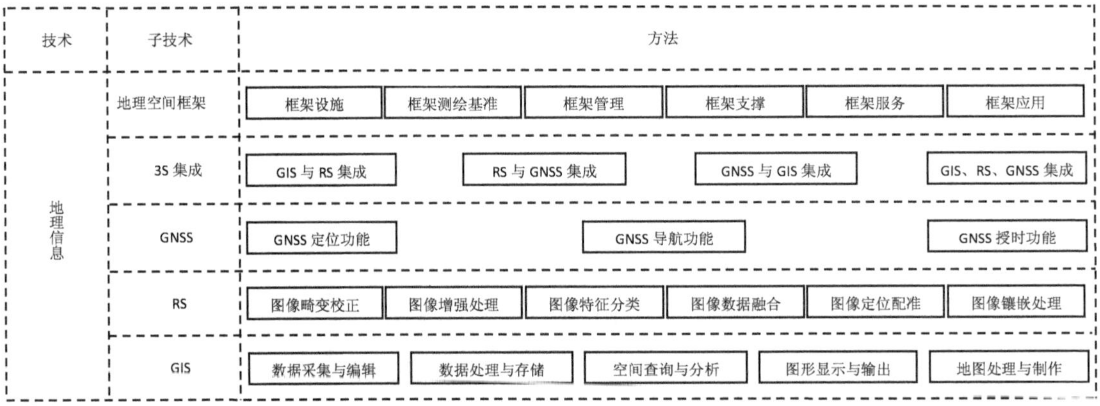

图9-8 地理信息技术研究范式内容描述框架

基于上述框架,面向智慧应急建设需求的地理信息技术研究范式内容划分为三级:技术、子技术、方法。

●技术。就是指地理信息技术。

●子技术。包括GIS、RS、GNSS、3S集成、地理空间框架等子技术。

●方法。上述每个子技术对应若干方法。

上述具体描述请参考专著《智慧应急原理与方法》(邹逸江著,浙江大学出版社，2023年11月)。

9.3.8 移动测量技术研究范式

在突发事件发生后,为了有效地减少损失,开展应急测绘是组织抢险救灾前的必要工作,采用移动测量系统(MMS)是进行应急测绘最好的选择。移动测量系统(MMS)能快速获取突发事件地区及道路沿线的实景三维数据,通过后期的数据处理,生成各种满足应急管理需求的应急测绘成果。因此,基于智慧应急技术研究范式支撑内容基本框架描述,面向智慧应急建设需求的移动测量技术研究范式内容描述框架表达如下(图9-9)。

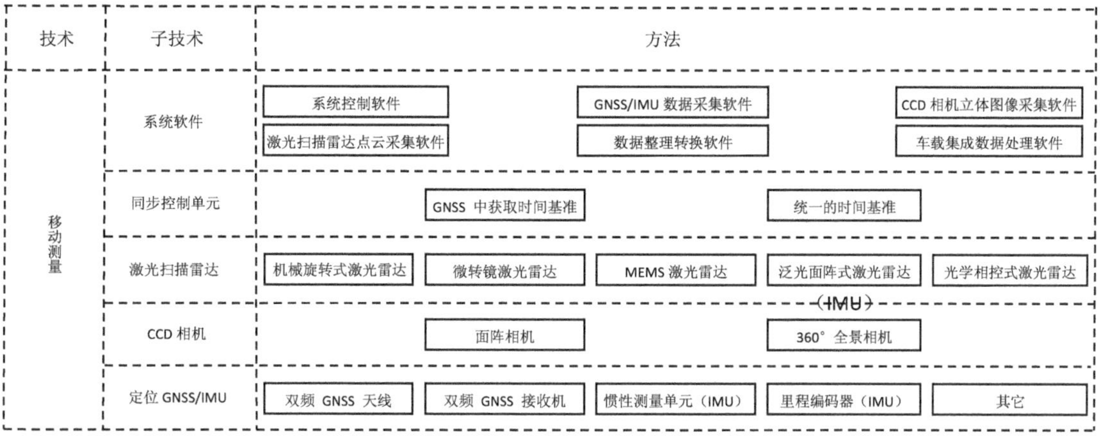

图 9-9　移动测量技术研究范式内容描述框架

基于上述框架，面向智慧应急建设需求的移动测量技术研究范式内容划分为三级：技术、子技术、方法。

●技术。就是指移动测量技术。

●子技术。包括定位 GNSS/IMU、CCD 相机、激光扫描雷达、同步控制单元、系统软件等子技术。

●方法。上述每个子技术对应若干方法。

上述具体描述请参考专著《智慧应急原理与方法》(邹逸江著，浙江大学出版社，2023 年 11 月)。

9.3.9　人工智能技术研究范式

随着图像识别、自然语言处理、机器学习、专家系统与机器人等人工智能技术的快速发展与进步，人工智能已成为一种灾害风险管理技术，并在防灾、减灾、救灾过程中起到积极作用，可为防灾、减灾、救灾工作提供及时准确的信息和应对方案。因此，基于智慧应急技术研究范式支撑内容基本框架描述，面向智慧应急建设需求的人工智能技术研究范式内容描述框架表达如下(图 9-10)。

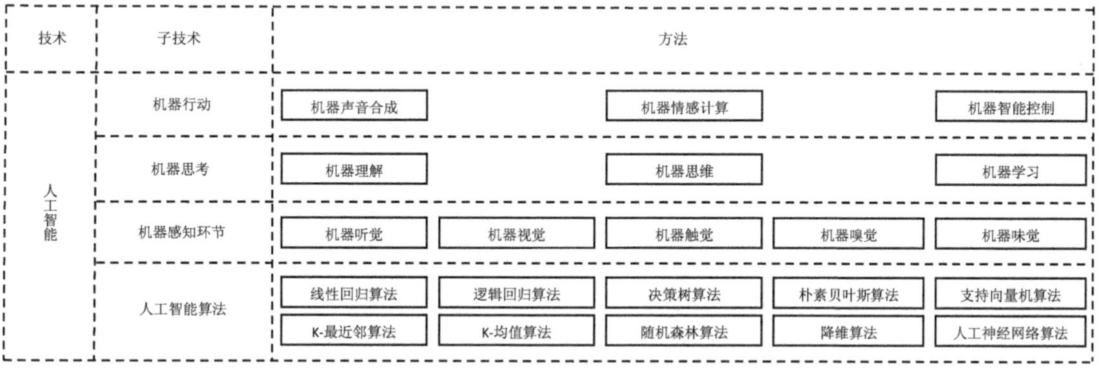

图 9-10　人工智能技术研究范式内容描述框架

基于上述框架，面向智慧应急建设需求的人工智能技术研究范式内容划分为三级：技术、子技术、方法。

●技术。就是指人工智能技术。

●子技术。包括人工智能算法、机器感知环节、机器思考、机器行动等子技术。

●方法。上述每个子技术对应若干方法。

上述具体描述请参考专著《智慧应急原理与方法》（邹逸江著，浙江大学出版社，2023年11月）。

9.3.10 数据挖掘技术研究范式

在公共危机管理中，由于危机产生的原因复杂，种类繁多，是一类带有大量不确定因素的半结构化问题或非结构化问题，很难进行科学的计算和评估，很多数据、变量和参数难以量化。而数据挖掘技术为公共危机管理提供了强有力的支持，主要包括应急预测与报警、动态安全风险分析、事故动态演化过程分析和应急业务全流程综合评价等几个部分。因此，基于智慧应急技术研究范式支撑内容基本框架描述，面向智慧应急建设需求的数据挖掘技术研究范式内容描述框架表达如下（图 9-11）。

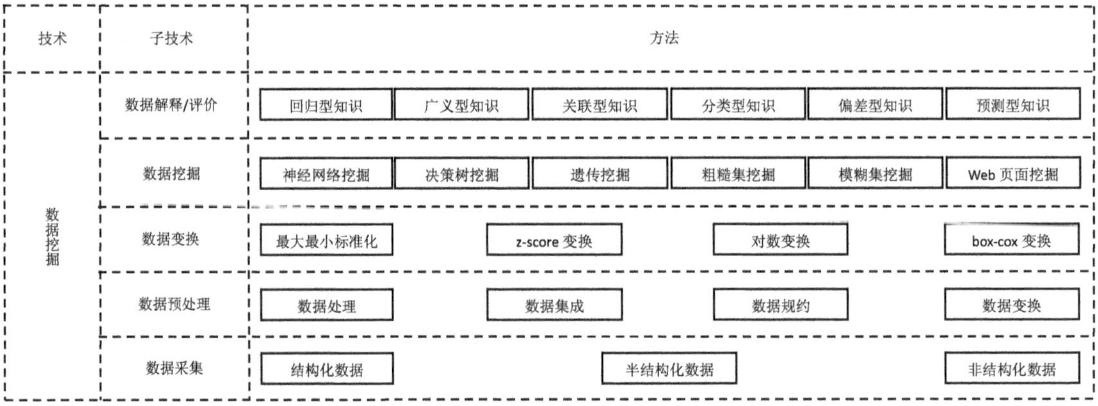

图 9-11 数据挖掘技术研究范式内容描述框架

基于上述框架，面向智慧应急建设需求的数据挖掘技术研究范式内容划分为三级：技术、子技术、方法。

●技术。就是指数据挖掘技术。

●子技术。包括数据采集、数据预处理、数据变换、数据挖掘、数据解释/评价等子技术。

●方法。上述每个子技术对应若干方法。

上述具体描述请参考专著《智慧应急原理与方法》（邹逸江著，浙江大学出版社，2023年11月）。

9.3.11 决策支持技术研究范式

应急管理是一项复杂的系统工程，是一场跨部门、跨层级、跨领域的战役，应急决策是应急管理的核心和关键环节，其决策质量的高低直接关系着突发事件应急处置的成败。决策支持技术作为一种新兴技术与全新的认知方法，在很大程度上突破了人类应急决策中的困境，为应急决策提供了宝贵的数据资源、分析手段和全新的思维模式。因此，基于智慧应急技术研究范式支撑内容基本框架描述，面向智慧应急建设需求的决策支持技术研究范式内容描述框架表达如下（图 9-12）。

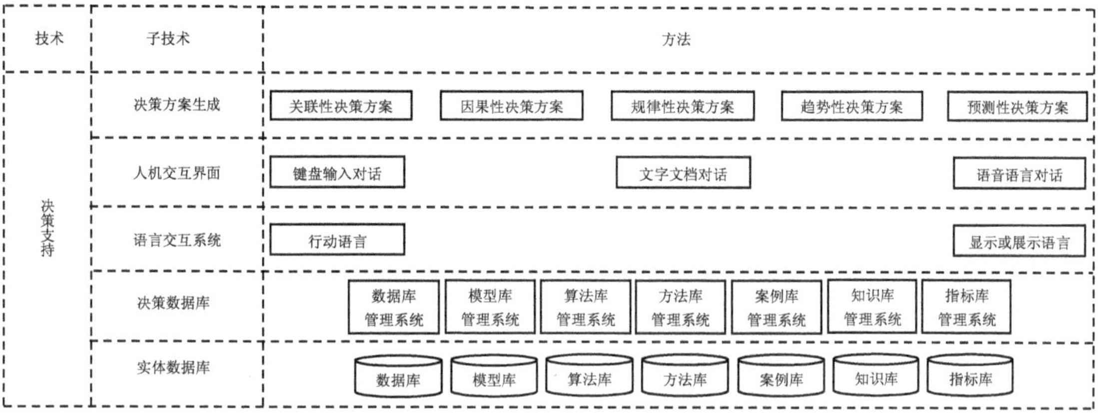

图 9-12　决策支持技术研究范式内容描述框架

基于上述框架，面向智慧应急建设需求的决策支持技术研究范式内容划分为三级：技术、子技术、方法。

●技术。就是指决策支持技术。

●子技术。包括实体数据库、决策数据库、语言交互系统、人机交互界面、决策方案生成等子技术。

●方法。上述每个子技术对应若干方法。

上述具体描述请参考专著《智慧应急原理与方法》（邹逸江著，浙江大学出版社，2023 年 11 月）。

9.3.12　VR/AR/MR 技术研究范式

VR/AR/MR 技术本质是一种人机交互手段，利用计算机图形技术构建可交互并具有强沉浸感觉的三维软件系统，其交互性、仿真性、沉浸性等特征符合当前应急管理相关工作的需求，因此，VR/AR/MR 技术在应急管理中有着广泛的应用场景。因此，基于智慧应急技术研究范式支撑内容基本框架描述，面向智慧应急建设需求的 VR/AR/MR 技术研究范式内容描述框架表达如下（图 9-13）。

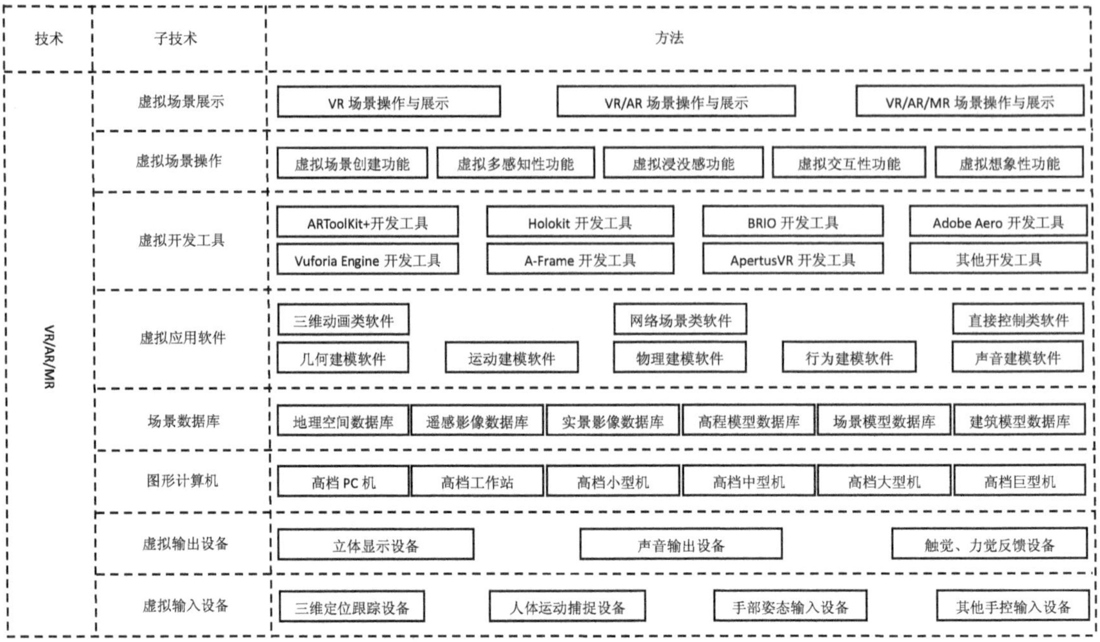

图 9-13 VR/AR/MR 技术研究范式内容描述框架

基于上述框架,面向智慧应急建设需求的 VR/AR/MR 技术研究范式内容划分为三级:技术、子技术、方法。

●技术。就是指 VR/AR/MR 技术。

●子技术。包括虚拟输入设备、虚拟输出设备、图形计算机、场景数据库、虚拟应用软件、虚拟开发工具、虚拟场景操作、虚拟场景展示等子技术。

●方法。上述每个子技术对应若干方法。

上述具体描述请参考专著《智慧应急原理与方法》(邹逸江著,浙江大学出版社,2023 年 11 月)。

第 10 章　智慧应急内容复杂巨系统支撑内容描述

10.1　智慧应急内容复杂巨系统支撑内容基本框架描述

面向突发事件的应急管理也是一类开放的复杂巨系统,突发事件的复杂性决定了应急管理工作的复杂性。面向应急管理的智慧应急建设内容是跨部门、跨领域、跨学科的综合性、复杂性的庞大的系统工程,是一个融合了多目标、多主体、多需求的组织管理体系,是一个“开放的复杂巨系统”,其中的多个复杂系统相互联系和相互作用,复杂程度和难度不是一般的系统可以比拟的。

因此,必须寻求复杂巨系统理论来解决这类复杂巨系统问题,基于智慧应急基础理论总体架构框图描述,智慧应急内容复杂巨系统支撑内容基本框架描述表达如下(图 10-1)。

10.2　智慧应急内容复杂巨系统支撑内容数学表达式描述

基于上述框架描述,智慧应急内容复杂巨系统划分为四级:复杂巨系统、第一层次复杂巨系统、第二层次复杂巨系统、内容。

●复杂巨系统。就是指智慧应急内容复杂巨系统 R,包括若干具体智慧应急内容复杂巨系统 R_i 描述,即应急管理体系复杂巨系统 A、应急学科体系复杂巨系统 B、应急预案体系复杂巨系统 C、智慧应急事件复杂巨系统 E、智慧应急过程复杂巨系统 T、智慧应急用户复杂巨系统 U、智慧应急数据复杂巨系统 D、智慧应急技术复杂巨系统 J、智慧应急平台复杂巨系统 P、智慧应急功能复杂巨系统 F。

●第一层次复杂巨系统。上述每个复杂巨系统 R_i 包含若干第一层次复杂巨系统 R_{ij} 描述,分别指体系、学科、预案、事件、过程、用户、数据、技术、平台、功能等。

●第二层次复杂巨系统。上述每个第一层次复杂巨系统 R_{ij} 包含若干第二层次复杂巨系统 R_{ijk} 描述,分别指子体系、子学科、子预案、子事件、子过程、子用户、子数据、子技术、子平台、子功能等。

●内容。上述每个第二层次复杂巨系统 R_{ijk} 包含若干内容描述,分别指内容、专业、流程、灾害、程序、角色、记录、方法、组件、模块等内容。

基于上述分级描述,经抽象得出其内容数学形式表达式:

$R=(A \cap B \cap C \cap E \cap T \cap U \cap D \cap J \cap P \cap F)$,其中 $\cap$ 代表“逻辑与”,$\ni$ 代表“包含”,• 代表“子集”:

● $A \ni A$• 体系 $\ni A$• 体系 • 子体系 $\ni A$• 体系 • 子体系 • 内容。

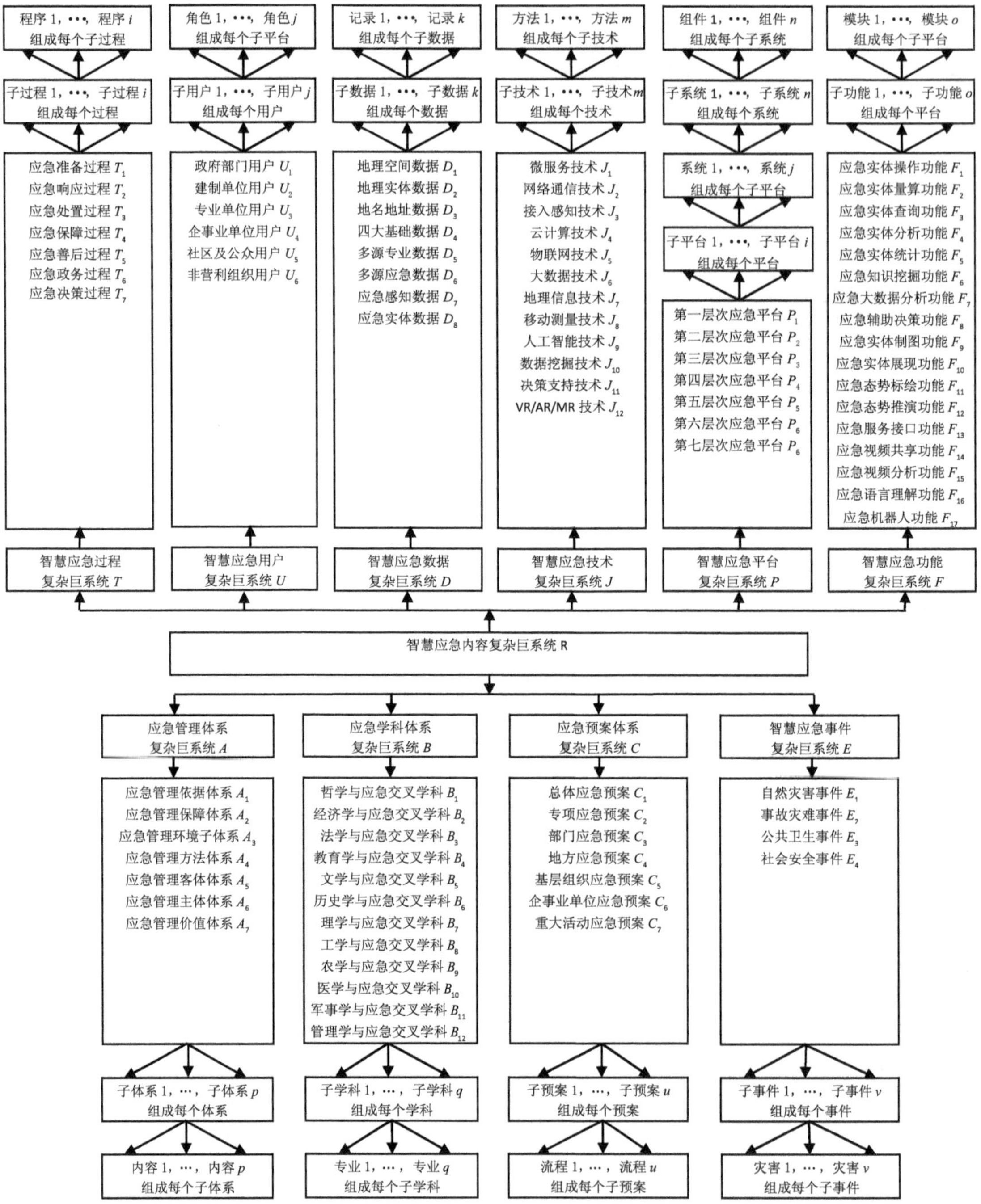

图 10-1 智慧应急内容复杂巨系统支撑内容基本框架描述

- $B \ni B$• 学科 $\ni B$• 学科 • 子学科 $\ni B$ • 学科 • 子学科 • 专业。
- $C \ni C$• 预案 $\ni C$• 预案 • 子预案 $\ni C$• 预案 • 子预案 • 流程。
- $E \ni E$• 事件 $\ni E$• 事件 • 子事件 $\ni E$• 事件 • 子事件 • 灾害。
- $T \ni T$• 过程 $\ni T$• 过程 • 子过程 $\ni T$• 过程 • 子过程 • 程序。

- $U \ni U\bullet$ 用户 $\ni U\bullet$ 用户 • 子用户 $\ni U\bullet$ 用户 • 子用户 • 角色。
- $D \ni D\bullet$ 数据 $\ni D\bullet$ 数据 • 子数据 $\ni D\bullet$ 数据 • 子数据 • 记录。
- $J \ni J\bullet$ 技术 $\ni J\bullet$ 技术 • 子技术 $\ni J\bullet$ 技术 • 子技术 • 方法。
- $P \ni P\bullet$ 平台 $\ni P\bullet$ 平台 • 子平台 $\ni P\bullet$ 平台 • 子平台 • 系统 $\ni P\bullet$ 平台 • 子平台 • 系统 • 子系统 $\ni P\bullet$ 平台 • 子平台 • 系统 • 子系统 • 组件。
- $F \ni F\bullet$ 功能 $\ni F\bullet$ 功能 • 子功能 $\ni F\bullet$ 功能 • 子功能 • 模块。

基于上述数学形式表达式，经抽象得出智慧应急内容复杂巨系统支撑内容描述 Rquadruple 四元组数学表达式：Rquadruple=(R,RR,RRR,W)，其中：

(1) $R=\{R_1, R_2,\cdots, R_i\}$，$R$ 由应急内容复杂巨系统 R_i 集合组成，其中 R_i 为 R 中的一个复杂巨系统，分别代表 A、B、C、E、T、U、D、J、P、F。

(2) $RR=\{R_{i1}, R_{i2},\cdots, R_{ij}\}$，$RR$ 由应急内容第一层次复杂巨系统 R_{ij} 集合组成，其中 R_{ij} 为 R_i 中的一个第一层次复杂巨系统，对应 A、B、C、E、T、U、D、J、P、F 等的第一层次复杂巨系统，分别指体系、学科、预案、事件、过程、用户、数据、技术、平台、功能等。

(3) $RRR=\{R_{ij1}, R_{ij2},\cdots, R_{ijk}\}$，$RRR$ 由应急内容第二层次复杂巨系统 R_{ijk} 集合组成，其中 R_{ijk} 为 R_{ij} 中的一个第二层次复杂巨系统，对应 A、B、C、E、T、U、D、J、P、F 等的第二层次复杂巨系统，分别指子体系、子学科、子预案、子事件、子过程、子用户、子数据、子技术、子平台、子功能等。

(4) $W=\{W_1, W_2,\cdots, W_m\}$，$W$ 由应急内容第二层次复杂巨系统 R_{ijk} 内容集合组成，W_k 为 R_{ijk} 中的一个内容，这些内容分别指 R_{ijk} 对应的内容、专业、流程、灾害、程序、角色、记录、方法、组件、模块等。

(5) $R_{ij} \in R_i$，表示应急内容第一层次复杂巨系统 R_{ij} 从属于应急内容复杂巨系统 R_i；$R_{ijk} \in R_{ij}$，表示应急内容第二层次复杂巨系统 R_{ijk} 从属于应急内容第一层次复杂巨系统 R_{ij}；$W_k \in R_{ijk}$ 表示内容 W_k 从属于第二层次复杂巨系统 R_{ijk}。

(6) i、j、m、k 都为 1~ ∞的正整数，∈代表“从属于”，• 代表“子集”。

10.3　智慧应急内容复杂巨系统支撑内容组成表达描述

10.3.1　应急管理体系复杂巨系统

应急管理体系就是一个“复杂巨系统”，包含的层次为全体系、体系、子体系、内容，它们之间是层次嵌套关系，组成了应急管理体系这个“复杂巨系统”，其框架表达如下(图 10-2)。

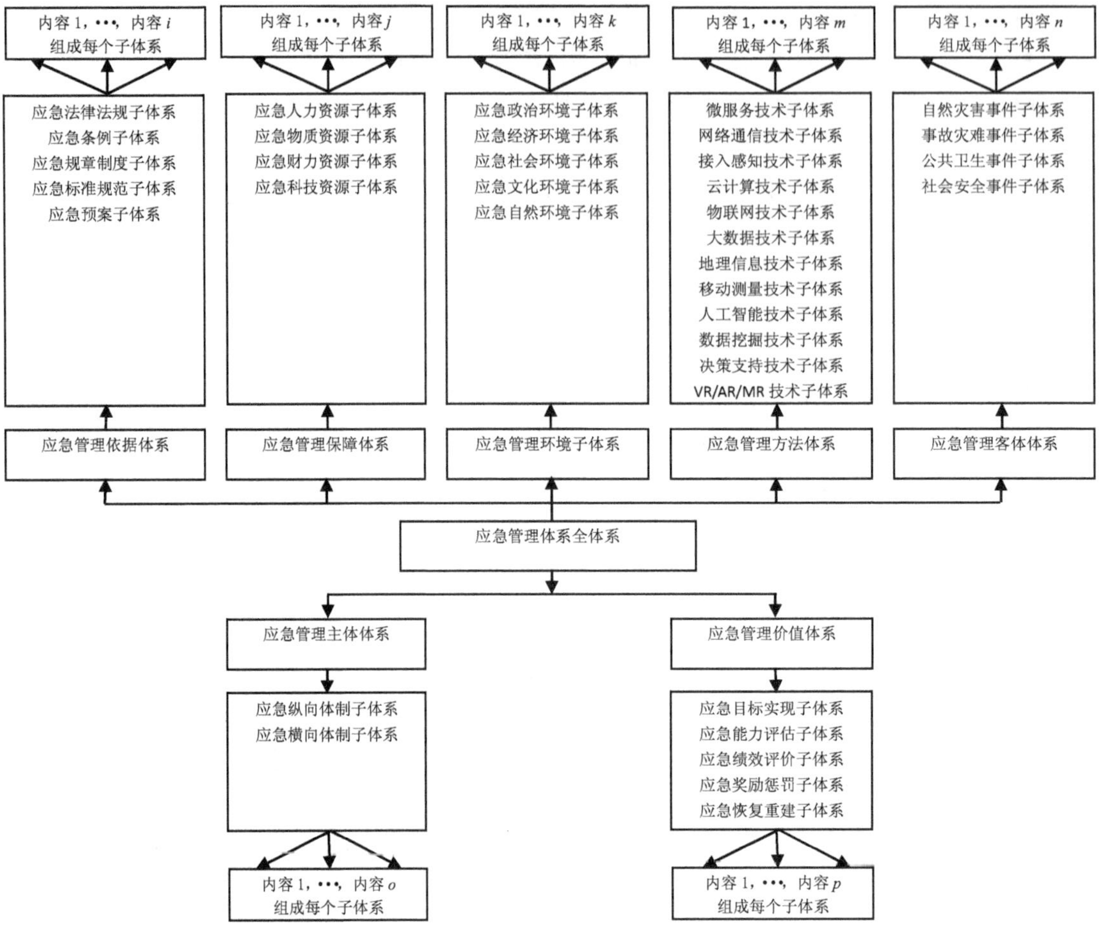

图 10-2 应急管理体系复杂巨系统框架

10.3.1.1 应急管理全体系

全体系={应急管理依据体系∩应急管理保障体系∩应急管理环境体系∩应急管理方法体系∩应急管理客体体系∩应急管理主体体系∩应急管理价值体系}，“∩”代表“逻辑与”，描述这7种体系的全部。

10.3.1.2 应急管理体系

体系={应急管理依据体系∪应急管理保障体系∪应急管理环境体系∪应急管理方法体系∪应急管理客体体系∪应急管理主体体系∪应急管理价值体系}，“∪”代表“逻辑或”，描述这7种体系中的一种。

10.3.1.3 应急管理子体系

●应急管理依据体系子体系=(应急法律法规子体系，应急条例子体系，应急规章制度子体系，应急标准规范子体系，应急预案子体系)，由个5子体系组成。

●应急管理保障体系子体系=(应急人力资源子体系,应急物质资源子体系,应急财力资源子体系,应急科技资源子体系),由 4 个子体系组成。

●应急管理环境体系子体系=(应急政治环境子体系,应急经济环境子体系,应急社会环境子体系,应急文化环境子体系,应急自然环境子体系),由 5 个子体系组成。

●应急管理方法体系子体系=(微服务技术子体系,网络通信技术子体系,接入感知技术子体系,云计算技术子体系,物联网技术子体系,大数据技术子体系,地理信息技术子体系,移动测量技术子体系,人工智能技术子体系,数据挖掘技术子体系,决策支持技术子体系,VR/AR/MR 技术子体系),由 12 个子体系组成。

●应急管理客体体系子体系=(自然灾害事件子体系,事故灾难事件子体系,公共卫生事件子体系,社会安全事件子体系),由个 4 子体系组成。

●应急管理主体体系子体系=(应急纵向体制子体系,应急横向体制子体系),由 2 个子体系组成。

●应急管理价值体系子体系=(应急目标实现子体系,应急能力评估子体系,应急绩效评价子体系,应急奖励惩罚子体系,应急恢复重建子体系),由 5 个子体系组成。

10.3.1.4　应急管理内容

内容是上述每个子体系的若干具体内容描述,请参考相关资料描述。

10.3.2　应急学科体系复杂巨系统

应急学科体系就是一个“复杂巨系统”,包含的层次为全学科、学科、子学科、专业,它们之间是层次嵌套关系,组成了应急学科体系这个“复杂巨系统”,其框架表达如下(图 10-3)。

10.3.2.1　应急管理全学科

全学科={哲学与应急交叉学科∩经济学与应急交叉学科∩法学与应急交叉学科∩教育学与应急交叉学科∩文学与应急交叉学科∩历史学与应急交叉学科∩理学与应急交叉学科∩工学与应急交叉学科∩农学与应急交叉学科∩医学与应急交叉学科∩军事学与应急交叉学科∩管理学与应急交叉学科},“∩”代表“逻辑与”,描述这 12 门交叉学科的全部。

10.3.2.2　应急管理学科

学科={哲学与应急交叉学科∪经济学与应急交叉学科∪法学与应急交叉学科∪教育学与应急交叉学科∪文学与应急交叉学科∪历史学与应急交叉学科∪理学与应急交叉学科∪工学与应急交叉学科∪农学与应急交叉学科∪医学与应急交叉学科∪军事学与应急交叉学科∪管理学与应急交叉学科},“∪”代表“逻辑或”,描述这 12 门交叉学科中的一种。

10.3.2.3　应急管理子学科

●哲学与应急交叉学科子学科=(应急管理哲学子学科,应急工程伦理学子学科)。

●经济学与应急交叉子学科=(灾害经济学子学科、应急统计学子学科、灾害保险学子学科、灾害评估学子学科、应急财政学子学科)。

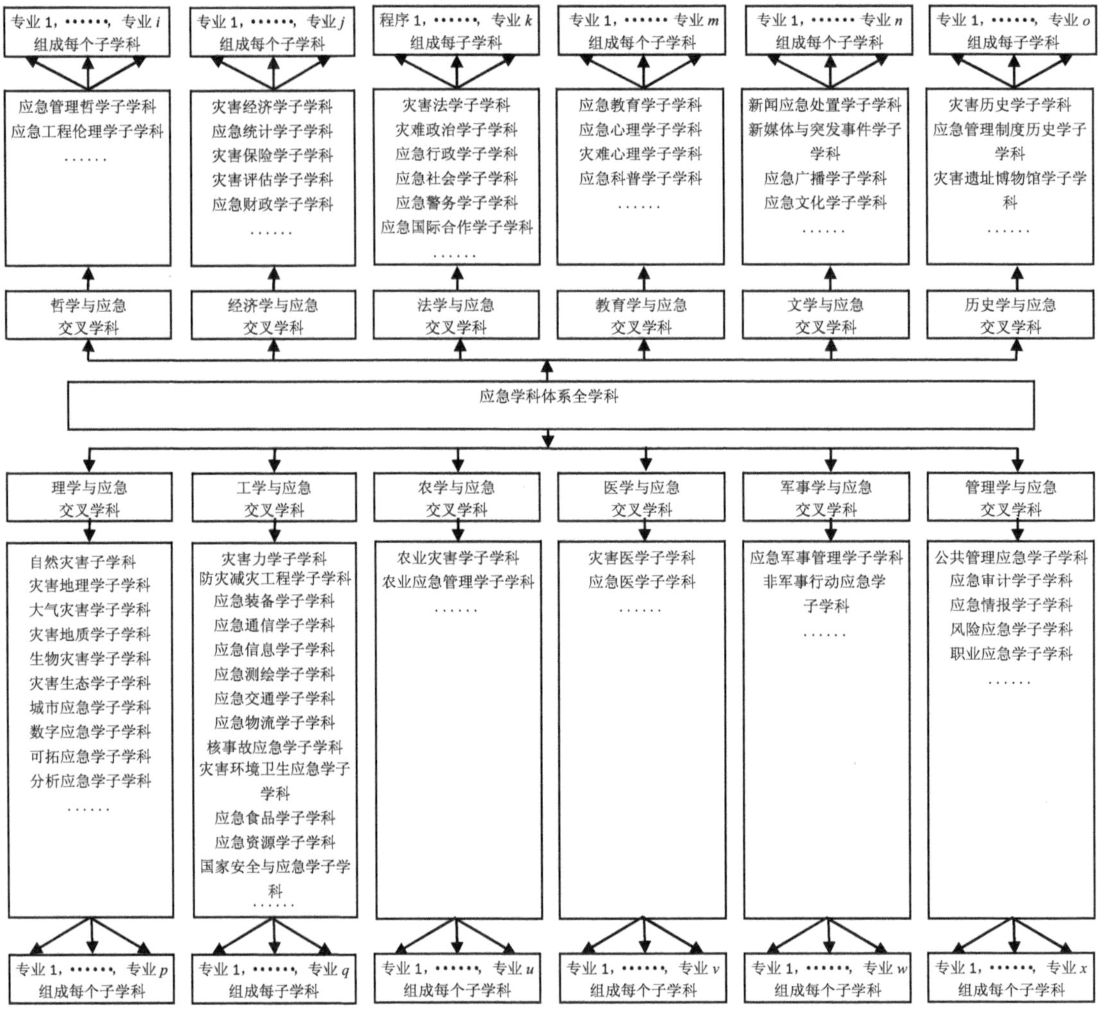

图 10-3 应急学科体系复杂巨系统框架

●法学与应急交叉子学科=（灾害法学子学科、灾难政治学子学科、应急行政学子学科、应急社会学子学科、应急警务学子学科、应急国际合作学子学科）。

●教育学与应急交叉子学科=（应急教育学子学科、应急心理学子学科、灾难心理学子学科、应急科普学子学科）。

●文学与应急交叉子学科=（新闻应急处置学子学科、新媒体与突发事件学子学科、应急广播学子学科、应急文化学子学科）。

●历史学与应急交叉子学科=（灾害历史学子学科、应急管理制度历史学子学科、灾害遗址博物馆学子学科）。

●理学与应急交叉子学科=（自然灾害学子学科、灾害地理学子学科、大气灾害学子学科、灾害地质学子学科、生物灾害学子学科、灾害生态学子学科、城市应急学子学科、数字应急学子学科、可拓应急学子学科、分析应急学子学科）。

●工学与应急交叉子学科=（灾害力学子学科、防灾减灾工程学子学科、应急装备学子学科、应急通信学子学科、应急信息学子学科、应急测绘学子学科、应急交通学子学科、应急物流学子学科、核事故应急学子学科、灾害环境卫生应急学子学科、应急食品学子学科、应急资源学子学科、国家安全应急学子学科）。

●农学与应急交叉子学科=（农业灾害学子学科，农业应急管理学子学科）。

●医学与应急交叉子学科=（灾害医学子学科，应急医学子学科）。

●军事学与应急交叉子学科=（应急军事管理学子学科，非军事行动应急学子学科）。

●管理学与应急交叉子学科=（公共管理应急学子学科、应急审计学子学科、应急情报学子学科、风险应急学子学科、职业应急学子学科）。

10.3.2.4　应急管理专业

专业是上述每个子学科的若干具体专业描述，请参考相关资料描述。

10.3.3　应急预案体系复杂巨系统

应急预案体系就是一个“复杂巨系统”，包含的层次为全预案、预案、子预案、流程，它们之间是层次嵌套关系，组成了应急预案体系这个“复杂巨系统”，其框架表达如下（图 10-4）。

10.3.3.1　应急管理全预案

全预案={总体应急预案∩专项应急预案∩部门应急预案∩地方应急预案∩基层组织应急预案∩企事业单位应急预案∩重大活动应急预案}，“∩”代表“逻辑与”，描述这 7 种预案的全部。

10.3.3.2　应急管理预案

预案={总体应急预案∪专项应急预案∪部门应急预案∪地方应急预案∪基层组织应急预案∪企事业单位应急预案∪重大活动应急预案}，“∪”代表“逻辑或”，描述这 7 种预案中的一种。

10.3.3.3　应急管理子预案

●总体应急预案子预案=（国家级应急子预案，省（自治区）级应急子预案，地（市）级应急子预案，县（市）级应急子预案），由 4 个子预案组成。

●专项应急预案子预案=（自然灾害应急子预案，事故灾难应急子预案，公共卫生应急子预案，社会安全应急子预案），由 4 个子预案组成。

●部门应急预案子预案=（政府部门应急子预案 1，政府部门应急子预案 2，…，政府部门应急子预案 n），由 n 个子预案组成。

●地方应急预案子预案=（省（自治区）级应急子预案，地（市）级应急子预案，县（区、市）级应急子预案，镇（街道）级应急子预案），由 4 个子预案组成。

●基层组织应急预案子预案=（乡镇应急子预案，街道应急子预案，居委会应急子预案，村委会应急子预案），由 4 个子预案组成。

●企事业单位应急预案子预案=（企事业单位应急子预案 1，企事业单位应急子预案

2,⋯,企事业单位应急子预案 n),由 n 个子预案组成。

●重大活动应急预案子预案=(集会应急子预案,庆典应急子预案,会展应急子预案,文化体育应急子预案),由 4 个子预案组成。

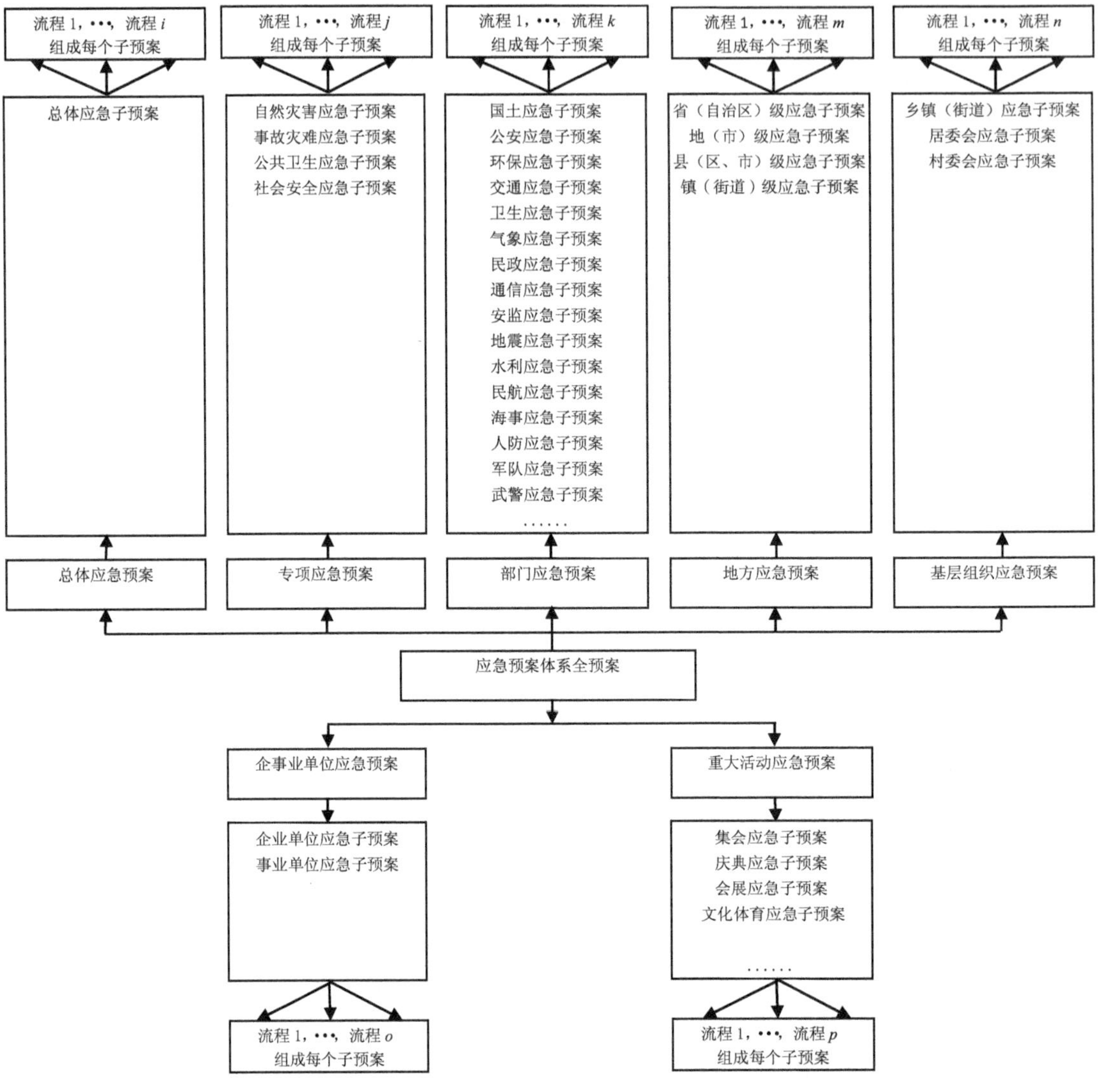

图 10-4 应急预案体系复杂巨系统框架

10.3.3.4 应急管理流程

流程是上述每个子预案的若干具体流程描述,请参考相关资料描述。

10.3.4 智慧应急事件复杂巨系统

智慧应急事件就是一个“复杂巨系统”,包含的层次为全事件、事件、子事件、灾害,它们之间是层次嵌套关系,组成了智慧应急事件这个“复杂巨系统”,其框架表达如下(图 10-5)。

图 10-5　智慧应急事件复杂巨系统框架

10.3.4.1　智慧应急全事件

全事件={自然灾害事件∩事故灾难事件∩公共卫生事件∩社会安全事件},“∩”代表“逻辑与”,描述这 4 种事件的全部。

10.3.4.2 智慧应急事件

事件={自然灾害事件∪事故灾难事件∪公共卫生事件∪社会安全事件}，"∪"代表"逻辑或"，描述这4种事件中的一种。

10.3.4.3 智慧应急子事件

●自然灾害事件子事件=(干旱灾害子事件,洪涝灾害子事件,台风灾害子事件,暴雨灾害子事件,大风灾害子事件,冰雹灾害子事件,雷电灾害子事件,低温灾害子事件,冰雪灾害子事件,高温灾害子事件,沙尘暴灾害子事件,大雾灾害子事件,地震灾害子事件,火山灾害子事件,崩塌灾害子事件,滑坡灾害子事件,泥石流灾害子事件,地面塌陷灾害子事件,地面沉降灾害子事件,地裂缝灾害子事件,风暴潮灾害子事件,海浪灾害子事件,海冰灾害子事件,海啸灾害子事件,赤潮灾害子事件,植物病虫灾害子事件,疫病灾害子事件,鼠害灾害子事件,草害灾害子事件,赤潮灾害子事件,森林/草原火灾灾害子事件,水土流失灾害子事件,风蚀沙化灾害子事件,盐渍化灾害子事件,石漠化灾害子事件,其他自然灾害子事件),由36个子事件组成。

●事故灾难事件子事件=(安全生产事故子事件,交通事故子事件,海难事故子事件,空难事故子事件,火灾与爆炸事故子事件,燃气与油(气)管道事故子事件,危化品事故子事件,工程施工事故子事件,人防工程事故子事件,供排水事故子事件,公共设施和设备事故子事件,溢油事故子事件,环境污染和生态破坏事故子事件,核与辐射事故子事件,其他事故灾难子事件),由15个子事件组成。

●公共卫生事件子事件=(重大传染病疫情子事件,群体性不明原因疾病子事件,重大食品和药品安全子事件,中毒食物和职业中毒子事件,动物疫情子事件,自然灾害致疾病流行子事件,重大环境污染致疾病流行子事件,核事故致疾病流行子事件,生物、化学、恐怖活动致疾病流行子事件,其他公共卫生子事件),由10个子事件组成。

●社会安全事件子事件=(重大刑事案件子事件,重特大火灾子事件,重大恐怖袭击子事件,重大社会群体性子事件,重大民族宗教突发群体子事件,重大学校安全子事件,重大粮食供给子事件,重大涉外突发公共子事件,重大网络与信息安全子事件,重大能源资源供给子事件,重大金融突发公共子事件,其他社会安全子事件),由12个子事件组成。

10.3.4.4 智慧应急灾害

灾害是上述每个子事件的若干具体灾害描述,详见《智慧应急原理与方法》(邹逸江著,浙江大学出版社,2023年11月)。

10.3.5 智慧应急过程复杂巨系统

智慧应急过程就是一个"复杂巨系统",包含的层次为全过程、过程、子过程、程序,它们之间是层次嵌套关系,组成了智慧应急过程这个"复杂巨系统",其框架表达如下(图10-6)。

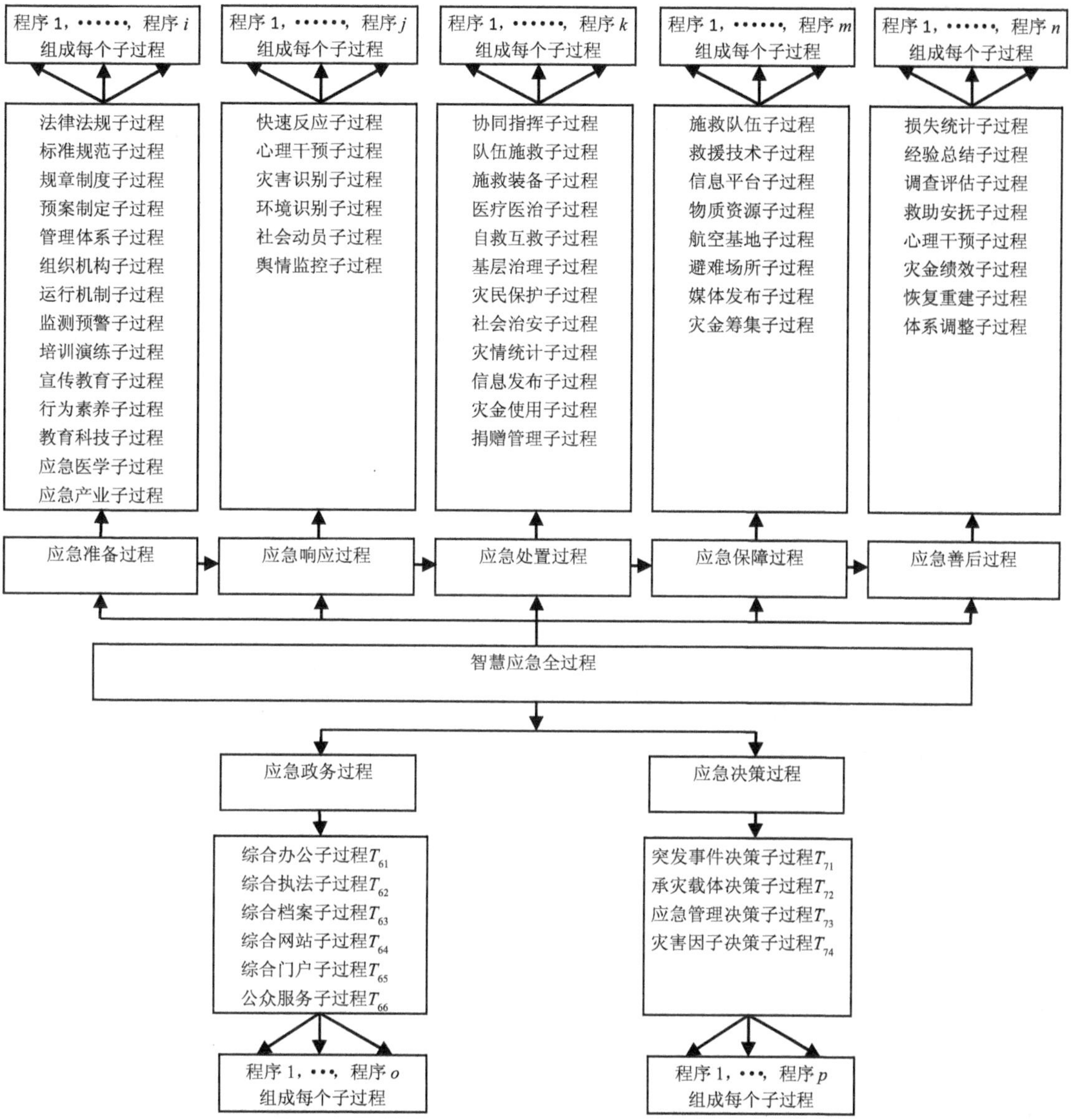

图 10-6　智慧应急过程复杂巨系统框架

10.3.5.1　智慧应急全过程

全过程={应急准备过程∩应急响应过程∩应急处置过程∩应急保障过程∩应急善后过程∩应急政务过程∩应急决策过程}，“∩”代表“逻辑与”，描述这 7 种过程的全部。

10.3.5.2　智慧应急过程

过程={应急准备过程∪应急响应过程∪应急处置过程∪应急保障过程∪应急善后过程∪应急政务过程∪应急决策过程}，“∪”代表“逻辑或”，描述这 7 种过程中的一种。

10.3.5.3 智慧应急子过程

●应急准备过程子过程=(法律法规子过程,标准规范子过程,规章制度子过程,预案制定子过程,管理体系子过程,组织机构子过程,运行机制子过程,监测预警子过程,培训演练子过程,宣传教育子过程,行为素养子过程,教育科技子过程,应急医学子过程,应急产业子过程),由 14 个子过程组成。

●应急响应过程子过程=(快速反应子过程,心理干预子过程,灾害识别子过程,环境识别子过程,社会动员子过程,舆情监控子过程),由 6 个子过程组成。

●应急处置过程子过程=(协同指挥子过程,队伍施救子过程,施救装备子过程,医疗医治子过程,自救互救子过程,基层治理子过程,灾民保护子过程,社会治安子过程,灾情统计子过程,信息发布子过程,灾金使用子过程,捐赠管理子过程),由 12 个子过程组成。

●应急保障过程子过程=(施救队伍子过程,施救技术子过程,信息平台子过程,物质资源子过程,航空基地子过程,避难场所子过程,媒体发布子过程,灾金筹集子过程),由 8 个子过程组成。

●应急善后过程子过程=(损失统计子过程,经验总结子过程,调查评估子过程,救助安抚子过程,心理干预子过程,灾金绩效子过程,恢复重建子过程,体系调整子过程),由 8 个子过程组成。

●应急政务过程子过程=(综合办公子过程,综合执法子过程,综合档案子过程,综合网站子过程,综合门户子过程,公众服务子过程),由 6 个子过程组成。

●应急决策过程子过程=(突发事件决策子过程,承灾载体决策子过程,应急管理决策子过程,灾害因子决策子过程),由 4 个子过程组成。

10.3.5.4 智慧应急程序

程序是上述每个子过程的若干具体程序描述,详见《智慧应急原理与方法》(邹逸江著,浙江大学出版社,2023 年 11 月)。

10.3.6 智慧应急用户复杂巨系统

智慧应急用户就是一个“复杂巨系统”,包含的层次为全用户、用户、子用户、角色,它们之间是层次嵌套关系,组成了智慧应急用户这个“复杂巨系统”,其框架表达如下(图 10-7)。

10.3.6.1 智慧应急全用户

全用户={政府部门用户∩建制单位用户∩专业单位用户∩企事业单位用户∩社区及公众用户∩非营利组织用户},“∩”代表“逻辑与”,描述这 6 种用户的全部。

10.3.6.2 智慧应急用户

用户={政府部门用户∪建制单位用户∪专业单位用户∪企事业单位用户∪社区及公众用户∪非营利组织用户},“∪”代表“逻辑或”,描述这 6 种用户中的一种。

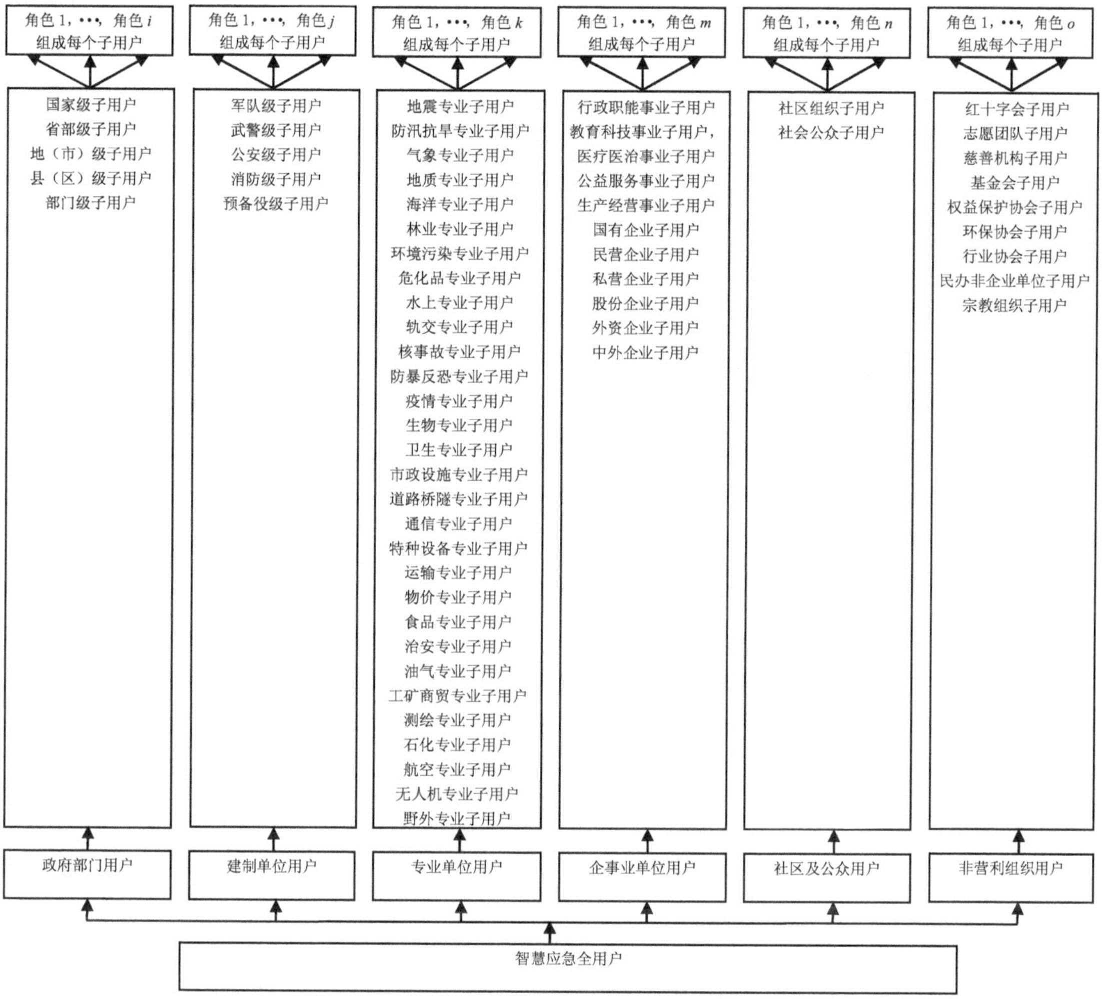

图 10-7　智慧应急用户复杂巨系统框架

10.3.6.3　智慧应急子用户

●政府部门用户子用户=(国家级子用户，省部级子用户，地(市)级子用户，县(区)级子用户，部门级子用户)，由 5 个子用户组成。

●建制单位用户子用户=(军队级子用户，武警级子用户，公安级子用户，消防级子用户，预备役级子用户)，由 5 个子用户组成。

●专业单位用户子用户 =(地震专业子用户，防汛抗旱专业子用户，气象专业子用户，地质专业子用户，海洋专业子用户，林业专业子用户，环境污染专业子用户，危化品专业子用户，水上专业子用户，轨交专业子用户，核事故专业子用户，防暴反恐专业子用户，疫情专业子用户，生物专业子用户，卫生专业子用户，市政设施专业子用户，道路桥隧专业子用户，通信专业子用户，特种设备专业子用户，运输专业子用户，物价专业子用户，食品专业子用户，治安专业子用户，油气专业子用户，工矿商贸专业子用户，测绘专业子用户，石化专业子用户，航空专业子用户，无人机专业子用户，野外专业子用户），由 30 个子用户组成。

●企事业单位用户子用户 =（行政职能事业子用户，教育科技事业子用户，医疗医治事业子用户，公益服务事业子用户，生产经营事业子用户，国有企业子用户，民营企业子用户，私营企业子用户，股份企业子用户，外资企业子用户，中外企业子用户），由 11 个子用户组成。

●社区及公众用户子用户=（社区组织子用户，社会公众子用户），由 2 个子用户组成。

●非营利组织用户子用户 =（红十字会子用户，志愿团队子用户，慈善机构子用户，基金会子用户，权益保护协会子用户，环保协会子用户，行业协会子用户，民办非企业单位子用户，宗教组织子用户），由 9 个子用户组成。

10.3.6.4 智慧应急角色

上述每个子用户都由相同的若干角色构成，详见《智慧应急原理与方法》（邹逸江著，浙江大学出版社，2023 年 11 月）。

10.3.7 智慧应急数据复杂巨系统

智慧应急数据就是一个"复杂巨系统"，包含的层次为全数据、数据、子数据、记录，它们之间是层次嵌套关系，组成了智慧应急数据这个"复杂巨系统"，其框架表达如下（图 10-8）。

10.3.7.1 智慧应急全数据

全数据={地理空间数据∩地理实体数据∩地名地址数据∩应急感知数据∩多源应急数据∩四大基础数据∩多源专业数据∩应急实体数据}，"∩"代表"逻辑与"，描述这 8 种过程的全部。

10.3.7.2 智慧应急数据

数据={地理空间数据∪地理实体数据∪地名地址数据∪应急感知数据∪多源应急数据∪四大基础数据∪多源专业数据∪应急实体数据}"∪"代表"逻辑或"，描述这 8 种数据中的一种。

10.3.7.3 智慧应急子数据

●地理空间数据子数据=（矢量地图子数据，栅格地图子数据，遥感影像子数据，实景影像子数据，数字高程子数据），由 5 个子数据组成。

●地理实体数据子数据=（地名标识地理实体子数据，缓冲区标识地理实体子数据，行政区划标识地理实体子数据，窗口标识地理实体子数据），由 4 个子数据组成。

●地名地址数据子数据=（地名子数据，地址子数据），由 2 个子数据组成。

●应急感知数据子数据=（社交感知子数据，群智感知子数据，视频感知子数据，传感器感知子数据，车（船）感知子数据，航空感知子数据，航天感知子数据），由 7 个子数据组成。

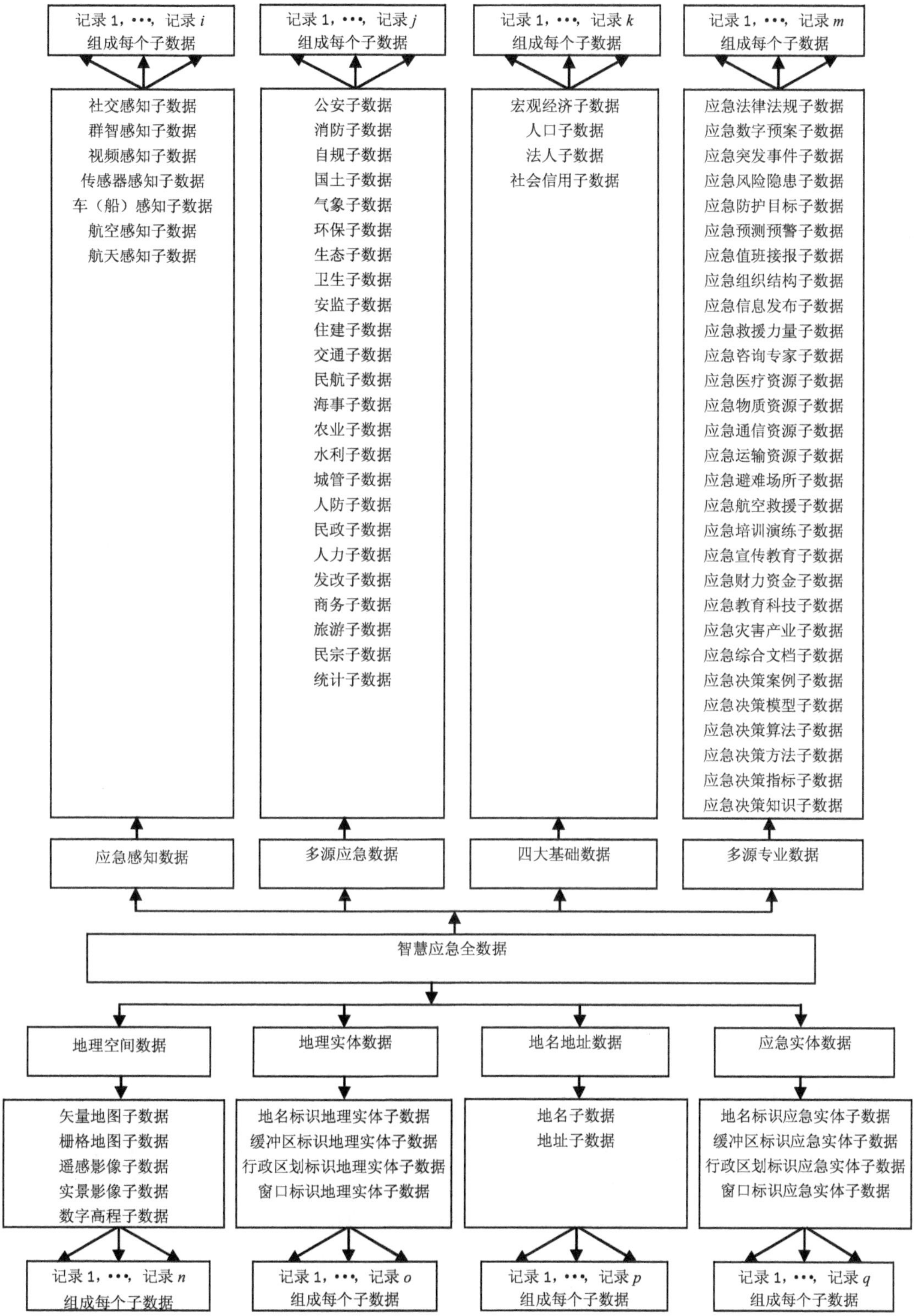

图 10-8　智慧应急数据复杂巨系统框架

●多源应急数据子数据=(公安子数据,消防子数据,自规子数据,国土子数据,气象子数据,环保子数据,生态子数据,卫生子数据,安监子数据,住建子数据,交通子数据,民航子数据,海事子数据,农业子数据,水利子数据,城管子数据,人防子数据,民政子数据,人力子数据,发改子数据,商务子数据,旅游子数据,民宗子数据,统计子数据),由 24 个子数据组成。

●四大基础数据子数据=(宏观经济子数据,人口子数据,法人子数据,社会信用子数据),由 4 个子数据组成。

●多源专业数据子数据=(应急法律法规子数据,应急数字预案子数据,应急突发事件子数据,应急风险隐患子数据,应急防护目标子数据,应急预测预警子数据,应急值班接报子数据,应急组织结构子数据,应急信息发布子数据,应急救援力量子数据,应急咨询专家子数据,应急医疗资源子数据,应急物质资源子数据,应急通信资源子数据,应急运输资源子数据,应急避难场所子数据,应急航空救援子数据,应急培训演练子数据,应急宣传教育子数据,应急财力资金子数据,应急教育科技子数据,应急灾害产业子数据,应急综合文档子数据,应急决策案例子数据,应急决策模型子数据,应急决策算法子数据,应急决策方法子数据,应急决策指标子数据,应急决策知识子数据),由 29 个子数据组成。

●应急实体数据子数据=(地名标识应急实体子数据,缓冲区标识应急实体子数据,行政区划标识应急实体子数据,窗口标识应急实体子数据),由 4 个子数据组成。

10.3.7.4 智慧应急记录

记录是上述每个子数据的若干具体数据项描述,详见《智慧应急原理与方法》(邹逸江著,浙江大学出版社,2023 年 11 月)。

10.3.8 智慧应急技术复杂巨系统

智慧应急技术就是一个“复杂巨系统”,包含的层次为全技术、技术、子技术、方法,它们之间是层次嵌套关系,组成了智慧应急技术这个“复杂巨系统”,其框架表达如下(图 10-9)。

10.3.8.1 智慧应急全技术

全技术={微服务技术∩网络通信技术∩接入感知技术∩云计算技术∩物联网技术∩大数据技术∩地理信息技术∩移动测量技术∩人工智能技术∩数据挖掘技术∩决策支持技术∩ VR/ AR/ MR 技术},“∩”代表“逻辑与”,描述这 12 种技术的全部。

10.3.8.2 智慧应急技术

技术={微服务技术∪网络通信技术∪接入感知技术∪云计算技术∪物联网技术∪大数据技术∪地理信息技术∪移动测量技术∪人工智能技术∪数据挖掘技术∪决策支持技术∪ VR/ AR/ MR 技术},“∪”代表“逻辑或”,描述这 12 种技术中的一种。

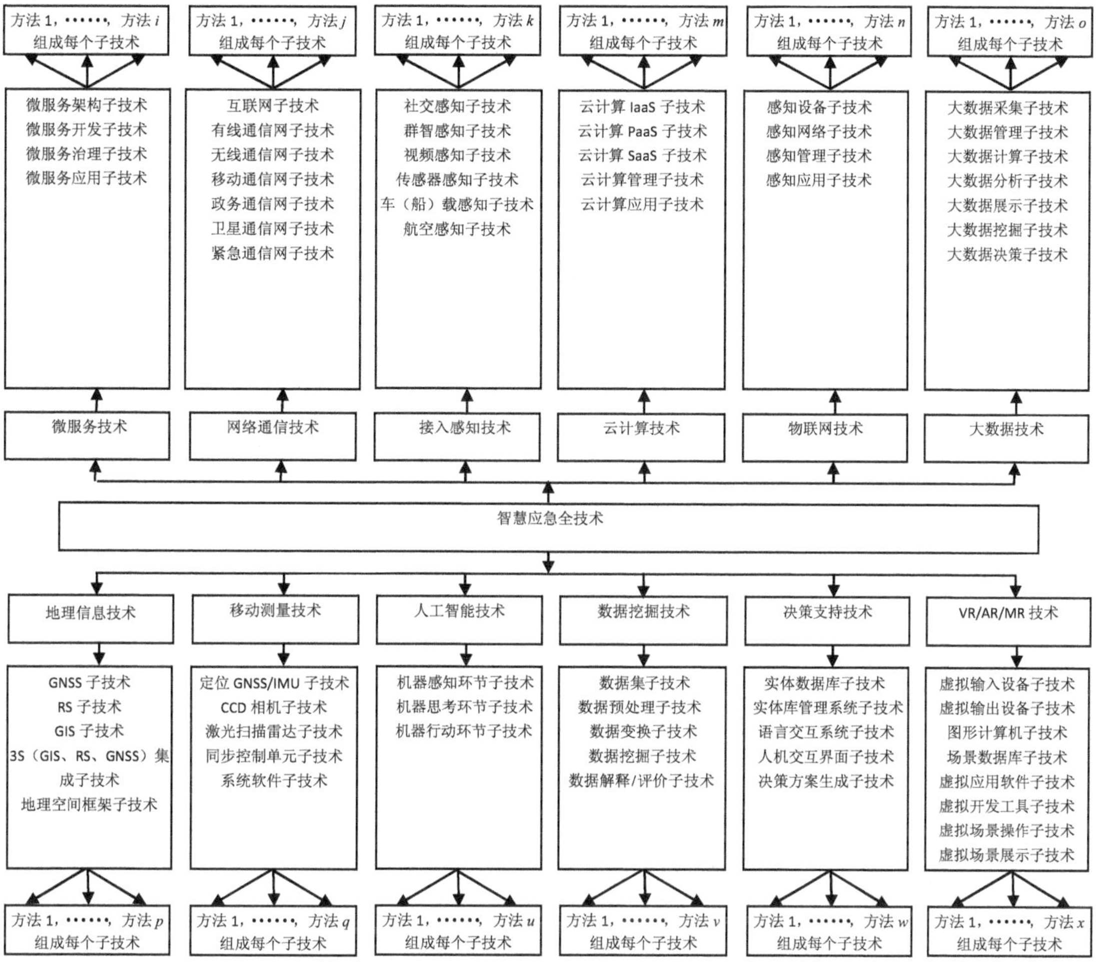

图 10-9　智慧应急技术复杂巨系统框架

10.3.8.3　智慧应急子技术

●微服务技术子技术=(微服务架构子技术，微服务开发子技术，微服务治理子技术，微服务应用子技术)，由 4 个子技术组成。

●网络通信技术子技术=(互联网子技术，有线通信网子技术，无线通信网子技术，移动通信网子技术，政务通信网子技术，卫星通信网子技术，紧急通信网子技术)，由 7 个子技术组成。

●接入感知技术子技术=(社交感知子技术，群智感知子技术，视频感知子技术，传感器感知子技术，车(船)载感知子技术，航空感知子技术，航天感知子技术)，由 7 个子技术组成。

●云计算技术子技术=(云计算 IaaS 子技术，云计算 PaaS 子技术，云计算 SaaS 子技术，云计算管理子技术，云计算应用子技术)，由 5 个子技术组成。

●物联网技术子技术=(感知设备子技术，感知网络子技术，感知管理子技术，感知应用子技术),由 4 个子技术组成。

●大数据技术子技术=(大数据采集子技术,大数据管理子技术,大数据计算子技术,大数据分析子技术,大数据展示子技术,大数据挖掘子技术,大数据决策子技术),由 7 个子技术组成。

●地理信息技术子技术=(GNSS 子技术,RS 子技术,GIS 子技术,3S 集成子技术,地理空间框架技术)。

●移动测量技术子技术=(定位 GNSS/IMU 子技术,CCD 相机子技术,激光扫描雷达子技术,同步控制单元子技术,系统软件子技术),由 5 个子技术组成。

●人工智能技术子技术=(机器感知环节子技术,机器思考环节子技术,机器行动环节子技术),由 3 个子技术组成。

●数据挖掘技术子技术=(数据集子技术,数据预处理子技术,数据变换子技术,数据挖掘子技术,数据解释/评价子技术),由 5 个子技术组成。

●决策支持技术子技术=(实体数据库子技术,实体库管理系统子技术,语言交互系统子技术,人机交互界面子技术,决策方案生成子技术),由 5 个子技术组成。

● VR/AR/MR 技术子技术=(虚拟输入设备子技术,虚拟输出设备子技术,图形计算机子技术,场景数据库子技术,虚拟应用软件子技术,虚拟开发工具子技术,虚拟场景操作子技术,虚拟场景展示子技术),由 8 个子技术组成。

10.3.8.4 智慧应急方法

方法是上述每个子技术提供的若干具体方法描述,详见《智慧应急原理与方法》(邹逸江著,浙江大学出版社,2023 年 11 月)。

10.3.9 智慧应急平台复杂巨系统

由全对象(全事件、全过程、全用户)、对象(事件、过程、用户)、子对象(子事件、子过程、子用户)相互之间进行组合,可生成 7 个层次的 3 个种类的智慧应急平台(全平台、平台、子平台)。

1)第一层次智慧应急全平台:3 个全对象组合

●全事件和全过程与全用户组合的全平台

2)第二层次智慧应急平台:2 个全对象与对象或子对象组合

●全事件和全过程与用户组合的子平台

●全事件和全过程与子用户组合的子平台

●全事件和过程与全用户组合的子平台

●全事件和子过程与全用户组合的子平台

●事件和全过程与全用户组合的子平台

●子事件和全过程与全用户组合的子平台

3)第三层次智慧应急平台:1 个全对象与对象或子对象组合

●全事件和过程与用户组合的子平台

●全事件和过程与子用户组合的子平台

- 全事件和子过程与用户组合的子平台
- 全事件和子过程与子用户组合的子平台
- 事件和全过程与用户组合的子平台
- 事件和全过程与子用户组合的子平台
- 事件和过程与全用户组合的子平台
- 事件和子过程与全用户组合的子平台
- 子事件和全过程与用户组合的子平台
- 子事件和全过程与子用户组合的子平台
- 子事件和过程与全用户组合的子平台
- 子事件和子过程与全用户组合的子平台

4)第四层次智慧应急平台:3 个对象组合

- 事件和过程与用户组合的子平台

5)第五层次智慧应急平台:2 个对象与子对象组合

- 事件和过程与子用户组合的子平台
- 事件和子过程与用户组合的子平台
- 子事件和过程与用户组合的子平台

6)第六层次智慧应急平台:1 个对象与子对象组合

- 事件和子过程与子用户组合的子平台
- 子事件和过程与子用户组合的子平台
- 子事件和子过程与用户组合的子平台

7)第七层次智慧应急平台:3 个子对象组合

- 子事件和子过程与子用户组合的子平台

因此,智慧应急平台就是一个“复杂巨系统”, 包含的层次为全平台、平台、子平台、系统、子系统、组件,它们之间是个层次嵌套关系,组成了智慧应急平台这个“复杂巨系统”,其框架表达如下(图 10-10)。

10.3.9.1　智慧应急全平台

全平台={第一层次智慧应急平台}。

10.3.9.2　智慧应急平台

平台={第二层次智慧应急平台∪第三层次智慧应急平台∪第四层次智慧应急平台∪第五层次智慧应急平台∪第六层次智慧应急平台∪第七层次智慧应急平台}。其中,“∪”代表“逻辑或”,描述这 6 种平台中的一种。

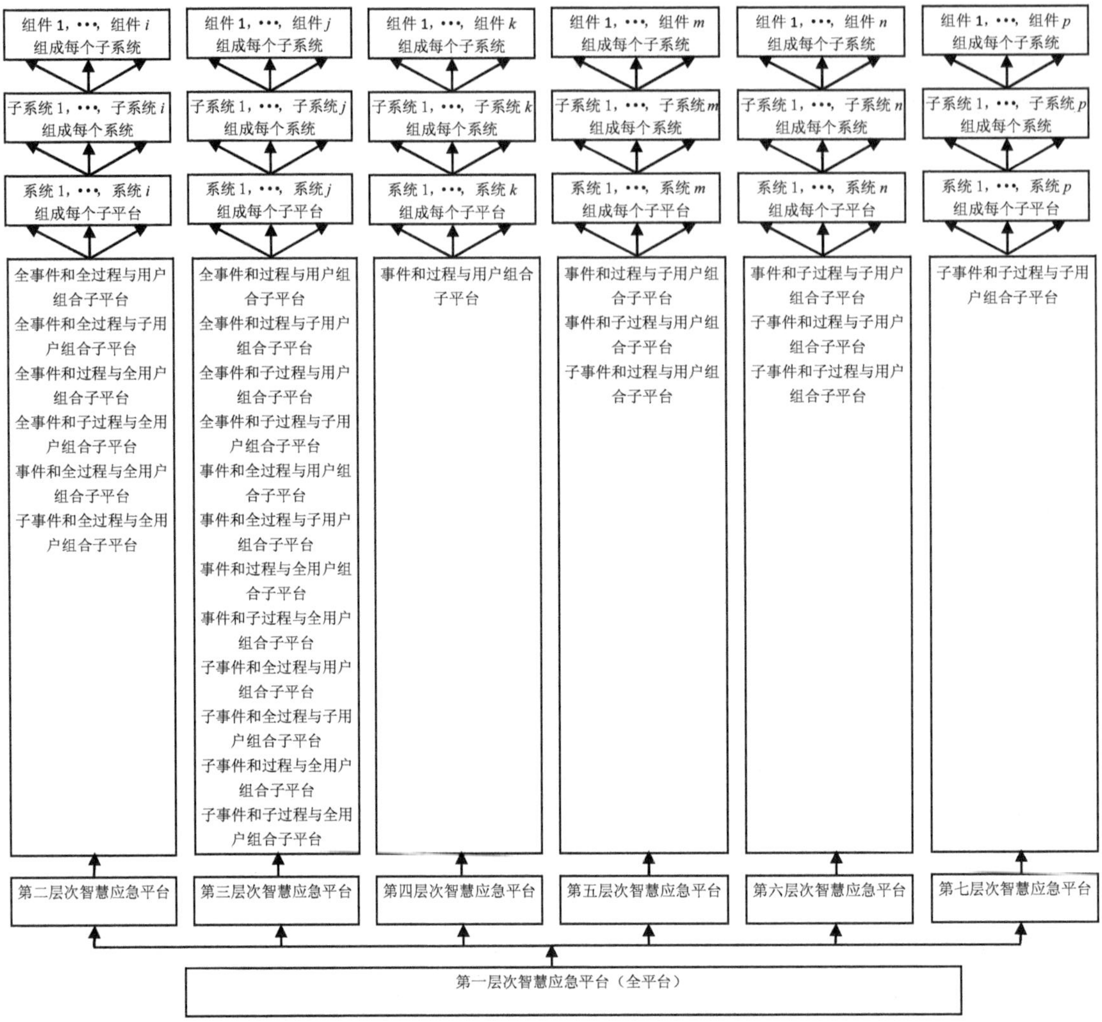

图 10-10 智慧应急平台复杂巨系统框架

10.3.9.3 智慧应急子平台

●第二层次智慧应急平台子平台=（全事件和全过程与用户组合子平台，全事件和全过程与子用户组合子平台，全事件和过程与全用户组合子平台，全事件和子过程与全用户组合子平台，事件和全过程与全用户组合子平台，子事件和全过程与全用户组合子平台）。

●第三层次智慧应急平台子平台=（全事件和过程与用户组合子平台，全事件和过程与子用户组合子平台，全事件和子过程与用户组合子平台，全事件和子过程与子用户组合子平台，事件和全过程与用户组合子平台，事件和全过程与子用户组合子平台，事件和过程与全用户组合子平台，事件和子过程与全用户组合子平台，子事件和全过程与用户组合子平台，子事件和全过程与子用户组合子平台，子事件和过程与全用户组合子平台，子事件和子过程与全用户组合子平台）。

●第四层次智慧应急平台子平台=（事件和过程与用户组合子平台）。

●第五层次智慧应急平台子平台=(事件和过程与子用户组合子平台,事件和子过程与用户组合子平台,子事件和过程与用户组合子平台)。

●第六层次智慧应急平台子平台=(事件和子过程与子用户组合子平台,子事件和过程与子用户组合子平台,子事件和子过程与用户组合子平台)。

●第七层次智慧应急平台子平台=(子事件和子过程与子用户组合子平台)。

10.3.9.4 智慧应急系统

上述每个子平台都由相同的 16 个信息系统构成。

子平台=(应急基础设施系统,应急网络通信系统,应急接入感知系统,应急数据管理系统,应急技术支撑系统,应急通用功能系统,应急业务应用系统,应急成果展现系统,应急操作终端系统,应急统一门户系统,应急对外接口系统,应急安全保障系统,应急运行管理系统,应急法律法规系统,应急标准规范系统,应急运行环境系统)。

10.3.9.5 智慧应急子系统

上述每个信息系统由若干子系统构成:

●应急基础设施系统子系统=(计算机设施子系统,存储设施子系统,输入设施子系统,输出设施子系统,软件设施子系统,网络设施子系统,通信设施子系统,容错设施子系统,安全设施子系统,机房设施),由 10 类基础设施子系统组成。

●应急网络通信系统子系统=(互联网子系统,有线通信网子系统,无线通信网子系统,移动通信网子系统,政务通信网子系统,卫星通信网子系统,紧急通信网),由 7 类网络通信子系统组成。

●应急接入感知系统子系统=(社交感知子系统,群智感知子系统,视频感知子系统,传感器感知子系统,车(船)载感知子系统,航空感知子系统,航天感知),由 7 类接入感知子系统组成。

●应急数据管理系统子系统=(地理数据库子系统,地理实体数据库子系统,地名地址数据库子系统,四大基础数据库子系统,应急感知数据库子系统,多源专业数据库子系统,多源应急数据库子系统,应急实体数据库),由 8 类数据管理子系统组成。

●应急技术支撑系统子系统=(微服务技术子系统,网络通信技术子系统,接入感知技术子系统,云计算技术子系统,物联网技术子系统,大数据技术子系统,地理信息技术子系统,移动测量技术子系统,人工智能技术子系统,数据挖掘技术子系统,决策支持技术子系统,VR/AR/MR 技术),由 12 类技术支撑子系统组成。

●应急通用功能系统子系统=(应急实体操作子系统,应急实体量算子系统,应急实体查询子系统,应急实体分析子系统,应急实体统计子系统,应急知识挖掘子系统,应急大数据分析子系统,应急辅助决策子系统,应急实体制图子系统,应急实体展现子系统,应急态势标绘子系统,应急态势推演子系统,应急服务接口子系统,应急视频共享子系统,应急视频分析子系统,应急语言理解子系统,应急机器人),由 17 类通用功能子系统组成。

●应急业务应用系统子系统=(应急准备过程子系统,应急响应过程子系统,应急处置过程子系统,应急保障过程子系统,应急善后过程子系统,应急政务过程子系统,应急决策过程子系统)，由 7 类业务应用子系统组成。

●应急成果展现系统子系统=(应急电子地图子系统，应急数字影像子系统，应急统计图形子系统，应急专题地图子系统，应急社交媒体子系统，应急 VR/AR/MR)，由 6 类成果展现子系统组成。

●应急操作终端系统子系统=(应急指挥中心子系统，应急移动车(船)子系统，应急移动设备子系统，应急机器人)，由 4 类操作终端子系统组成。

●应急统一门户系统子系统=(政府应急门户子系统，建制应急门户子系统，专业应急门户子系统，智慧城市门户子系统，政务业务系统门户子系统，专业应用系统门户子系统)，由 6 类统一门户子系统组成。

●应急对外接口系统子系统=(与政府应急平台接口子系统，与建制应急平台接口子系统，与专业应急平台接口子系统，与智慧城市平台接口子系统，与政务业务系统接口子系统，与专业应用系统接口子系统)，由 6 类对外接口子系统组成。

●应急安全保障系统子系统=(物理安全子系统，主机安全子系统，网络安全子系统，数据安全子系统，应用安全子系统)，由 5 类安全保障子系统组成。

●应急运行管理系统子系统=(运维工作管理子系统，质量控制管理子系统，风险控制管理子系统，组织机构管理子系统)，由 4 类运行管理子系统组成。

●应急法律法规系统子系统=(国家宪法子系统，应急管理法律子系统，应急管理法规子系统，应急管理规章子系统)，由 4 类法律法规子系统组成。

●应急标准规范系统子系统=(总体标准子系统，基础设施标准子系统，网络通信标准子系统，接入感知标准子系统，数据管理标准子系统，技术支撑标准子系统，通用功能标准子系统，业务应用标准子系统，成果展现标准子系统，终端操作标准子系统，服务用户标准子系统，统一门户标准子系统，对外接口标准子系统，安全保障标准子系统，运行管理标准子系统)，由 15 类标准规范子系统组成。

●应急运行环境系统子系统=(硬件环境设计子系统，软件环境设计子系统，网通环境设计子系统，安全环境设计子系统，机房环境设计子系统)，由 5 类运行环境子系统组成。

10.3.9.6 智慧应急组件

上述每个子系统都由不同的若干组件构成，详见《智慧应急原理与方法》(邹逸江著，浙江大学出版社，2023 年 11 月)。

10.3.10 智慧应急功能复杂巨系统

智慧应急功能就是一个“复杂巨系统”，包含的层次为全功能、功能、子功能、模块，它们之间是层次嵌套关系，组成了智慧应急功能这个“复杂巨系统”，其框架表达如下(图 10-11)。

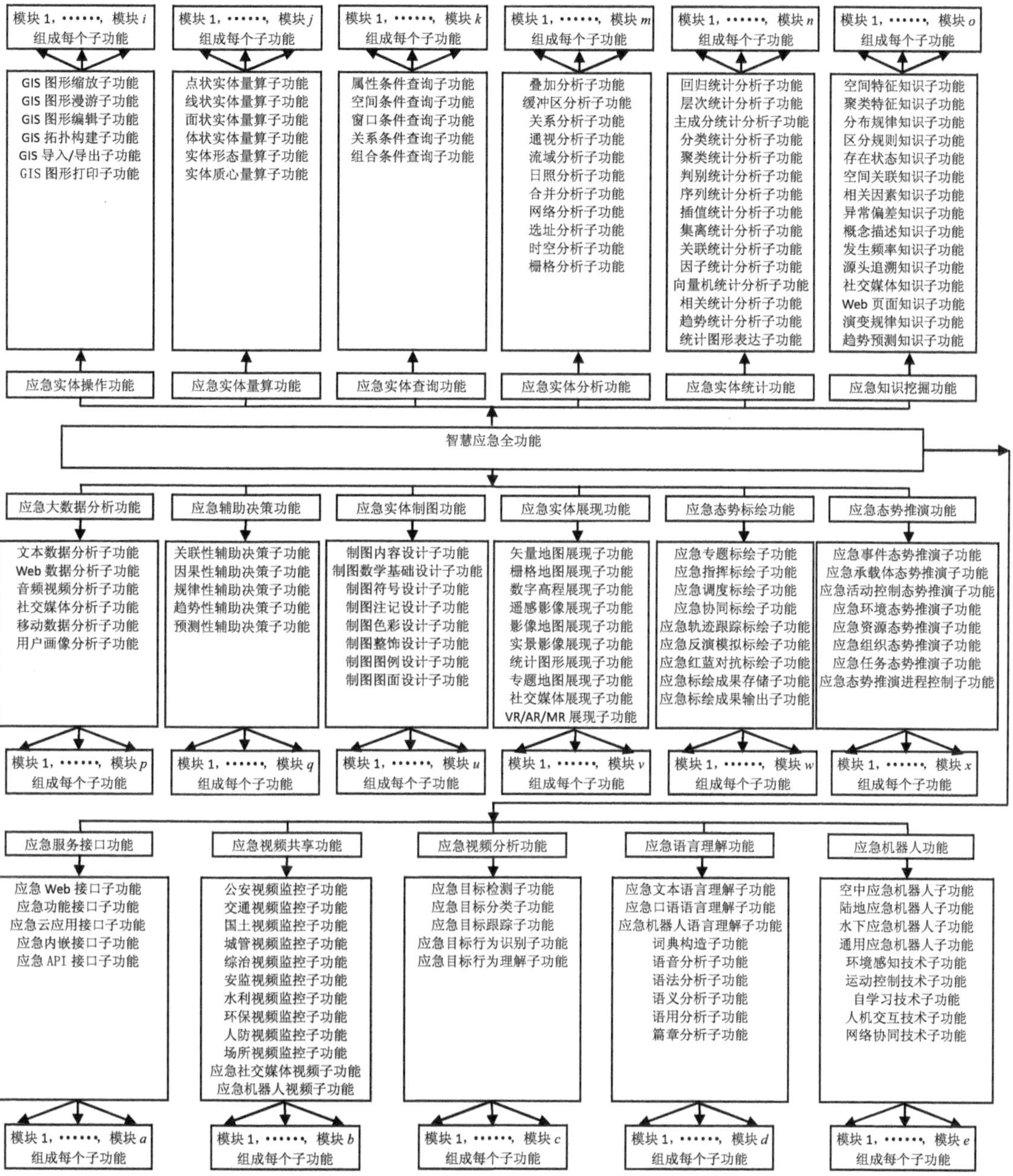

图 10-11　智慧应急功能复杂巨系统框架

10.3.10.1　智慧应急全功能

全功能={应急实体操作功能∩应急实体量算功能∩应急实体查询功能∩应急实体分析功能∩应急实体统计功能∩应急知识挖掘功能∩应急大数据分析功能∩应急辅助决策功能∩应急实体制图功能∩应急实体展现功能∩应急态势标绘功能∩应急态势推演功能∩应急服务接口功能∩应急视频共享功能∩应急视频分析功能∩应急语言理解功能∩应急机器人

功能},“∩”代表“逻辑与”,描述这 17 种功能的全部。

10.3.10.2 智慧应急功能

功能={应急实体操作功能∪应急实体量算功能∪应急实体查询功能∪应急实体分析功能∪应急实体统计功能∪应急知识挖掘功能∪应急大数据分析功能∪应急辅助决策功能∪应急实体制图功能∪应急实体展现功能∪应急态势标绘功能∪应急态势推演功能∪应急服务接口功能∪应急视频共享功能∪应急视频分析功能∪应急语言理解功能∪应急机器人功能},“∪”代表“逻辑或”,描述这 17 种功能中的一种。

10.3.10.3 智慧应急子功能

●应急实体操作功能子功能=(GIS 图形缩放子功能、GIS 图形漫游子功能、GIS 图形编辑子功能、GIS 拓扑构建子功能、GIS 导入/导出子功能、GIS 图形打印子功能),由 6 个子功能组成。

●应急实体量算功能子功能=(点状实体量算子功能、线状实体量算子功能、面状实体量算子功能、体状实体量算子功能、实体形态量算子功能、实体质心量算子功能),由 6 个子功能组成。

●应急实体查询功能子功能=(属性条件查询子功能、空间条件查询子功能、窗口条件查询子功能、关系条件查询子功能、组合条件查询子功能),由 5 个子功能组成。

●应急实体分析功能子功能=(叠加分析子功能、缓冲区分析子功能、关系分析子功能、通视分析子功能、流域分析子功能、日照分析子功能、合并分析子功能、网络分析子功能、选址分析子功能、时空分析子功能、栅格分析子功能),由 11 个子功能组成。

●应急实体统计功能子功能=(回归统计分析子功能、层次统计分析子功能、主成分统计分析子功能、分类统计分析子功能、聚类统计分析子功能、判别统计分析子功能、序列统计分析子功能、插值统计分析子功能、集离统计分析子功能、关联统计分析子功能、因子统计分析子功能、向量机统计分析子功能、相关统计分析子功能、趋势统计分析子功能、统计图形表达子功能),由 15 个子功能组成。

●应急知识挖掘功能子功能=(空间特征知识子功能、聚类特征知识子功能、分布规律知识子功能、区分规则知识子功能、存在状态知识子功能、空间关联知识子功能、相关因素知识子功能、异常偏差知识子功能、概念描述知识子功能、发生频率知识子功能、源头追溯知识子功能、社交媒体知识子功能、Web 页面知识子功能、演变规律知识子功能、趋势预测知识子功能),由 15 个子功能组成。

●应急大数据分析功能子功能=(文本数据分析子功能、Web 数据分析子功能、音频视频分析子功能、社交媒体分析子功能、移动数据分析子功能、用户画像分析子功能),由 6 个子功能组成。

●应急辅助决策功能子功能=(关联性辅助决策子功能、因果性辅助决策子功能、规律性辅助决策子功能、趋势性辅助决策子功能、预测性辅助决策子功能),由 5 个子功能组成。

●应急实体制图功能子功能=（制图内容设计子功能、制图数学基础设计子功能、制图符号设计子功能、制图注记设计子功能、制图色彩设计子功能、制图整饰设计子功能、制图图例设计子功能、制图图面设计子功能），由 8 个子功能组成。

●应急实体展现功能子功能=（矢量地图展现子功能、栅格地图展现子功能、数字高程展现子功能、遥感影像展现子功能、影像地图展现子功能、实景影像展现子功能、统计图形展现子功能、专题地图展现子功能、社交媒体展现子功能、VR/AR/MR 展现子功能），由 10 个子功能组成。

●应急态势标绘功能子功能=（应急专题标绘子功能、应急指挥标绘子功能、应急调度标绘子功能、应急协同标绘子功能、应急轨迹跟踪标绘子功能、应急反演模拟标绘子功能、应急红蓝对抗标绘子功能、应急标绘成果存储子功能、应急标绘成果输出子功能），由 9 个子功能组成。

●应急态势推演功能子功能=（应急事件态势推演子功能、应急承载体态势推演子功能、应急活动控制态势推演子功能、应急环境态势推演子功能、应急资源态势推演子功能、应急组织态势推演子功能、应急任务态势推演子功能、应急态势推演进程控制子功能），由 8 个子功能组成。

●应急服务接口功能子功能=（应急 Web 接口子功能、应急功能接口子功能、应急云应用接口子功能、应急内嵌接口子功能、应急 API 接口子功能），由 5 个子功能组成。

●应急视频共享功能子功能=（公安视频监控子功能、交通视频监控子功能、国土视频监控子功能、城管视频监控子功能、综治视频监控子功能、安监视频监控子功能、水利视频监控子功能、环保视频监控子功能、人防视频监控子功能、场所视频监控子功能、应急社交媒体视频子功能、应急机器人视频子功能），由 12 个子功能组成。

●应急视频分析功能子功能=（应急目标检测子功能、应急目标分类子功能、应急目标跟踪子功能、应急目标行为识别子功能、应急目标行为理解子功能），由 5 个子功能组成。

●应急语言理解功能子功能=（应急文本语言理解子功能、应急口语语言理解子功能、应急机器人语言理解子功能、词典构造子功能、语音分析子功能、语法分析子功能、语义分析子功能、语用分析子功能、篇章分析子功能），由 9 个子功能组成。

●应急机器人功能子功能=（空中应急机器人子功能、陆地应急机器人子功能、水下应急机器人子功能、通用应急机器人子功能、环境感知技术子功能、运动控制技术子功能、自学习技术子功能、人机交互技术子功能、网络协同技术子功能），由 9 个子功能组成。

10.3.10.4　智慧应急模块

上述每个子功能都由不同的若干模块构成，详见《智慧应急原理与方法》（邹逸江著，浙江大学出版社，2023 年 11 月）。

第 11 章　智慧应急组成系统工程支撑内容描述

11.1　智慧应急组成系统工程支撑内容基本框架描述

前面章节已描述，智慧应急组成就是一个“复杂巨系统”，包含的层次为平台（全平台、平台、子平台）、系统、子系统、组件等。每个平台由大量的系统、子系统、组件组成，它们之间是个层次嵌套关系，系统、子系统及相应的组件数量十分庞大、种类极其繁多、层次结构和关联关系异常复杂，呈现出高度不确定性、更强的涌现性等特点，必须基于系统工程理论，按照系统工程思想设计智慧应急平台组成这个“复杂巨系统”。

因此，基于智慧应急基础理论总体架构框图描述，智慧应急组成系统工程支撑内容基本框架描述表达如下（图 11-1）。

11.2　智慧应急组成系统工程支撑内容数学表达式描述

基于上述框架描述，智慧应急组成系统工程划分为三级：系统、子系统、组件。

●系统。就是指智慧应急组成系统工程 L、H，包括若干具体智慧应急组成系统工程 L_i、H_i 描述，即 L_i：智慧应急基础设施组成系统工程 L_1、智慧应急网络通信组成系统工程 L_2、智慧应急接入感知组成系统工程 L_3、智慧应急数据管理组成系统工程 L_4、智慧应急技术支撑组成系统工程 L_5、智慧应急通用功能组成系统工程 L_6、智慧应急业务应用组成系统工程 L_7、智慧应急成果展现组成系统工程 L_8、智慧应急操作终端组成系统工程 L_9、智慧应急统一门户组成系统工程 L_{10}、智慧应急对外接口组成系统工程 L_{11}；H_i：智慧应急安全保障组成系统工程 H_1、智慧应急运行管理组成系统工程 H_2、智慧应急法律法规组成系统工程 H_3、智慧应急标准规范组成系统工程 H_4、智慧应急运行环境组成系统工程 H_5。

●子系统。上述每个系统 L_i、H_i 包含若干子系统 L_{ij}、H_{ji} 描述。

●组件。上述每个子系统 L_{ij}、H_{ji} 包含若干组件描述。

基于上述分级描述，经抽象得出其内容数学形式表达式：

$L=(L_1 \cap L_2 \cap L_3 \cap L_4 \cap L_5 \cap L_6 \cap L_7 \cap L_8 \cap L_9 \cap L_{10} \cap L_{11} \cap H_1 \cap H_2 \cap H_3 \cap H_4 \cap H_5)$，其中“∩”代表“逻辑与”，∋代表“包含”：

● $L_1 \ni L_1$• 子系统 ∋ L_1• 子系统 • 组件。

● $L_2 \ni L_2$• 子系统 ∋ L_2• 子系统 • 组件。

● $L_3 \ni L_3$• 子系统 ∋ L_3• 子系统 • 组件。

● $L_4 \ni L_4$• 子系统 ∋ L_4• 子系统 • 组件。

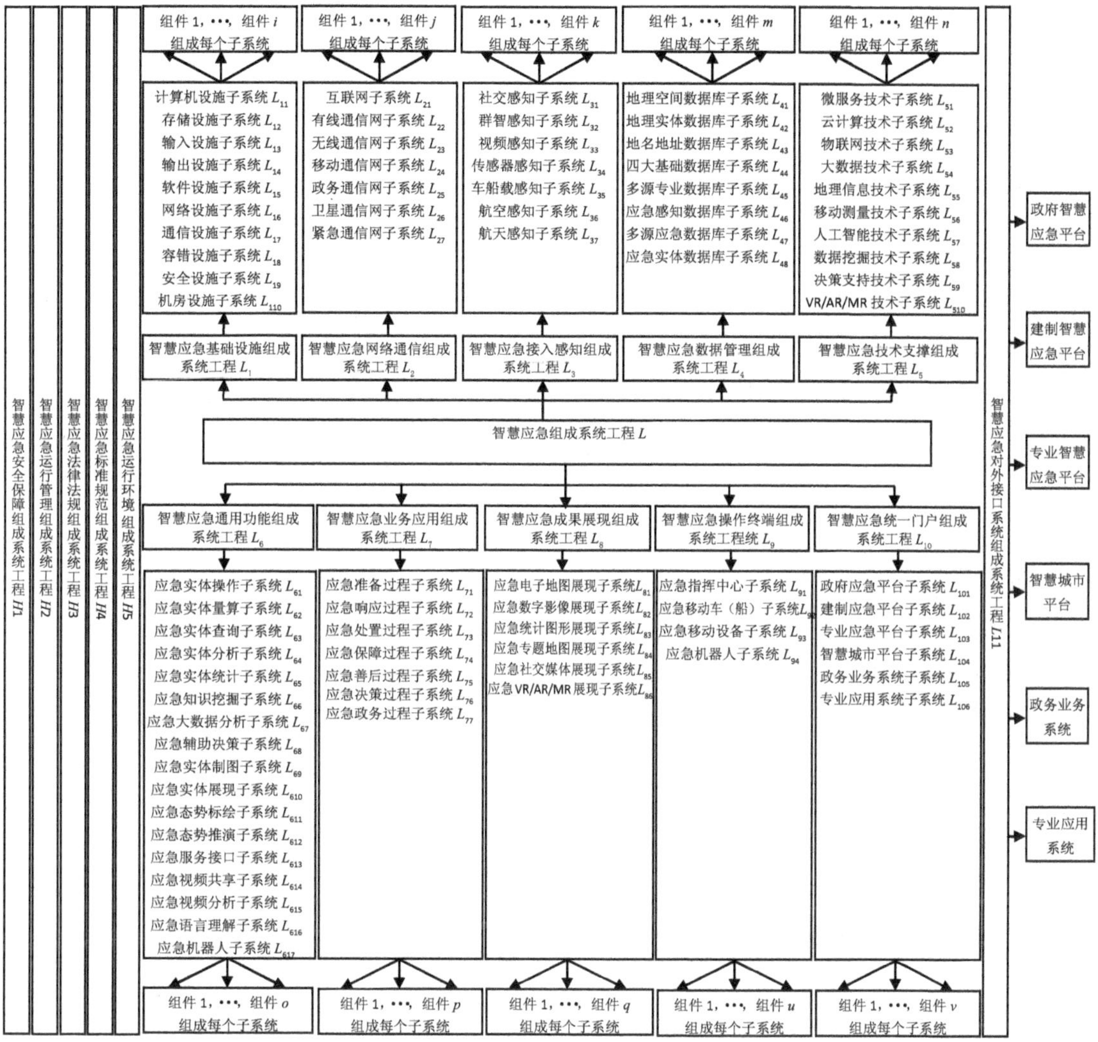

图 11-1　智慧应急组成系统工程支撑内容基本框架描述

- $L_5 \ni L_5$•子系统 $\ni L_5$•子系统•组件。
- $L_6 \ni L_6$•子系统 $\ni L_6$•子系统•组件。
- $L_7 \ni L_7$•子系统 $\ni L_7$•子系统•组件。
- $L_8 \ni L_8$•子系统 $\ni L_8$•子系统•组件。
- $L_9 \ni L_9$•子系统 $\ni L_9$•子系统•组件。
- $L_{10} \ni L_{10}$•子系统 $\ni L_{10}$•子系统•组件。
- $L_{11} \ni L_{11}$•子系统 $\ni L_{11}$•子系统•组件。
- $H_1 \ni H_1$•子系统 $\ni H_1$•子系统•组件。
- $H_2 \ni H_2$•子系统 $\ni H_2$•子系统•组件。
- $H_3 \ni H_3$•子系统 $\ni H_3$•子系统•组件。
- $H_4 \ni H_4$•子系统 $\ni H_4$•子系统•组件。
- $H_5 \ni H_5$•子系统 $\ni H_5$•子系统•组件。

基于上述数学形式表达式，经抽象得出智慧应急组成系统工程支撑内容描述 Ltriple 三元组数学表达式：Ltriple=$\{(L,LL,Q),(H,HH,G),W\}$，其中：

（1）$L=\{L_1,L_2,\cdots,L_i\}$，L 由智慧应急组成系统工程 L_i 集合组成，L_i 为 L 中的一个智慧应急组成系统工程。

（2）$LL=\{L_{i1}, L_{i2},\cdots, L_{ij}\}$，$LL$ 由智慧应急组成系统工程 L_i• 子系统 L_{ij} 集合组成，L_{ij} 为 L_i 中的一个子系统。

（3）$Q=\{Q_1, Q_2,\cdots, Q_k\}$，$Q$ 由智慧应急组成系统工程 L_i• 子系统 L_{ij}• 组件 Q_k 集合组成，Q_k 为 L_{ij} 中的一个组件。

（4）$L_{ij} \in L_i$，表示智慧应急组成系统工程 L_i• 子系统 L_{ij} 从属于智慧应急组成系统工程 L_i；$Q_k \in L_{ij}$，表示智慧应急组成系统工程 L_i• 子系统 L_{ij}• 组件 Q_k 从属于智慧应急组成系统工程 L_i• 子系统 L_{ij}。

（5）$H=\{H_1, H_2,\cdots, H_i\}$，$H$ 由智慧应急组成系统工程 H_i 集合组成，H_i 为 H 中的一个智慧应急组成系统工程。

（6）$HH=\{H_{i1},H_{i2},\cdots,H_{ij}\}$，$HH$ 由智慧应急组成系统工程 H_i• 子系统 H_{ij} 集合组成，H_{ij} 为 H_i 中的一个子系统。

（7）$G=\{G_1, G_2,\cdots, G_k\}$，$G$ 由智慧应急组成系统工程 Hi• 子系统 H_{ij}• 组件 G_k 集合组成，G_k 为 H_{ij} 中的一个组件。

（8）$H_{ij} \in H_i$，表示智慧应急组成系统工程 H_i• 子系统 H_{ij} 从属于智慧应急组成系统工程 H_i；$G_k \in H_{ij}$，表示智慧应急组成系统工程 H_i• 子系统 H_{ij}• 组件 G_k 从属于智慧应急组成系统工程 H_i• 子系统 H_{ij}。

（9）$W=\{(L,LL,Q)\Rightarrow(H,HH,G)\}$，表示（$L,LL,Q$）依赖于（$H,HH,G$）。

（10）i、j、k 都为 1~ ∞ 的整数，⇒ 代表“依赖于”，∈代表“从属于”，• 代表“子集”。

11.3 智慧应急组成系统工程支撑内容组成表达描述

11.3.1 智慧应急基础设施组成系统工程

智慧应急基础设施由系统、子系统、组件组成，它们之间是层次嵌套关系。其中，子系统和组件数量庞大，相互之间关系描述十分复杂，必须按照系统工程理论进行设计。因此，其组成系统工程描述框架表达如下（图 11-2）。

系统	子系统	组件
智慧应急基础设施系统	机房设施子系统	机房配电设备、机房防雷设备、机房空调设备、机房消防设备、机房监控设备
	安全设施子系统	物理安全设施、网络安全设施、主机安全设施、应用安全设施、数据安全设施
	容错设施子系统	单机容错设备、双机热备份设备、服务器集群备份设备
	通信设施子系统	有线通信设备、无线通信设备、移动通信设备、卫星通信设备、电台通信设备
	网络设施子系统	网络服务器、网络适配器、网络传输介质、网络交换机、网络中继器、网桥、网关、路由器、防火墙、调制解调器
	软件设施子系统	操作系统软件、数据库管理软件、地理信息软件、遥感处理软件、编程语言软件、二次开发软件、网络监控软件、运维监控软件、安全管理软件、容错备份软件
	输出设施子系统	液晶大屏幕、DLP 大屏幕、LED 大屏幕、OLED 大屏幕、数字头盔、智能手机、智能手表、智能眼镜、iPAD、电子纸、VR/AR 驾驶舱、喷墨绘图机、矢量绘图机、3D 打印机、裸眼 3D 屏幕、全息投影、桌面智能终端、数字投影仪
	输入设施子系统	彩色扫描仪、激光扫描仪、测绘仪器、摄影测量站、GNSS 接收机、视频摄像头、可穿戴设备、手写输入笔、智能手机、智能眼镜、3D 数字笔、数码相机
	存储设施子系统	磁盘及阵列、光盘及阵列、磁光盘、磁带、内存、USB 盘、SD 存储卡
	计算机设施子系统	iPAD、智能手机、PC 机/笔记本、工作站、小/中/大型计算机

图 11-2　智慧应急基础设施组成系统工程描述框架

上述每个子系统对应若干组件，详见《智慧应急原理与方法》（邹逸江著，浙江大学出版社，2023 年 11 月）。

11.3.2　智慧应急网络通信组成系统工程

智慧应急网络通信由系统、子系统、组件组成，它们之间是层次嵌套关系。其中，子系统和组件数量庞大，相互之间关系描述十分复杂，必须按照系统工程理论进行设计。因此，其组成系统工程描述框架表达如下（图 11-3）。

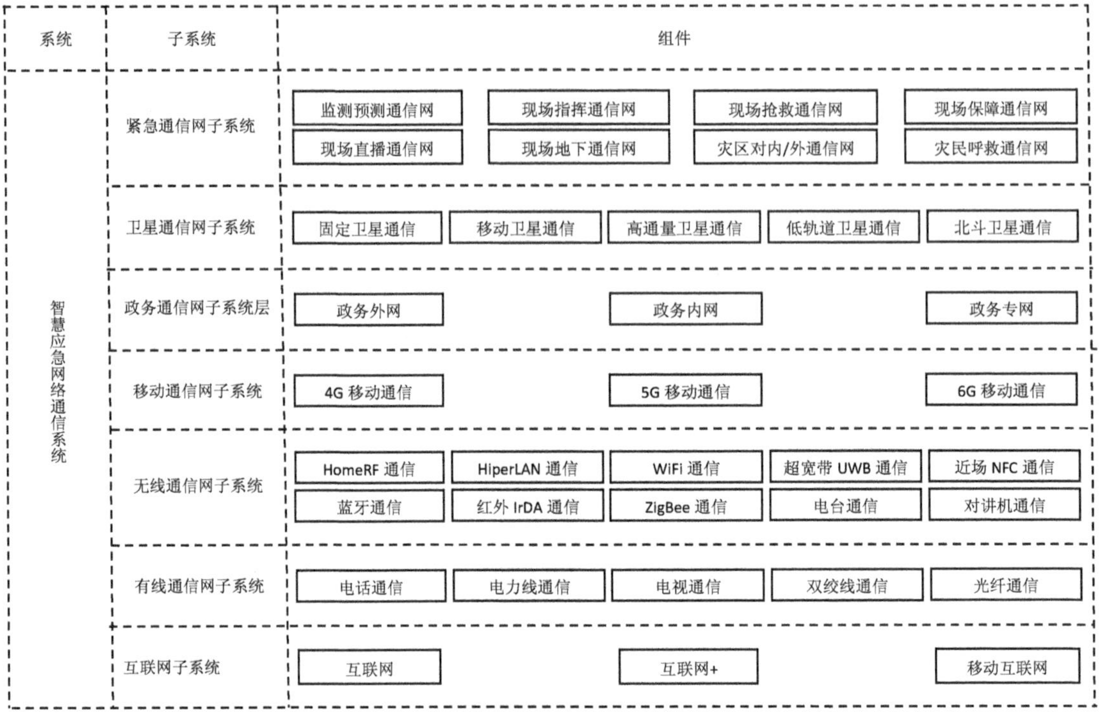

图 11-3　智慧应急网络通信组成系统工程描述框架

上述每个子系统对应若干组件，详见《智慧应急原理与方法》（邹逸江著，浙江大学出版社，2023 年 11 月）。

11.3.3　智慧应急接入感知组成系统工程

智慧应急接入感知由系统、子系统、组件组成，它们之间是层次嵌套关系。其中，子系统和组件数量庞大，相互之间关系描述十分复杂，必须按照系统工程理论进行设计。因此，其组成系统工程描述框架表达如下（图 11-4）。

系统	子系统	组件				
智慧应急接入感知系统	航天感知子系统	对地卫星遥感	气象卫星遥感	环境卫星遥感	海洋卫星遥感	
		宇宙飞船遥感	航天飞机遥感	航天空间站遥感	其他	
	航空感知子系统	航摄飞机遥感	直升机遥感	无人机遥感	探空火箭遥感	飞艇/气球遥感
	车（船）载感知子系统	应急指挥车（船）	消防指挥车（船）	公安指挥车（船）	交通指挥车（船）	城市执法车（船）
		移动测量车（船）	卫生检测车（船）	环境监测车（船）	气象保障车（船）	核监测车（船）
	传感器感知子系统	热敏传感器	光敏传感器	气敏传感器	力敏传感器	磁敏传感器
		湿敏传感器	声敏传感器	色敏传感器	放射敏传感器	其他
	视频感知子系统	模拟视频	数字视频	网络视频	智能视频	其他
	群智感知子系统	智能手机	智能手表	智能眼镜	智能穿戴	iPAD
	社交感知子系统	固定/移动电话	短信	QQ	微信	微博
		博客	论坛	邮件	网站	维基百科
		大众点评	第三方评价	知乎	MSN	其他

图 11-4　智慧应急接入感知组成系统工程描述框架

上述每个子系统对应若干组件，详见《智慧应急原理与方法》（邹逸江著，浙江大学出版社，2023 年 11 月）。

11.3.4　智慧应急数据管理组成系统工程

智慧应急数据管理由系统、子系统、组件组成，它们之间是层次嵌套关系。其中，子系统和组件数量庞大，相互之间关系描述十分复杂，必须按照系统工程理论进行设计。因此，其组成系统工程描述框架表达如下（图 11-5）。

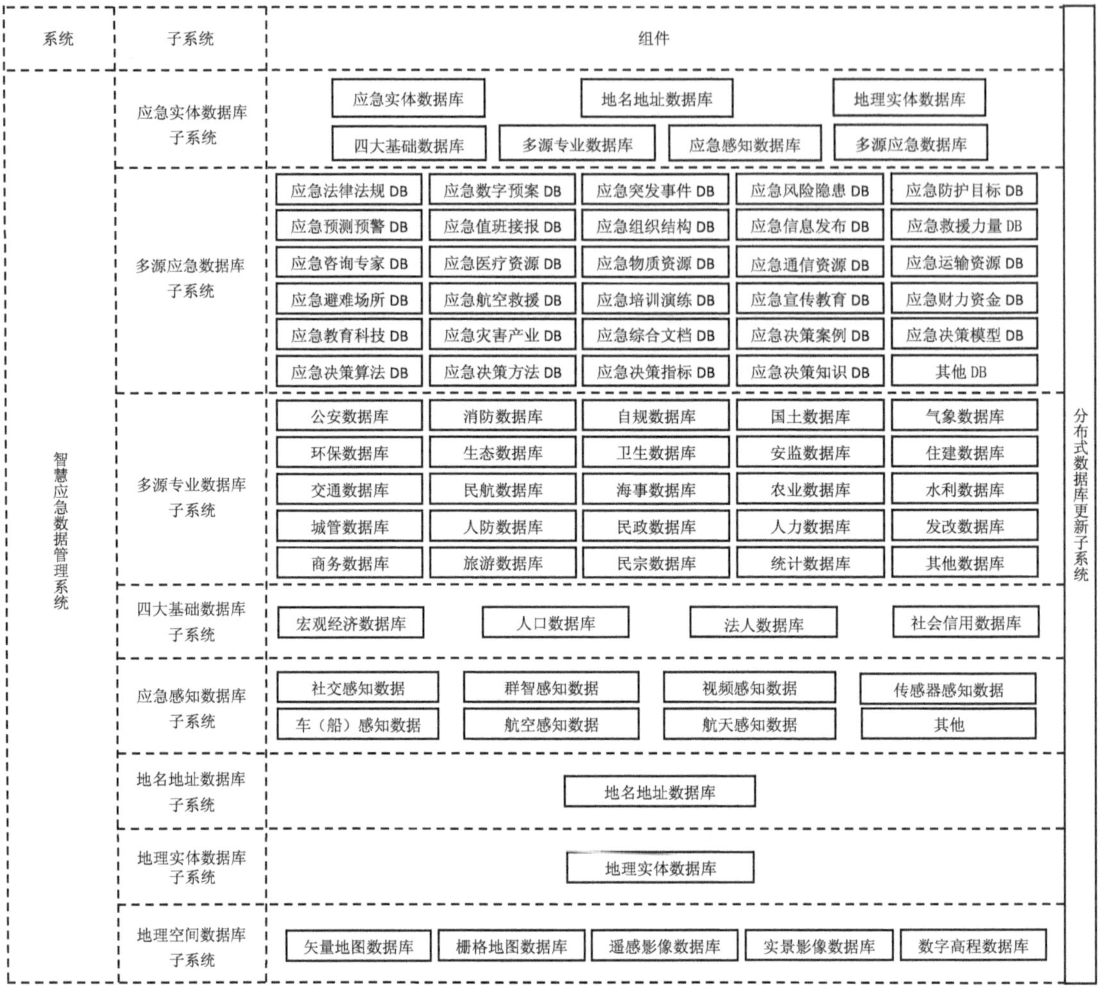

图 11-5　智慧应急数据管理组成系统工程描述框架

上述每个子系统对应若干组件，详见《智慧应急原理与方法》（邹逸江著，浙江大学出版社，2023 年 11 月）。

11.3.5　智慧应急技术支撑组成系统工程

智慧应急技术支撑由系统、子系统、组件组成，它们之间是层次嵌套关系。其中，子系统和组件数量庞大，相互之间关系描述十分复杂，必须按照系统工程理论进行设计。因此，其组成系统工程描述框架表达如下（图 11-6）。

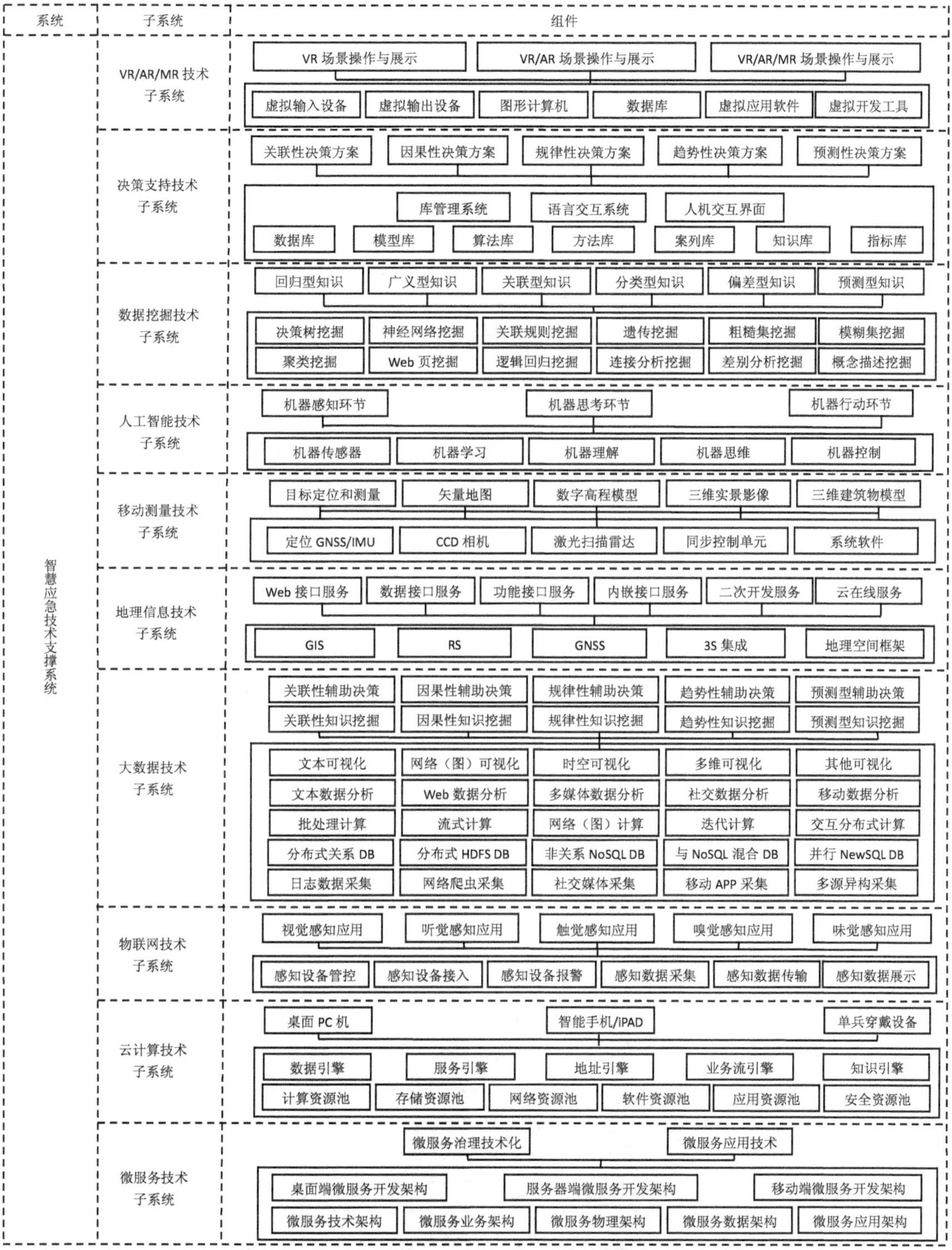

图 11-6　智慧应急技术支撑组成系统工程描述框架

上述每个子系统对应若干组件，详见《智慧应急原理与方法》（邹逸江著，浙江大学出版社，2023 年 11 月）。

11.3.6 智慧应急通用功能组成系统工程

智慧应急通用功能由系统、子系统、组件组成,它们之间是层次嵌套关系。其中,子系统和组件数量庞大,相互之间关系描述十分复杂,必须按照系统工程理论进行设计。因此,其组成系统工程描述框架表达如下(图 11-7)。

系统	子系统	组件
智慧应急通用功能系统	应急机器人子系统	空中应急机器人、陆地应急机器人、水下应急机器人、通用应急机器人;环境感知技术、运动控制技术、自学习技术、人机交互技术、网络协同技术
	应急语言理解子系统	应急文本语言理解、应急口语语言理解、应急机器人语言理解;词典构造、语音分析、语法分析、语义分析、语用分析、篇章分析
	应急视频分析子系统	应急目标检测、应急目标分类、应急目标跟踪、应急目标行为识别、应急目标行为理解;应急固定视频、应急移动视频、应急共享视频、应急社交媒体视频、应急机器人视频
	应急视频共享子系统	公安视频监控、交通视频监控、国土视频监控、城管视频监控、综治视频监控;安监视频监控、水利视频监控、环保视频监控、人防视频监控、场所视频监控
	应急服务接口子系统	应急 Web 接口、应急功能接口、应急云应用接口、应急内嵌接口、应急 API 接口
	应急态势推演子系统	应急事件态势推演、应急承载体态势推演、应急活动控制态势推演、应急环境态势推演;应急资源态势推演、应急组织态势推演、应急任务态势推演、态势推演进程控制
	应急态势标绘子系统	应急专题标绘、应急指挥标绘、应急调度标绘、应急协同标绘;应急轨迹跟踪标绘、应急反演模拟标绘、应急红蓝对抗标绘、应急标绘成果存储、应急标绘成果输出;态势标号分类、态势标号颜色、态势标号定位、态势标号生成
	应急实体展现子系统	矢量地图展现、栅格地图展现、数字高程展现、遥感影像展现、影像地图展现;实景影像展现、统计图形展现、专题地图展现、社交媒体展现、VR/AR/MR 展现
	应急实体制图子系统	地图制图、遥感影像制图、实景影像制图;制图内容设计、制图数学基础设计、制图符号设计、制图注记设计;制图色彩设计、制图整饰设计、制图图例设计、制图图面设计
	应急辅助决策子系统	关联性辅助决策、因果性辅助决策、规律性辅助决策、趋势性辅助决策、预测性辅助决策
	应急大数据分析子系统	文本数据分析、Web 数据分析、音频视频分析、社交媒体分析、移动数据分析、用户画像分析
	应急知识挖掘子系统	空间特征知识、聚类特征知识、分布规律知识、区分规则知识、存在状态知识;空间关联知识、相关因素知识、相关异常偏差知识、差概念描述知识、发生频率知识;源头追溯知识、社交媒体知识、Web 页知识、演变规律知识、趋势预测知识
	应急实体统计子系统	回归统计分析、层次统计分析、主成分统计分析、分类统计分析、聚类统计分析;判别统计分析、序列统计分析、插值统计分析、集离统计分析、关联统计分析;因子统计分析、向量机统计分析、相关统计分析、趋势统计分析、统计图形表达
	应急实体分析子系统	叠加分析、缓冲区分析、关系分析、通视分析、流域分析、日照分析;合并分析、网络分析、选址分析、时空分析、栅格分析、其他
	应急实体查询子系统	属性条件查询、空间条件查询、窗口条件查询、关系条件查询、组合条件查询
	应急实体量算子系统	点状实体量算、线状实体量算、面状实体量算、体状实体量算、实体形态量算、实体质心量算
	应急实体操作子系统	GIS 图形缩放、GIS 图形漫游、GIS 图形编辑、GIS 拓扑构建、GIS 导入/导出、GIS 图形打印

图 11-7 智慧应急通用功能组成系统工程描述框架

上述每个子系统对应若干组件，详见《智慧应急原理与方法》（邹逸江著，浙江大学出版社，2023 年 11 月）。

11.3.7　智慧应急业务应用组成系统工程

智慧应急业务应用由系统、子系统、组件组成，它们之间是层次嵌套关系。其中，子系统和组件数量庞大，相互之间关系描述十分复杂，必须按照系统工程理论进行设计。因此，其组成系统工程描述框架表达如下（图 11-8）。

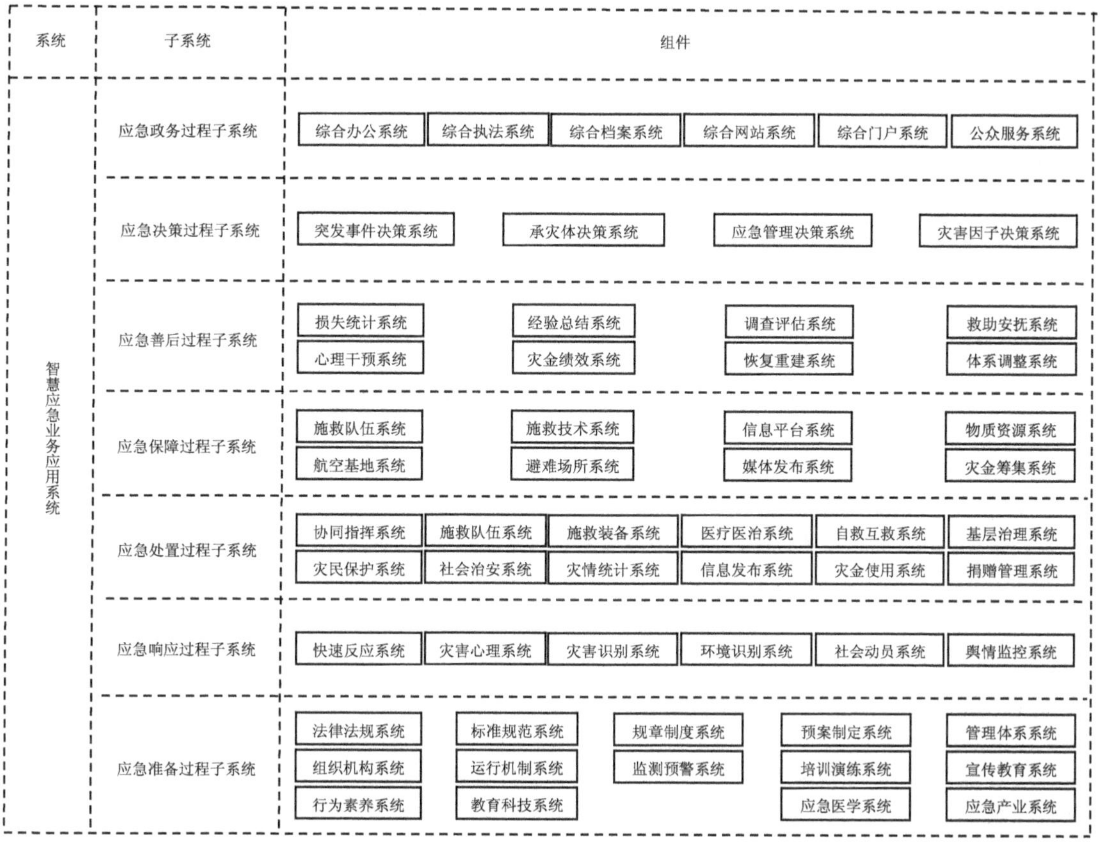

图 11-8　智慧应急业务应用组成系统工程描述框架

上述每个子系统对应若干组件，详见《智慧应急原理与方法》（邹逸江著，浙江大学出版社，2023 年 11 月）。

11.3.8　智慧应急成果展现组成系统工程

智慧应急成果展现由系统、子系统、组件组成，它们之间是层次嵌套关系。其中，子系统和组件数量庞大，相互之间关系描述十分复杂，必须按照系统工程理论进行设计。因此，其组成系统工程理论描述框架表达如下（图 11-9）。

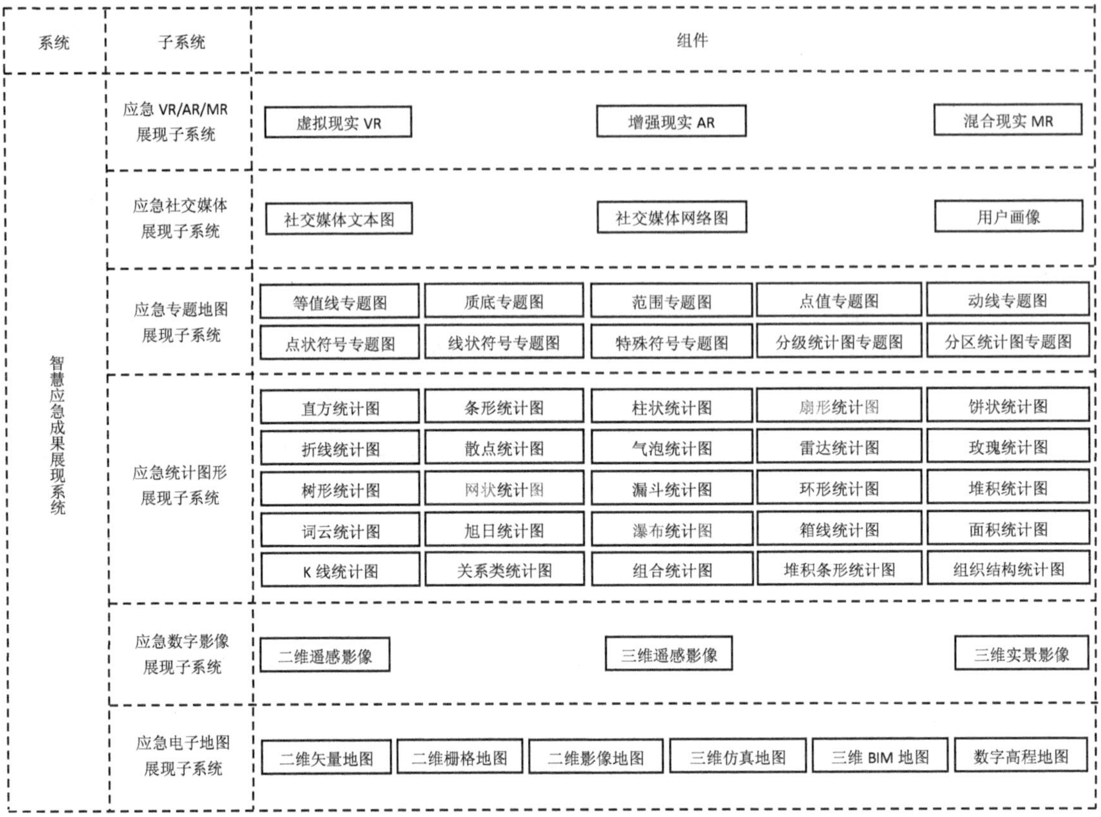

图 11-9 智慧应急成果展现组成系统工程描述框架

上述每个子系统对应若干组件，详见《智慧应急原理与方法》（邹逸江著，浙江大学出版社，2023 年 11 月）。

11.3.9 智慧应急操作终端组成系统工程

智慧应急操作终端由系统、子系统、组件组成，它们之间是层次嵌套关系。其中，子系统和组件数量庞大，相互之间关系描述十分复杂，必须按照系统工程理论进行设计。因此，其组成系统工程理论描述框架表达如下（图 11-10）。

上述每个子系统对应若干组件，详见《智慧应急原理与方法》（邹逸江著，浙江大学出版社，2023 年 11 月）。

11.3.10 智慧应急统一门户组成系统工程

智慧应急统一门户由系统、子系统、组件组成，它们之间是层次嵌套关系。其中，子系统和组件数量庞大，相互之间关系描述十分复杂，必须按照系统工程理论进行设计。因此，其组成系统工程理论描述框架表达如下（图 11-11）。

系统	子系统	组件				
智慧应急操作终端系统	应急机器人子系统	空中应急机器人		陆地应急机器人		水下应急机器人
	应急移动设备子系统	智能手机	IPAD平板	智能眼镜	智能手表	VR 头盔
	应急移动车（船）子系统 子系统	LED 大屏幕	PC 机	笔记本	交互桌面	裸眼立体
	应急指挥中心子系统	液晶拼接大屏幕	LED 大屏幕	全息显示	电子沙盘	模拟驾驶舱

图 11-10　智慧应急操作终端组成系统工程描述框架

系统	子系统	组件				
智慧应急统一门户系统	政府应急平台门户子系统	国家级应急平台	省级应急平台	市级应急平台	县级应急平台	
	建制应急平台门户子系统	军队应急平台	武警应急平台	公安应急平台	消防应急平台	预备役应急平台
	专业应急平台门户子系统	危化品应急平台	交通应急平台	国土应急平台	城管应急平台	卫生应急平台
		安监应急平台	水利应急平台	环保应急平台	气象应急平台	人防应急平台
	智慧城市平台门户子系统	智慧公安平台	智慧消防平台	智慧规划平台	智慧国土平台	智慧气象平台
		智慧环保平台	智慧生态平台	智慧卫生平台	智慧安监平台	智慧住建平台
		智慧交通平台	智慧民航平台	智慧海事平台	智慧农业平台	智慧水利平台
		智慧城管平台	智慧人防平台	智慧民政平台	智慧人力平台	智慧发改平台
		智慧物流平台	智慧旅游平台	智慧教育平台	智慧民宗平台	智慧统计平台
	政务业务系统门户子系统	应急业务系统	国土业务系统	公安业务系统	环保业务系统	交通业务系统
		气象业务系统	发改业务系统	科技业务系统	教育业务系统	经信业务系统
		卫健业务系统	商务业务系统	安监业务系统	地震业务系统	水利业务系统
		消防业务系统	民航业务系统	海事业务系统	人防业务系统	规划业务系统
		住建业务系统	人力业务系统	旅游业务系统	统计业务系统	民政业务系统
	专业应用系统门户子系统	地震应用系统	防灾应用系统	气象应用系统	地质应用系统	海洋应用系统
		林业应用系统	污染应用系统	石化应用系统	水面应用系统	轨交应用系统
		核应用系统	反恐应用系统	疫情应用系统	生物应用系统	卫生应用系统
		市政应用系统	道隧应用系统	通信应用系统	特设应用系统	运输应用系统
		物价应用系统	食品应用系统	治安应用系统	油气应用系统	工商贸应用系统
		测绘应用系统	海事应用系统	航空应用系统	无人机应用系统	物流应用系统

图 11-11　智慧应急统一门户组成系统工程描述框架

上述每个子系统对应若干组件，详见《智慧应急原理与方法》（邹逸江著，浙江大学出版社，2023 年 11 月）。

11.3.11 智慧应急对外接口组成系统工程

智慧应急对外接口由系统、子系统、组件组成，它们之间是层次嵌套关系。其中，子系统和组件数量庞大，相互之间关系描述十分复杂，必须按照系统工程理论进行设计。因此，其组成系统工程理论描述框架表达如下（图 11-12）。

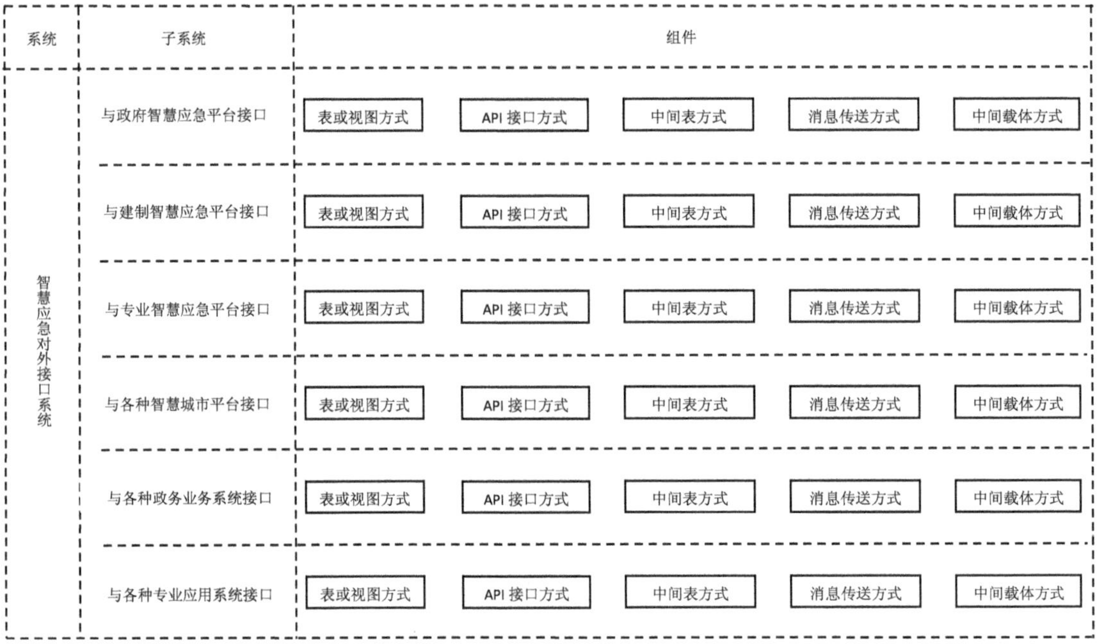

图 11-12 智慧应急对外接口组成系统工程描述框架

上述每个子系统对应若干组件，详见《智慧应急原理与方法》（邹逸江著，浙江大学出版社，2023 年 11 月）。

11.3.12 智慧应急安全保障组成系统工程

智慧应急安全保障由系统、子系统、组件组成，它们之间是层次嵌套关系。其中，子系统和组件数量庞大，相互之间关系描述十分复杂，必须按照系统工程理论进行设计。因此，其组成系统工程理论描述框架表达如下（图 11-13）。

11.3.13 智慧应急运行管理组成系统工程

智慧应急运行管理由系统、子系统、组件组成，它们之间是层次嵌套关系。其中，子系统和组件数量庞大，相互之间关系描述十分复杂，必须按照系统工程理论进行设计。因此，其组成系统工程理论描述框架表达如下（图 11-14）。

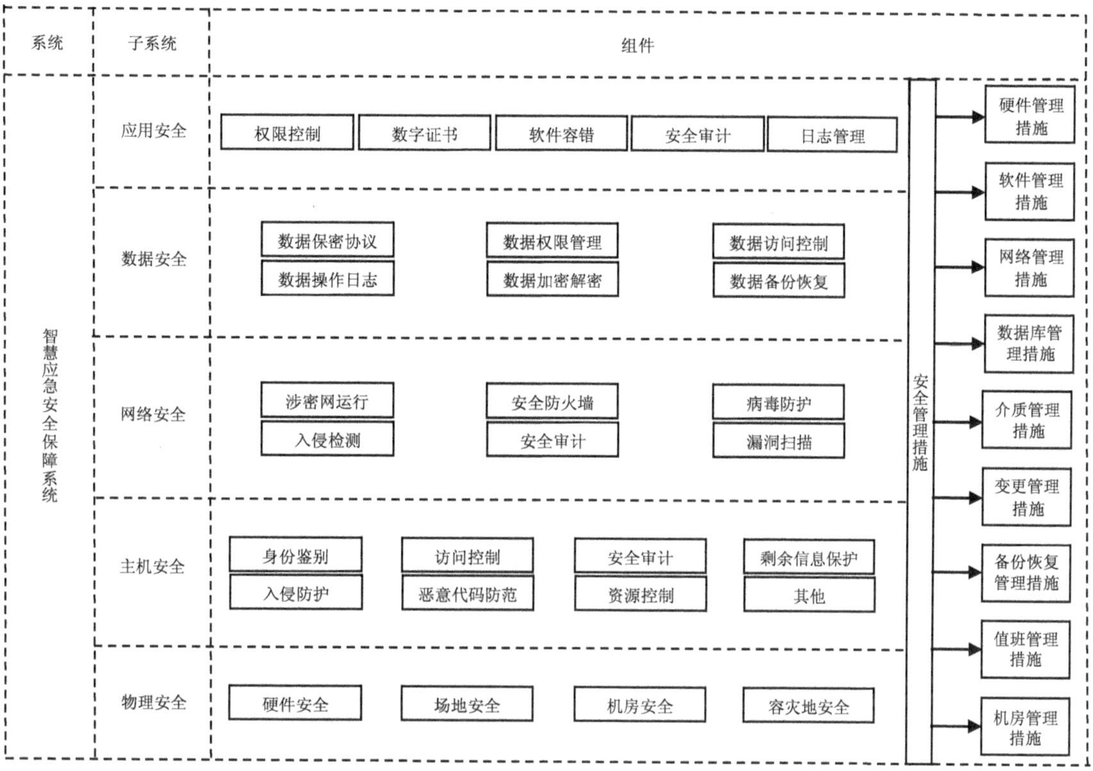

图 11-13　智慧应急安全保障系统组成系统工程描述框架

上述每个子系统对应若干组件，详见《智慧应急原理与方法》（邹逸江著，浙江大学出版社，2023 年 11 月）。

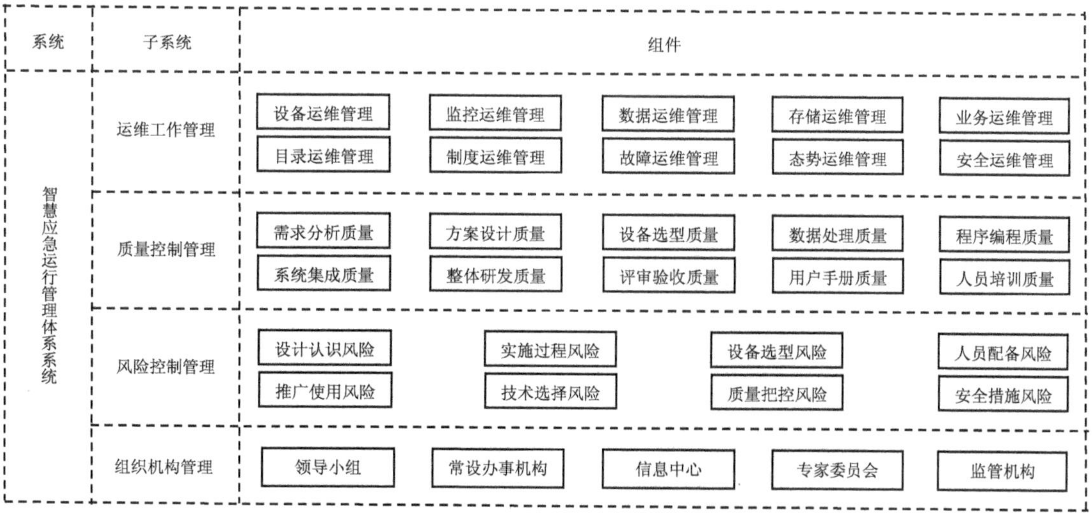

图 11-14　智慧应急运行管理组成系统工程描述框架

上述每个子系统对应若干组件，详见《智慧应急原理与方法》（邹逸江著，浙江大学出版社，2023 年 11 月）。

11.3.14 智慧应急法律法规组成系统工程

智慧应急法律法规由系统、子系统、组件组成，它们之间是层次嵌套关系。其中，子系统和组件数量庞大，相互之间关系描述十分复杂，必须按照系统工程理论进行设计。因此，其组成系统工程理论描述框架表达如下（图 11-15）。

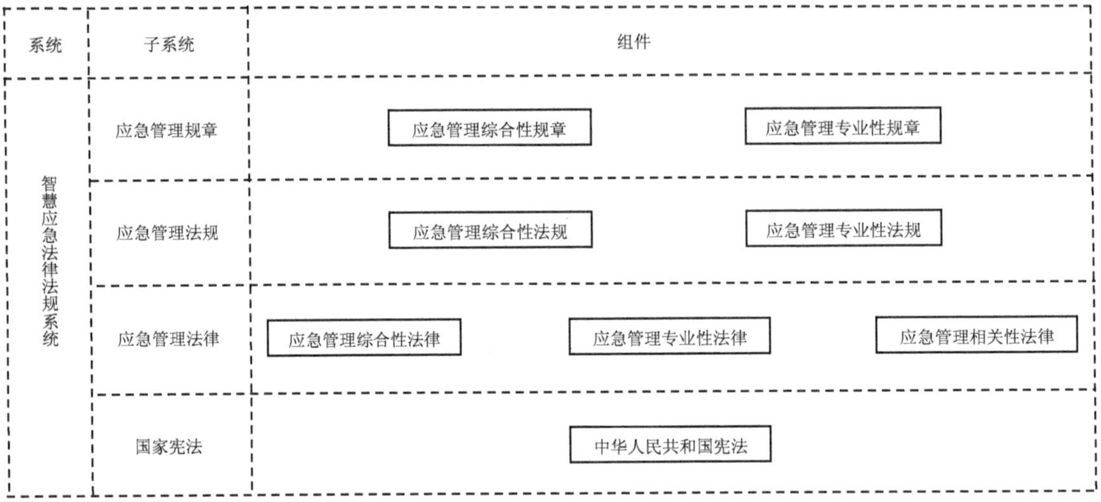

图 11-15 智慧应急法律法规组成系统工程描述框架

上述每个子系统对应若干组件，详见《智慧应急原理与方法》（邹逸江著，浙江大学出版社，2023 年 11 月）。

11.3.15 智慧应急标准规范组成系统工程

智慧应急标准规范由系统、子系统、组件组成，它们之间是层次嵌套关系。其中，子系统和组件数量庞大，相互之间关系描述十分复杂，必须按照系统工程理论进行设计。因此，其组成系统工程理论描述框架表达如下（图 11-16）。

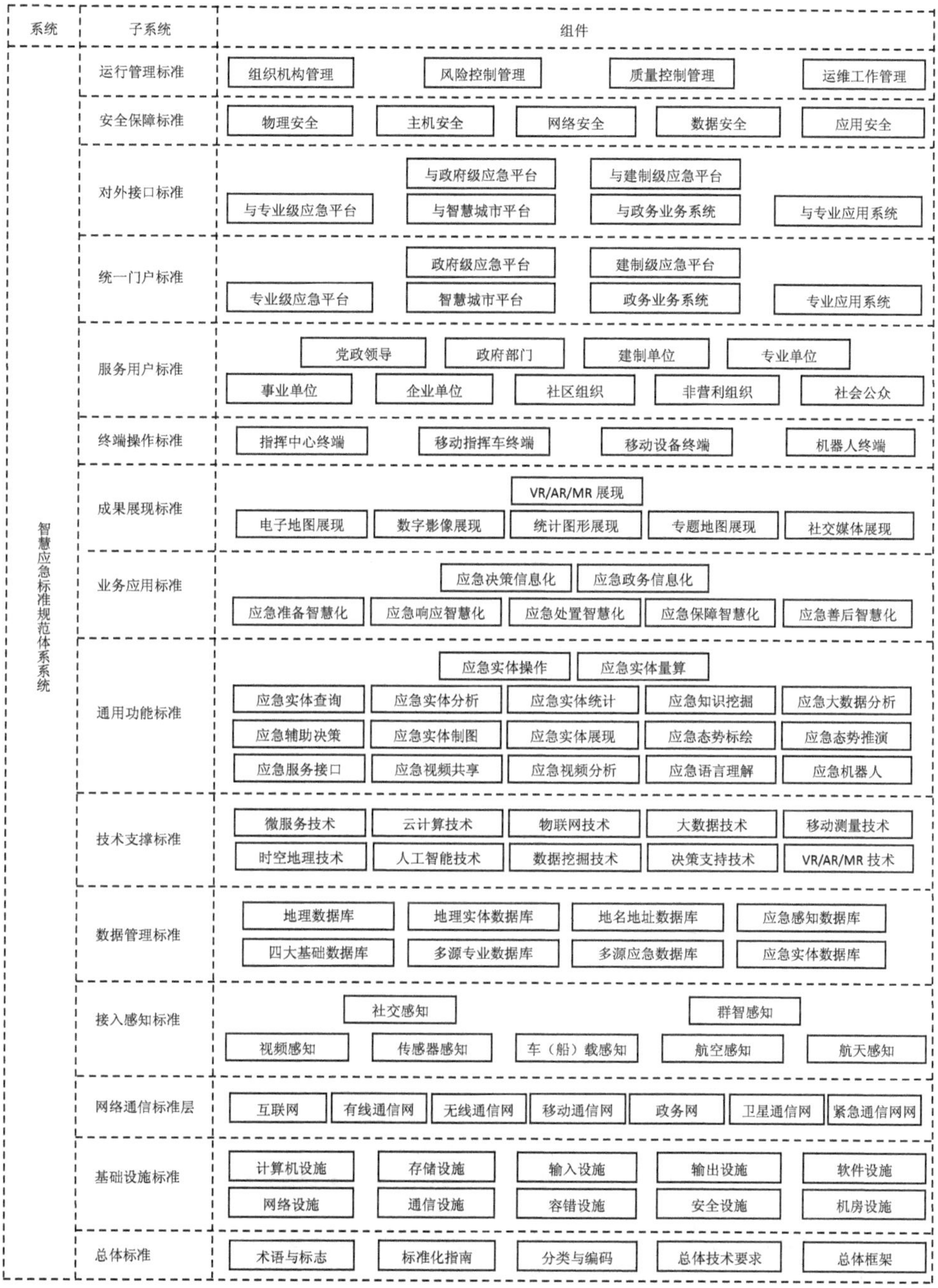

图 11-16　智慧应急标准规范组成系统工程描述框架

上述每个子系统对应若干组件，详见《智慧应急原理与方法》（邹逸江著，浙江大学出版社，2023 年 11 月）。

11.3.16　智慧应急运行环境组成系统工程

智慧应急运行环境由系统、子系统、组件组成，它们之间是层次嵌套关系。其中，子系统和组件数量庞大，相互之间关系描述十分复杂，必须按照系统工程理论进行设计。因此，其组成系统工程理论描述框架表达如下（图 11-17）。

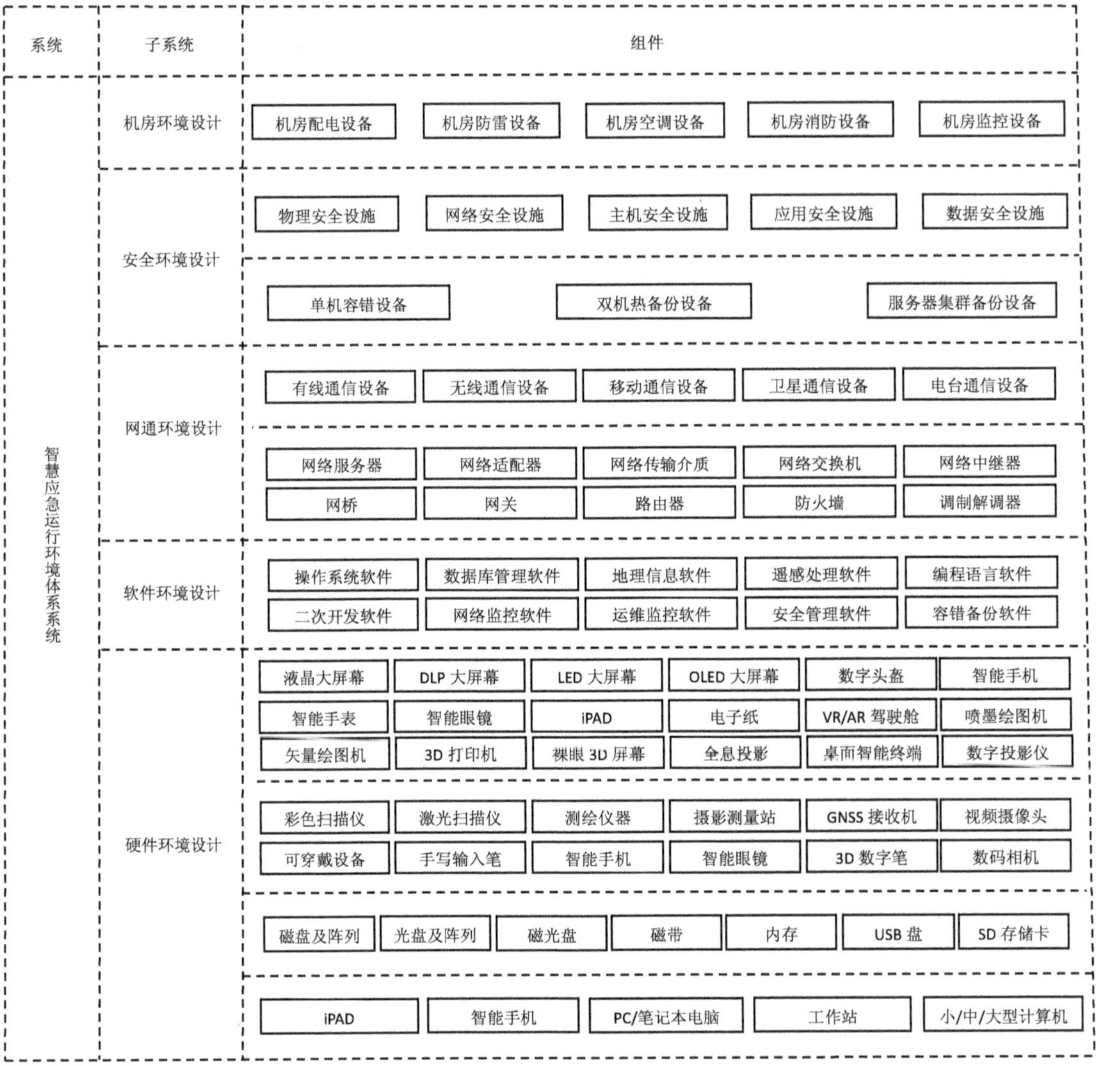

图 11-17 智慧应急运行环境组成系统工程描述框架

上述每个子系统对应若干组件，详见《智慧应急原理与方法》（邹逸江著，浙江大学出版社，2023 年 11 月）。

第 12 章　智慧应急笛卡尔三维坐标系内容描述

12.1　智慧应急笛卡尔三维坐标系轴描述

12.1.1　智慧应急事件轴描述

12.1.1.1　智慧应急事件轴内容构成

智慧应急事件轴由自然灾害事件、事故灾难事件、公共卫生事件、社会安全事件等四大事件组成，即 $E=(E_1, E_2, E_3, E_4)$，每一事件由若干子事件组成，每一子事件又由若干灾害组成。

1）自然灾害事件 E_1

E_1=（干旱子事件 E_{11}，洪涝子事件 E_{12}，台风子事件 E_{13}，暴雨子事件 E_{14}，大风子事件 E_{15}，冰雹子事件 E_{16}，雷电子事件 E_{17}，低温子事件 E_{18}，冰雪子事件 E_{19}，高温子事件 E_{110}，沙尘暴子事件 E_{111}，大雾子事件 E_{112}，地震子事件 E_{113}，火山子事件 E_{114}，崩塌子事件 E_{115}，滑坡子事件 E_{116}，泥石流子事件 E_{117}，地面塌陷子事件 E_{118}，地面沉降子事件 E_{119}，地裂缝子事件 E_{120}，风暴潮子事件 E_{121}，海浪子事件 E_{122}，海冰子事件 E_{123}，海啸子事件 E_{124}，赤潮子事件 E_{125}，植物病虫子事件 E_{126}，疫病子事件 E_{127}，鼠害子事件 E_{128}，草害子事件 E_{129}，赤潮子事件 E_{130}，森林/草原火灾子事件 E_{131}，水土流失子事件 E_{132}，风蚀沙化子事件 E_{133}，盐渍化子事件 E_{134}，石漠化子事件 E_{135}，其他子事件 E_{136}）。

其抽象描述表达式：$E_1=(E_{11}, E_{12}, \cdots, E_{1j})$，其中 j=1~36，代表自然灾害事件 E_1 中存在 36 个应急子事件 E_{1j}，每个应急子事件 E_{1j} 又由若干应急灾害组成。

2）事故灾难事件 E_2

E_2=（安全生产事故子事件 E21，交通事故子事件 E_{22}，海难事故子事件 E_{23}，空难事故子事件 E_{24}，火灾与爆炸事故子事件 E_{25}，燃气与油（气）管道事故子事件 E_{26}，危化品事故子事件 E_{27}，工程施工事故子事件 E_{28}，人防工程事故子事件 E_{29}，供排水事故子事件 E_{210}，公共设施和设备事故子事件 E_{211}，溢油事故子事件 E_{212}，环境污染和生态破坏事故子事件 E_{213}，核与辐射事故子事件 E_{214}，其他事故子事件灾难 E_{215}）。

其抽象描述表达式：$E_2=(E_{21}, E_{22}, \cdots, E_{2j})$，其中 j=1~15，代表事故灾难事件 E_2 中存在 15 个应急子事件 E_{2j}，每个应急子事件 E_{2j} 又由若干应急灾害组成。

3）公共卫生事件 E_3

E_3=（重大传染病疫情事件子事件 E_{31}，群体性不明原因疾病事件子事件 E_{32}，重大食品和药品安全事件子事件 E_{33}，中毒食物和职业中毒事件子事件 E_{34}，动物疫情事件子事件 E_{35}，自然灾害致疾病流行事件子事件 E_{36}，重大环境污染致疾病流行事件子事件 E_{37}，核事故致疾病流行事件子事件 E_{38}，生物、化学、恐怖致疾病流行事件子事件 E_{39}，其他公共卫生事件子事件 E_{310}）。

其抽象描述表达式：E_3=（E_{31}，E_{32}，…，E_{3j}），其中 j=1、10，代表公共卫生事件 E_3 中存在 10 个应急子事件 E_{3j}，每个应急子事件 E_{3j} 又由若干应急灾害组成。

4）社会安全事件 E_4

E_4=（重大刑事案件事件子事件 E_{41}，重特大火灾事件子事件 E_{42}、重大恐怖袭击事件子事件 E_{43}，重大社会群体性事件子事件 E_{44}，重大民族宗教突发群体事件子事件 E_{45}，重大学校安全事件子事件 E_{46}，重大粮食供给事件子事件 E_{47}，重大涉外突发公共事件子事件 E_{48}，重大网络与信息安全事件子事件 E_{49}，重大能源资源供给事件子事件 E_{410}，重大金融突发公共事件子事件 E_{411}，其他社会安全事件子事件 E_{412}）。

其抽象描述表达式：E_4=（E_{41}，E_{42}，…，E_{4j}），其中 j=1~12，代表社会安全事件 E_4 中存在 12 个应急子事件 E_{4j}，每个应急子事件 E_{4j} 又由若干应急灾害组成。

12.1.1.2 智慧应急事件轴数学表达式

经抽象得出智慧应急事件轴四元组数学表达式：Equadruple=（E_all，E_set，E_sub，W），其中：

（1）E_all={E_1，E_2，…，E_i}={ E_all }，E_all 代表应急全事件描述，由应急事件 E_i 组合而成，E_i 为 E_all 中的一个应急事件。其中，E_all 也是应急全事件抽象为全对象的描述符。

（2）E_set={E_{i1}，E_{i2}，…，E_{ij}}={ E_1_set，E_2_set，…，En_set }，Ei_set 代表应急事件描述，由应急子事件 E_{ij} 组合而成，E_{ij} 为 E_i 中的一个应急子事件。其中，E_1_set、E_2_set 、…、En_set 是应急事件抽象为对象的描述符。

（3）E_sub={E_{ij1}，E_{ij2}，…，E_{ijk}}={ E_1_ sub，E_2_ sub，…，En_ sub }，Ei_sub 代表应急子事件描述，由应急灾害 E_{ijk} 组合而成，E_{ijk} 为 E_{ij} 中的一个应急灾害。其中，E_1_ sub 、E_2_ sub、…、En_ sub 是应急子事件抽象为子对象的描述符。

（4）W=（E_sub ∈ E_set ∈ E_all），W 代表应急子事件从属于应急事件，应急事件从属于应急全事件。

（5）i、j、k 都为 1~ ∞ 的正整数，∈代表“从属于”。

12.1.1.3 智慧应急事件轴描述对象内容

E_1_set、E_2_set、E_3_set、E4_set 分别代表 E_1、E_2、E_3、E_4 事件，E_1_ sub、E_2_ sub、E_3_ sub、E_4_ sub 分别代表着 E_1_set、E_2_set、E_3_set、E_4_set 中的子事件，基于上述智慧应急事件轴四元组数学表达式得知：

● 全事件 E_all={ E_1_set ∩ E_2_set ∩ E_3_set ∩ E_4_set}={E}={$E_1 \cap E_2 \cap E_3 \cap E_4$}，其中，$E$_all 是它们中的全部事件组合。

● 事件 E_ set ={E_1_set ∪ E_2_set ∪ E_3_set ∪ E_4_set }={$E_1 \cup E_2 \cup E_3 \cup E_4$}，其中，$E$_set 是它们中的一个事件。

●子事件 $E\_sub=\{E_{1\_}sub \cup E_{2\_}sub \cup E_{3\_}sub \cup E_{4\_}sub\}=\{(E_{11}, E_{12}, \cdots, E_{1i}) \cup (E_{21}, E_{22}, \cdots, E_{2j}) \cup (E_{31}, E_{32}, \cdots, E_{3k}) \cup (E_{41}, E_{42}, \cdots, E_{4m})\}$，其中，$E\_sub$ 是它们中的一个子事件。

12.1.2　智慧应急过程轴描述

12.1.2.1　智慧应急过程轴内容构成

智慧应急过程由应急准备过程、应急响应过程、应急处置过程、应急保障过程、应急善后过程、应急政务过程、应急决策过程等 7 大过程组成，即 $T=(T_1, T_2, T_3, T_4, T_5, T_6, T_7)$，每一过程由若干子过程组成，每一子过程又由若干程序组成。

1）应急准备过程 T_1

T_1 =（法律法规 T_{11}，标准规范 T_{12}，规章制度 T_{13}，预案制定 T_{14}，管理体系 T_{15}，组织机构 T_{16}，运行机制 T_{17}，监测预警 T_{18}，培训演练 T_{19}，宣传教育 T_{110}，行为素养 T_{111}，教育科技 T_{112}，灾害医学 T_{113}，灾害产业 T_{114}）。

其抽象描述表达式：$T_1=(T_{11}, T_{12}, \cdots, T_{1j})$，其中 j=1~14，代表应急准备过程 T_1 中存在 14 个应急子过程 T_{1j}，每个应急子过程 T_{1j} 又由若干应急程序组成。

2）应急响应过程 T_2

T_2 =（快速反应 T_{21}，灾害心理 T_{22}，灾害识别 T_{23}，环境识别 T_{24}，社会动员 T_{25}，舆情监控 T_{26}）。

其抽象描述表达式：$T_2=(T_{21}, T_{22}, \cdots, T_{2j})$，其中 j=1~6，代表应急响应过程 T_2 中存在 6 个应急子过程 T_{2j}，每个应急子过程 T_{2j} 又由若干应急程序组成。

3）应急处置过程 T_3

T_3 =（协同指挥 T_{31}，队伍施救 T_{32}，施救装备 T_{33}，医疗医治 T_{34}，自救互救 T_{35}，基层治理 T_{36}，灾民保护 T_{37}，社会治安 T_{38}，灾情统计 T_{39}，信息发布 T_{310}，灾金使用 T_{311}，捐赠管理 T_{312}）。

其抽象描述表达式：$T_3=(T_{31}, T_{32}, \cdots, T_{3j})$，其中 j=1~12，代表应急处置过程 T_3 中存在 12 个应急子过程 T_{3j}，每个应急子过程 T_{3j} 又由若干应急程序组成。

4）应急保障过程 T_4

T_4 =（施救队伍 T_{41}，施救技术 T_{42}，信息平台 T_{43}，物质资源 T_{44}，航空基地 T_{45}，避难场所 T_{46}，媒体发布 T_{47}，灾金筹集 T_{48}）。

其抽象描述表达式：T4=$(T_{41}, T_{42}, \cdots, T_{4j})$，其中 j=1~6，代表应急保障过程 T_4 中存在 6 个应急子过程 T_{4j}，每个应急子过程 T_{4j} 又由若干应急程序组成。

5）应急善后过程 T_5

T_5 =（损失统计 T_{51}，经验总结 T_{52}，调查评估 T_{53}，救助安抚 T_{54}，心理干预 T_{55}，灾金绩效 T_{56}，恢复重建 T_{57}，体系调整 T_{58}）。

其抽象描述表达式：$T_5=(T_{51}, T_{52}, \cdots, T_{5j})$，其中 j=1~8，代表应急善后过程 T_5 中存在 8 个应急子过程 T_{5j}，每个应急子过程 T_{5j} 又由若干应急程序组成。

6）应急政务过程 T_6

T_6=（综合办公子 T_{61}，综合执法 T_{62}，综合档案 T_{63}，综合网站 T_{64}，综合门户 T_{65}，公众服务 T_{66}）。

其抽象描述表达式：T_6=(T_{61},T_{62},…,T_{6j}),其中 j=1~6,代表应急政务过程 T_6 中存在 6 个应急子过程 T_{6j},每个应急子过程 T_{6j} 又由若干应急程序组成。

7)应急决策过程 T_7

T_7=(突发事件决策 T_{71},承灾载体决策 T_{72},应急管理决策 T_{73},灾害因子决策 T_{74})。

其抽象描述表达式：T_7=(T_{71},T_{72},…,T_{7j}),其中 j=1~4,代表应急决策过程 T_7 中存在 4 个应急子过程 T_{7j},每个应急子过程 T_{7j} 又由若干应急程序组成。

12.1.2.2 智慧应急过程轴数学表达式

经抽象得出智慧应急过程轴四元组数学表达式：Tquadruple=(T_all, T_set, T_sub, W),其中：

(1) T_all={T_1, T_2,…, T_i}={ T_all }, T_all 代表应急全过程描述,由应急过程 T_i 组合而成,T_i 为 T_all 中的一个应急过程。其中,T_all 也是应急全过程抽象为全对象的描述符。

(2) T_set={T_{i1}, T_{i2},…, T_{ij}}={T_1_set , T_2_set ,…, T_n_set }, T_i_set 代表应急过程描述,由应急过程子过程 T_{ij} 组合而成,T_{ij} 为 T_i 中的一个应急子过程。其中,T_1_set、T_2_set 、…、Tn_set 是应急过程抽象为对象的描述符。

(3) T_sub={T_{ij1}, T_{ij2},…, T_{ijk}}={ T_1_ sub , T_2_ sub ,…, T_n_ sub}, T_i_sub 代表应急子过程描述,由应急程序 T_{ijk} 组合而成, T_{ijk} 为 T_{ij} 中的一个应急程序。其中, T_1_ sub 、T_2_ sub、…、T_n_ sub 是应急子过程抽象为子对象的描述符。

(4) W=(T_sub ∈ T_set ∈ T_all), W 代表应急子过程从属于应急过程,应急过程从属于应急全过程。

(5) i、j、k 都为 1~ ∞的正整数,∈代表“从属于”。

12.1.2.3 智慧应急过程轴描述对象内容

T_1_set、T_2_set、T_3_set、T_4_set、T_5_set、T_6_set、T_7_set 分别代表 T_1、T_2、T_3、T_4、T_5、T_6、T_7 过程,T_1_sub、T_2_sub、T_3_sub、T_4_sub、T_5_sub、T_6_sub、T_7_sub 分别代表着 T_1_set、T_2_set、T_3_set、T_4_set、T_5_set、T_6_set、T_7_set 中的子过程,基于上述智慧应急过程轴四元组数学表达式得知：

● 全过程 T_all={T_1_set ∩ T_2_set ∩ T_3_set ∩ T_4_set ∩ T_5_set ∩ T_6_set ∩ T_7_set }={T}={ T_1 ∩ T_2 ∩ T_3 ∩ T_4 ∩ T_5 ∩ T_6 ∩ T_7},其中, T_all 是它们中的全部过程组合。

● 过程 T_ set ={ T_1_set ∪ T_2_set ∪ T_3_set ∪ T_4_set ∪ T_5_set ∪ T_6_set ∪ T_7_set }={T_1 ∪ T_2 ∪ T_3 ∪ T_4 ∪ T_5 ∪ T_6 ∪ T_7},其中,T_ set 是它们中的一个过程。

● 子过程 T_sub={ T_1_sub ∪ T_2_sub ∪ T_3_sub ∪ T_4_sub ∪ T_5_sub ∪ T_6_sub ∪ T_7_sub }={(T_{11}, T_{12},…, T_{1i})∪(T_{21}, T_{22},…, T_{2j})∪(T_{31}, T_{32},…, T_{3k})∪(T_{41}, T_{42},…, T_{4m})∪(T_{51}, T_{52},…,T_{5n})∪(T_{61},T_{62},…,T_{6n})∪(T_{71},T_{72},…,T_{7n})},其中,T_sub 是它们中的一个子过程。

12.1.3 智慧应急用户轴描述

12.1.3.1 智慧应急用户轴内容构成

智慧应急用户由政府部门用户、建制单位用户、专业单位用户、企事业单位用户、社区及公众用户、非营利组织用户等六大用户组成，即 U=($U_1, U_2, U_3, U_4, U_5, U_6$)，每一用户由若干子用户组成，每一子用户又由若干角色组成。

1)政府部门用户 U_1

U_1 =(国家级用户 U_{11}，省部级用户 U_{12}，地(市)级用户 U_{13}，县(区)级用户 U_{14}，部门级用户 U_{15})。

其抽象描述表达式：U_1=($U_{11}, U_{12}, \cdots, U_{1j}$)，其中 j=1~5，代表政府部门用户 U_1 中存在的 5 个应急子用户 U_{1j}，每个应急子用户 U_{1j} 又由若干应急角色组成。

2)建制单位用户 U_2

U_2 =(军队级用户 U_{21}，武警级用户 U_{22}，公安级用户 U_{23}，消防级用户 U_{24}，预备役级用户 U_{25})。

其抽象描述表达式：U_2=($U_{21}, U_{22}, \cdots, U_{2j}$)，其中 j=1~5，代表建制单位用户 U_2 中存在的 5 个应急子用户 U_{2j}，每个应急子用户 U_{2j} 又由若干应急角色组成。

3)专业单位用户 U_3

U_3 =(地震专业用户 U_{31}，防汛抗旱专业用户 U_{32}，气象专业用户 U_{33}，地质专业用户 U_{34}，海洋专业用户 U_{35}，林业专业用户 U_{36}，环境污染专业用户 U_{37}，危化品专业用户 U_{38}，水上专业用户 U_{39}，轨交专业用户 U_{310}，核事故专业用户 U_{311}，防暴反恐专业用户 U_{312}，疫情专业用户 U_{313}，生物专业用户 U_{314}，卫生专业用户 U_{315}，市政设施专业用户 U_{316}，道路桥隧专业用户 U_{317}，通信专业用户 U_{318}，特种设备专业用户 U_{319}，运输专业用户 U_{320}，物价专业用户 U_{321}，食品专业用户 U_{322}，治安专业用户 U_{323}，油气专业用户 U_{324}，工矿商贸专业用户 U_{325}，测绘专业用户 U_{326}，石化专业用户 U_{327}，航空专业用户 U_{328}，无人机专业用户 U_{329}，野外专业用户 U_{330})。

其抽象描述表达式：U_3=($U_{31}, U_{32}, \cdots, U_{3j}$)，其中 j=1~30，代表处置过程 U_3 中存在的 30 个应急子用户 U_{3j}，每个应急子用户 U_{3j} 又由若干应急角色组成。

4)企事业单位用户 U_4

U_4 =(行政职能事业用户 U_{41}，教育科技事业用户 U_{42}，医疗医治事业用户 U_{43}，公益服务事业用户 U_{44}，生产经营事业用户 U_{45}，国有企业用户 U_{46}，民营企业用户 U_{47}，私营企业用户 U_{48}，股份企业用户 U_{49}，外资企业用户 U_{410}，中外企业用户 U_{411})。

其抽象描述表达式：U_4=($U_{41}, U_{42}, \cdots, U_{4j}$)，其中 j=1~11，代表企事业单位用户 U_4 中存在的 11 个应急子用户 U_{4j}，每个应急子用户 U_{4j} 又由若干应急角色组成。

5)社区及公众用户 U_5

U_5=(社区组织子用户 51，社会公众子用户 52)，由 2 个子用户组成。

其抽象描述表达式：U_5=($U_{51}, U_{52}, \cdots, U_{5j}$)，其中 j=1、2，代表社区及公众用户 U_5 中存在的 2 个应急子用户 U_{5j}，每个应急子用户 U_{5j} 又由若干应急角色组成。

6)非营利组织用户 U_6

U_6 =(红十字用户 U_{61}，志愿团队用户 U_{62}，慈善机构用户 U_{63}，基金会用户 U_{64}，权益保护协会用户 U_{65}，环保协会用户 U_{66}，行业协会用户 U_{67}，民办非企业单位用户 U_{68}，宗教组织用户 U_{69})。

其抽象描述表达式：U_6=($U_{61}, U_{62}, \cdots, U_{6j}$)，其中 j=1~9，代表非营利组织 U_6 中存在的 9

个应急子用户 U_{6j}，每个应急子用户 U_{6j} 又由若干应急角色组成。

12.1.3.2 智慧应急用户轴数学表达式

经抽象得出智慧应急用户轴四元组数学表达式：Uquadruple=(U_all, U_set, U_sub, W)，其中：

(1) $U\_all=\{U_1, U_2, \cdots, U_i\}=\{U\_all\}$，$U\_all$ 代表应急全用户描述，由应急用户 U_i 组合而成，U_i 为 U_all 中的一个应急用户。其中，U_all 也是应急全用户抽象为全对象的描述符。

(2) $U\_set=\{U_{i1}, U_{i2}, \cdots, U_{ij}\}=\{U_1\_set, U_2\_set, \cdots, U_n\_set\}$，$U_i\_set$ 代表应急用户描述，由应急子用户 U_{ij} 组合而成，U_{ij} 为 U_i 中的一个应急子用户。其中，U_1_set、U_2_set 、…、U_n_set 是应急用户抽象为对象的描述符。

(3) $U\_sub=\{U_{ij1}, U_{ij2}, \cdots, U_{ijk}\}=\{U_1\_sub, U_2\_sub, \cdots, U_n\_sub\}$，$U_i\_sub$ 代表应急子用户描述，由应急角色 Uijk 组合而成，U_{ijk} 为 U_{ij} 中的一个应急角色。其中，U_1_sub 、U_2_sub、…、U_n_sub 是应急子用户抽象为子对象描述符。

(4) $W=(U\_sub \in U\_set \in U\_all)$，$W$ 代表应急子用户从属于应急用户，应急用户从属于应急全用户。

(5) i、j、k 都为 1~ ∞ 的正整数，∈代表“从属于”。

12.1.3.3 智慧应急用户轴描述对象内容

U_1_set、U_2_set、U_3_set、U_4_set、U_5_set、U_6_set 分别代表 U_1、U_2、U_3、U_4、U_5、U_6 用户，U_1_sub、U_2_sub、U_3_sub、U_4_sub、U_5_sub、U_6_sub 分别代表着 U_1_set、U_2_set、U_3_set、U_4_set、U_5_set、U_6_set 中的子用户，基于上述智慧应急用户轴四元组数学表达式得知：

● 全用户 $U\_all=\{U_1\_set \cap U_2\_set \cap U_3\_set \cap U_4\_set \cap U_5\_set \cap U_6\_set\}=\{U\}=\{U_1 \cap U_2 \cap U_3 \cap U_4 \cap U_5 \cap U_6\}$，其中，$U\_al$ 是它们中的全部用户组合。

● 用户 $U\_set=\{U_1\_set \cup U_2\_set \cup U_3\_set \cup U_4\_set \cup U_5\_set \cup U_6\_set\}=\{U_1 \cup U_2 \cup U_3 \cup U_4 \cup U_5 \cup U_6\}$，其中，$U\_set$ 是它们中的一个用户。

● 子用户 $U\_sub=\{U1\_sub \cup U_2\_sub \cup U_3\_sub \cup U_4\_sub \cup U_5\_sub \cup U_6\_sub\}=\{(U_{11}, U_{12}, \cdots, U_{1i}) \cup (U_{21}, U_{22}, \cdots, U_{2j}) \cup (U_{31}, U_{32}, \cdots, U_{3k}) \cup (U_{41}, U_{42}, \cdots, U_{4m}) \cup (U_{51}, U_{52}, \cdots, U_{5n}) \cup (U_{61}, U_{62}, \cdots, U_{6p})\}$，其中，$U\_sub$ 是它们中的一个子用户。

12.2 智慧应急笛卡尔三维坐标系理论表达

12.2.1 智慧应急笛卡尔三维坐标系组成描述

基于上述抽象出的智慧应急事件轴、智慧应急过程轴、智慧应急用户轴，智慧应急平台笛卡尔三维坐标系组成描述表示如下(图 12-1)。

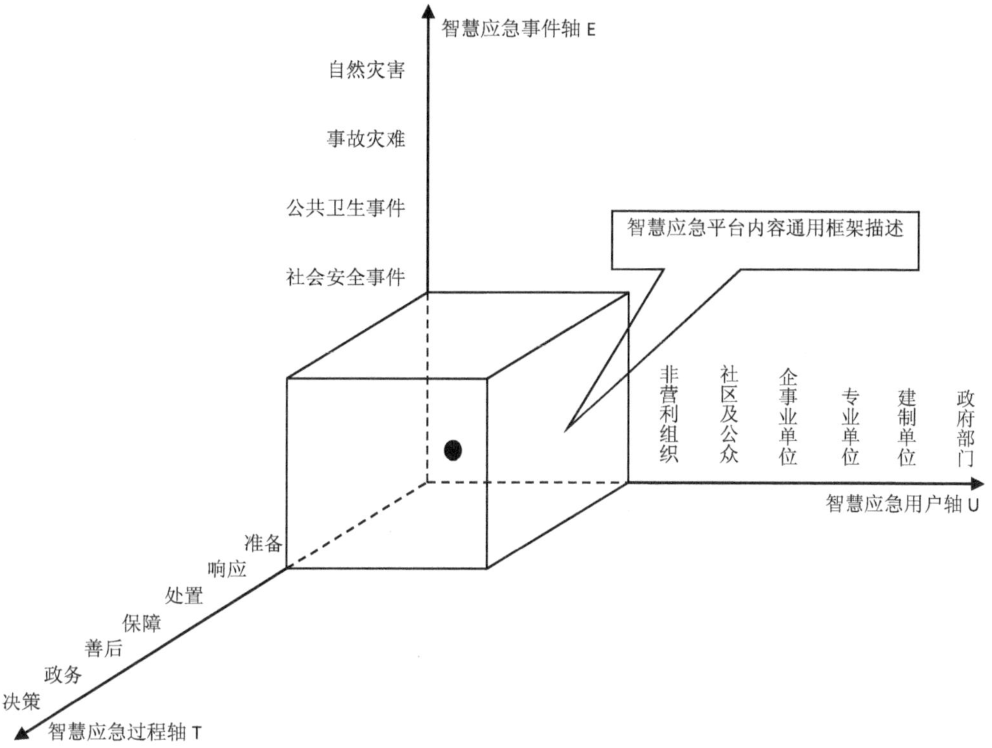

图 12-1　智慧应急平台笛卡尔三维坐标系组成描述

12.2.2　智慧应急笛卡尔三维坐标系理论数学表达式

基于上述智慧应急事件轴 Equadruple、智慧应急过程轴 Tquadruple、智慧应急用户轴 Uquadruple 等的数学表达式，经抽象得出智慧应急平台笛卡尔三维坐标系五元组数学表达式 ETU=(*E*quadruple，*T*quadruple，*U*quadruple，Cube，*R*)，其中：

(1)*E*quadruple=(*E*_all，*E*_set，*E*_sub，*W*)，代表智慧应急事件轴四元组数学模型表达。

(2)*T*quadruple=(*T*_all，*T*_set，*T*_sub，*W*)，代表智慧应急过程轴四元组数学模型表达。

(3)*U*quadruple=(*U*_all，*U*_set，*U*_sub，*W*)，代表智慧应急用户轴四元组数学模型表达。

(4)Cube=(C_1，C_2，C_3，C_4，C_5，C_6，C_7)，代表智慧应急平台内容通用框架描述。其中 C_1、C_2、C_3、C_4、C_5、C_6、C_7 分别代表应急准备过程智慧化、应急响应过程智慧化、应急处置过程智慧化、应急保障过程智慧化、应急善后过程智慧化、应急政务过程智慧化、应急决策过程智慧化等建设内容。

(5)*R*={Cube ∈(*E*quadruple，*T*quadruple，*U*quadruple)，Cube⟹(*E*quadruple，*T*quadruple，*U*quadruple)}，表示 Cube ∈ *E*quadruple、Cube ∈ *T*quadruple、Cube ∈ *U*quadruple，表示 Cube⟹*E*quadruple、Cube⟹*T*quadruple、Cube⟹*U*quadruple。

(6)*E*quadruple ⇏ *T*quadruple ⇏ *U*quadruple ⇏ Equadruple，表示智慧应急事件轴 Equadruple、智慧应急过程轴 *T*quadruple、智慧应急用户轴 *U*quadruple 相互之间不存在依赖关系。

（7）$\Rightarrow$ 代表“依赖于”，$\nRightarrow$ 代表“不依赖于”，$\in$代表“从属于”。

12.2.3 智慧应急笛卡尔三维坐标系描述对象

基于上述 ETU=(*E*quadruple，*T*quadruple，*U*quadruple，*C*ube，*R*)，得知智慧应急笛卡尔三维坐标系描述对象就是智慧应急平台通用框架内容 Cube，即 Cube 正方体的 6 个面分别代表着应急准备过程智慧化、应急响应过程智慧化、应急处置过程智慧化、应急保障过程智慧化、应急善后过程智慧化、应急政务过程智慧化，Cube 正方体的几何中心代表着应急决策过程智慧化。

第 13 章　智慧应急平台通用框架内容描述

13.1　平台种类数量计算模型

基于 ETU 得知，子事件 E_sub、子过程 T_sub、子用户 U_sub 被抽象为子对象描述，事件 E_set、过程 T_set、用户 U_set 被抽象为对象描述，全事件 E_all、全过程 T_all、全用户 U_all 被抽象为全对象描述。对上述不同种类的子对象、对象、全对象进行各种组合，得出智慧应急平台种类数量计算模型：

PlatNum={(E_all 数量∪ E_set 数量∪ E_sub 数量)*(T_all 数量∪ T_set 数量∪ T_sub 数量)*(U_all 数量∪ U_set 数量∪ U_sub 数量)}。其中，∪代表“逻辑或”。

经过下列计算可得出，第一层次、第二层次、第三层次、第四层次、第五层次、第六层次、第七层次的智慧应急平台种类总数量 PlatNum =332 478+18 216+4 554=355 248。

13.1.1　第一层次平台数量:3 个全对象组合

1)全事件和全过程与全用户组合

PlatNum={(E_all 数量)*(T_all 数量)*(U_all 数量)}，基于其中的 1 个全事件、1 个全过程、1 个全用户，可组合出平台种类数量 PlatNum=1*1*1=1 个。

因此，此类组合可计算得出平台种类数量 PlatNum=1 个。

13.1.2　第二层次平台数量:2 个全对象与对象或子对象组合

1)全事件和全过程与用户组合

PlatNum={(E_all 数量)*(T_all 数量)*(U_set 数量)}，基于其中的 1 个全事件、1 个全过程、6 个用户，可组合出平台种类数量 PlatNum=1*1*6=6 个。

2)全事件和全过程与子用户组合

PlatNum={(E_all 数量)*(T_all 数量)*(U_sub 数量)}，基于其中的 1 个全事件、1 个全过程、62 个子用户，可组合出平台种类数量 PlatNum=1*1*62=62 个。

3)全事件和过程与全用户组合

PlatNum={(E_all 数量)*(T_set 数量)*(U_all 数量)}，基于其中的 1 个全事件、7 个过程、1 个全用户，可组合出平台种类数量 PlatNum=1*7*1 个=7 个。

4)全事件和子过程与全用户组合

PlatNum={(E_all 数量)*(T_sub 数量)*(U_all 数量)}，基于其中的 1 个全事件、58 个子过程、1 个全用户，可组合出平台种类数量 PlatNum=1*58*1=58 个。

5)事件和全过程与全用户组合

PlatNum={(E_set 数量)*(T_all 数量)*(U_all 数量)}，基于其中的 4 个事件、1 个全

过程、1个全用户，可组合出平台种类数量 PlatNum=4*1*1=4个。

6）子事件和全过程与全用户组合

PlatNum={（E_sub数量）*（T_all数量）*（U_ all数量）}，基于其中的73个子事件、1个全过程、1个全用户，可组合出平台种类数量 PlatNum=73*1*1=73个。

因此，此类组合可计算得出平台种类数量 PlatNum=6+62+7+58+4+73=210个。

13.1.3 第三层次平台数量：1个全对象与对象或子对象组合

1）全事件和过程与用户组合

PlatNum={（E_all数量）*（T_set数量）*（U_ set数量）}，基于其中的1个全事件、7个过程、6个用户，可组合出平台种类数量 PlatNum=1*7*6=42个。

2）全事件和过程与子用户组合

PlatNum={（E_all数量）*（T_set数量）*（U_sub数量）}，基于其中的1个全事件、7个过程、62个子用户，可组合出平台种类数量 PlatNum=1*7*62=434个。

3）全事件和子过程与用户组合

PlatNum={（E_all数量）*（T_sub数量）*（U_set数量）}=，基于其中的1个全事件、58个子过程、6个用户，可组合出平台种类数量 PlatNum=1*58*6=348个。

4）全事件和子过程与子用户组合

PlatNum={（E_all数量）*（T_sub数量）*（U_sub数量）}，基于其中的1个全事件、58个子过程、62个子用户，可组合出平台种类数量 PlatNum =1*58*62=3 596个。

5）事件和全过程与用户组合

PlatNum={（E_set数量）*（T_ all数量）*（U_ set数量）}，基于其中的4个事件、1个全过程、6个用户，可组合出平台种类数量 PlatNum=4*1*6=24个。

6）事件和全过程与子用户组合

PlatNum={（E_set数量）*（T_ all数量）*（U_sub数量）}，基于其中的4个事件、1个全过程、62个子用户，可组合出平台种类数量 PlatNum=4*1*62=248个。

7）事件和过程与全用户组合

PlatNum={（E_set数量）*（T_set数量）*（U_ all数量）}，基于其中的4个事件、7个过程、1个全用户，可组合出平台种类数量 PlatNum=4*7*1=28个。

8）事件和子过程与全用户组合

PlatNum={（E_set数量）*（T_sub数量）*（U_ all数量）}，基于其中的4个事件、58个子过程、1个全用户，可组合出平台种类数量 PlatNum=4*58*1=232个。

9）子事件和全过程与用户组合

PlatNum={（E_sub数量）*（T_all数量）*（U_ set数量）}，基于其中的73个子事件、1个全过程、6个用户，可组合出平台种类数量 PlatNum=73*1*6=438个。

10）子事件和全过程与子用户组合

PlatNum={（E_sub数量）*（T_all数量）*（U_sub数量）}，基于其中的73个子事件、1个全过程、62个子用户，可组合出平台种类数量 PlatNum=73*1*62=4 562个。

11）子事件和过程与全用户组合

PlatNum={(E_sub 数量)*(T_set 数量)*(U_all 数量)}，基于其中的 73 个子事件、7 个过程、1 个全用户，可组合出平台种类数量 PlatNum=73*7*1=511 个。

12）子事件和子过程与全用户组合

PlatNum={(E_sub 数量)*(T_sub 数量)*(U_all 数量)}，基于其中的 73 个子事件、58 个子过程、1 个全用户，可组合出平台种类数量 PlatNum=73*58*1=4 234 个。

因此，此类组合可计算得出平台种类数量 PlatNum=42+434+348+3 596+24+248+28+232+438+4 562+511+4 234=14 697 个。

13.1.4 第四层次平台数量：3 个对象组合

事件和过程与用户组合

PlatNum={(E_set 数量)*(T_set 数量)*(U_set 数量)}，基于其中的 4 个事件、7 个过程、6 个用户，可组合出平台种类数量 PlatNum=4*7*6=168 个。

因此，此类组合可计算得出平台种类数量 PlatNum=168 个。

13.1.5 第五层次平台数量：2 个对象与子对象组合

1）事件和过程与子用户组合

PlatNum={(E_set 数量)*(T_set 数量)*(U_sub 数量)}，基于其中的 4 个事件、7 个过程、62 个子用户，可组合出平台种类数量 PlatNum=4*7*62=1 736 个。

2）事件和子过程与用户组合

PlatNum={(E_set 数量)*(T_sub 数量)*(U_set 数量)}，基于其中的 4 个事件、58 个子过程、6 个用户，可组合出平台种类数量 PlatNum=4*58*6=1 392 个。

3）子事件和过程与用户组合

PlatNum={(E_sub 数量)*(T_set 数量)*(U_set 数量)}，基于其中的 73 个子事件、7 个过程、6 个用户，可组合出平台种类数量 PlatNum=73*7*6=3 066 个。

因此，此类组合可计算得出平台种类数量 PlatNum=1 736+1 392+3 066=6 194 个。

13.1.6 第六层次平台数量：1 个对象与子对象组合

1）事件和子过程与子用户组合

PlatNum={(E_set 数量)*(T_sub 数量)*(U_sub 数量)}，基于其中的 4 个事件、58 个子过程、62 个子用户，可组合出平台种类数量 PlatNum=4*58*62=14 384 个。

2）子事件和过程与子用户组合

PlatNum={(E_sub 数量)*(T_set 数量)*(U_sub 数量)}，基于其中的 73 个子事件、7 个过程、62 个子用户，可组合出平台种类数量 PlatNum=73*7*62=31 682 个。

3）子事件和子过程与用户组合

PlatNum={(E_sub 数量)*(T_sub 数量)*(U_set 数量)}，基于其中的 73 个子事件、58 个子过程、6 个用户，可组合出平台种类数量 PlatNum=73*58*6=25 404 个。

因此，此类组合可计算得出平台种类数量 PlatNum=14 384+31 682+25 404=71 470 个。

13.1.7 第七层次平台数量:3 个子对象组合

1)子事件和子过程与子用户组合

PlatNum={(E_sub 数量)*(T_sub 数量)*(U_sub 数量)},基于其中的 73 个子事件、58 个子过程、62 个子用户,可组合出平台种类数量 PlatNum=73*58*62=262 508 个。

因此,此类组合可计算得出平台种类数量 PlatNum=262 508 个。

13.2 平台种类组合路径表达模型

基于 ETU 得知,对上述子对象、对象、全对象进行各种路径组合,得出平台种类组合路径计算模型:

PlatMath ={(E_all ∪ E_set ∪ E_sub)∩(T_all ∪ T_set ∪ T_sub)∩(U_all ∪ U_set ∪ U_sub)}。其中,∪代表“逻辑或”,∩代表“逻辑与”。

13.2.1 第一层次平台路径:3 个全对象组合

全事件和全过程与全用户组合

PlatMath={(E_all)∩(T_all)∩(U_ all)}={(E)∩(T)∩(U)},可计算得出 1 个描述此类组合路径的智慧应急平台,举例如下:

● PlatMath={$E \cap T \cap U$},代表描述“全事件 E”“全过程 T”“全用户 U”的平台。

13.2.2 第二层次平台路径:2 个全对象与对象或子对象组合

1)全事件和全过程与用户组合

PlatMath={(E_all) ∩ (T_all) ∩ (U_set)}={(E) ∩ (T) ∩ (U_1 ∪ U_2 ∪ U_3 ∪ U_4 ∪ U$_5$ ∪ U_6)},可计算得出 6 个描述此类组合路径的智慧应急平台,举例如下:

● PlatMath={$E \cap T \cap U_4$},代表描述“全事件 E”“全过程 T”“企事业单位用户 U_4”的平台。

● PlatMath={$E \cap T \cap U_1$},代表描述“全事件 E”“全过程 T”“政府部门用户 U_1”的平台。

2)全事件和全过程与子用户组合

PlatMath={(E_all)∩(T_all)∩(U_sub)}={(E)∩(T)∩((U_{11}, U_{12},⋯, U_{1i})∪(U_{21}, U_{22},⋯, U_{2j})∪(U_{31}, U_{32},⋯, U_{3k})∪(U_{41}, U_{42},⋯, U_{4m})∪(U_{51}, U_{52},⋯, U_{5n})∪(U_{61}, U_{62},⋯, U_{6p}))},可计算得出 62 个描述此类组合路径的智慧应急平台,举例如下:

● PlatMath={$E \cap T \cap U_{23}$},代表描述“全事件”“全过程 T”“公安级用户子用户 U_{23}”的平台。

● PlatMath={$E \cap T \cap U_{14}$},代表描述“全事件 E”“全过程 T”“县(区)级用户子用户 U_{14}”的平台。

3)全事件和过程与全用户组合

PlatMath={(E_all)∩(T_set)∩(U_ all)}={(E)∩(T_1 ∪ T_2 ∪ T_3 ∪ T_4 ∪ T_5 ∪ T_6 ∪

T_7)∩(U)},可计算得出 7 个描述此类组合路径的智慧应急平台,举例如下:

● PlatMath={$E \cap T_2 \cap U$},代表描述“全事件 E”“响应过程 T_2”“全用户 U”的平台。

● PlatMath={$E \cap T_5 \cap U$},代表描述“全事件 E”“善后过程 T_5”“全用户 U”的平台。

4)全事件和子过程与全用户组合

PlatMath={(E_all)∩(T_sub)∩(U_all)}={(E)∩(($T_{11},T_{12},\cdots,T_{1i}$)∪($T_{21},T_{22},\cdots,T_{2j}$)∪($T_{31},T_{32},\cdots,T_{3k}$)∪($T_{41},T_{42},\cdots,T_{4m}$)∪($T_{51},T_{52},\cdots,T_{5n}$)∪($T_{61},T_{62},\cdots,T_{6p}$)∪($T_{71},T_{72},\cdots,T_{7q}$))∩(U)},可计算得出 58 个描述此类组合路径的智慧应急平台,举例如下:

● PlatMath={$E \cap T_{33} \cap$ U},代表描述“全事件 E”“施救装备子过程 T_{33}”“全用户 U”的平台。

● PlatMath={$E \cap T_{113} \cap U$},代表描述“全事件 E”“灾害医学子过程 T_{113}”“全用户 U”的平台。

5)事件和全过程与全用户组合

PlatMath={(E_set)∩(T_ all)∩(U_ all)}={($E_1 \cup E_2 \cup E_3 \cup E_4$)∩($T$)∩($U$)},可计算得出 4 个描述此类组合路径的智慧应急平台,举例如下:

● PlatMath={$E_2 \cap T \cap U$},代表描述“事故灾难事件 E_2”“全过程 T”“全用户 U”的平台。

● PlatMath={$E_3 \cap T \cap U$},代表描述“公共卫生事件 E_3”“全过程 T”“全用户 U”的平台。

6)子事件和全过程与全用户组合

PlatMath={(E_sub)∩(T_all)∩(U_ all)}=={((($E_{11}, E_{12},\cdots, E_{1i}$)∪($E_{21}, E_{22},\cdots, E_{2j}$)∪($E_{31}, E_{32},\cdots, E_{3k}$)∪($E_{41}, E_{42},\cdots, E_{4m}$))∩(T)∩(U)},可计算得出 73 个描述此类组合路径的智慧应急平台,举例如下:

● PlatMath={$E_{110} \cap T \cap U$},代表描述“高温灾害子事件 E_{110}”“全过程 T”“全用户 U”的平台。

● PlatMath={$E_{25} \cap T \cap U$},代表描述“火灾与爆炸事故子事件 E_{25}”“全过程 T”“全用户 U”的平台。

13.2.3　第三层次平台路径:1 个全对象与对象或子对象组合

1)全事件和过程与用户组合

PlatMath={(E_all)∩(T_set)∩(U_ set)}={(E)∩($T_1 \cup T_2 \cup T_3 \cup T_4 \cup T_5 \cup T_6 \cup T_7$)∩($U_1 \cup U_2 \cup U_3 \cup U_4 \cup U_5 \cup U_6$)},可计算得出 42 个描述此类组合路径的智慧应急平台,举例如下:

● PlatMath={$E \cap T_5 \cap U_5$},代表描述“全事件 E”“善后过程 T_5”“社区及公众用户 U_5”的平台。

● PlatMath={$E \cap T_4 \cap U_4$},代表描述“全事件 E”“保障过程 T_4”“企事业单位用户 U_4”的平台。

2)全事件和过程与子用户组合

PlatMath={(E_all)∩(T_set)∩(U_sub)}={(E)∩($T_1 \cup T_2 \cup T_3 \cup T_4 \cup T_5 \cup T_6 \cup$

$T_7)\cap((U_{11}, U_{12},\cdots, U_{1i})\cup(U_{21}, U_{22},\cdots, U_{2j})\cup(U_{31}, U_{32},\cdots, U_{3k})\cup(U_{41}, U_{42},\cdots, U_{4m})\cup(U_{51}, U_{52},\cdots, U_{5p})\cup(U_{61}, U_{62},\cdots, U_{6q}))\}$，可计算得出 434 个描述此类组合路径的智慧应急平台，举例如下：

● PlatMath=$\{E\cap T_4\cap U_{12}\}$，代表描述"全事件 E""保障过程 T_4""省部级用户子用户 U_{12}"的平台。

● PlatMath=$\{E\cap T_2\cap U_{24}\}$，代表描述"全事件 E""响应过程 T_2""消防级用户子用户 U_{24}"的平台。

3)全事件和子过程与用户组合

PlatMath=$\{(E\_all)\cap(T\_sub)\cap(U\_set)\}=\{(E)\cap((T_{11}, T_{12},\cdots, T_{1i})\cup(T_{21}, T_{22},\cdots, T_{2j})\cup(T_{31}, T_{32},\cdots, T_{3k})\cup(T_{41}, T_{42},\cdots, T_{4m})\cup(T_{51}, T_{52},\cdots, T_{5n})\cup(T_{61}, T_{62},\cdots, T_{6n})\cup(T_{71}, T_{72},\cdots, T_{7n}))\cap(U_1\cup U_2\cup U_3\cup U_4\cup U_5\cup U_6)\}$，可计算得出 348 个描述此类组合路径的智慧应急平台，举例如下：

● PlatMath=$\{E\cap T_{44}\cap U_3\}$，代表描述"全事件 E""物质资源子过程 T_{44}""专业单位用户 U_3"的平台。

● PlatMath=$\{E\cap T_{15}\cap U_1\}$，代表描述"全事件 E""管理体系子过程 T_{15}""政府部门用户 U_1"的平台。

4)全事件和子过程与子用户组合

PlatMath=$\{(E\_all)\cap(T\_sub)\cap(U\_sub)\}=\{(E)\cap((T_{11}, T_{12},\cdots, T_{1i})\cup(T_{21}, T_{22},\cdots, T_{2j})\cup(T_{31}, T_{32},\cdots, T_{3k})\cup(T_{41}, T_{42},\cdots, \mathrm{T}_{4m})\cup(T_{51}, T_{52},\cdots, T_{5n})\cup(T_{61}, T_{62},\cdots, T_{6p}))\cup(T_{71}, T_{72},\cdots, T_{7q}))\cap((U_{11}, U_{12},\cdots, U_{1i})\cup(U_{21}, U_{22},\cdots, U_{2j})\cup(U_{31}, U_{32},\cdots, U_{3k})\cup(U_{41}, U_{42},\cdots, U_{4m})\cup(U_{51}, U_{52},\cdots, U_{5n})\cup(U_{61}, U_{62},\cdots, U_{6p}))\}$，可计算得出 3 596 个描述此类组合路径的智慧应急平台，举例如下：

● PlatMath=$\{E\cap T_{14}\cap U_{14}\}$，代表描述"全事件 E""预案制定子过程 T_{14}""县(区)级用户子用户 U_{14}"的平台。

● PlatMath=$\{E\cap T_{22}\cap U_{25}\}$，代表描述"全事件 E""灾害心理子过程 T_{22}""预备役级用户子用户 U_{25}"的平台。

5)事件和全过程与用户组合

PlatMath=$\{(E\_set)\cap(T\_all)\cap(U\_set)\}=\{(E_1\cup E_2\cup E_3\cup E_4)\cap(T)\cap(U_1\cup U_2\cup U_3\cup U_4\cup U_5\cup U_6)\}$，可计算得出 24 个描述此类组合路径的智慧应急平台，举例如下：

● PlatMath=$\{E_4\cap T\cap U_4\}$，代表描述"社会安全事件 E_4""全过程 T""企事业单位用户 U_4"的平台。

● PlatMath=$\{E_1\cap T\cap U_3\}$，代表描述"自然灾害事件 E_1""全过程 T""专业单位用户 $U3$"的平台。

6)事件和全过程与子用户组合

PlatMath=$\{(E\_set)\cap(T\_\ all)\cap(U\_sub)\}=\{(E_1\cup E_2\cup E_3\cup E_4)\cap(T)\cap((U_{11}, U_{12},\cdots, U_{1i})\cup(U_{21}, U_{22},\cdots, U_{2j})\cup(U_{31}, U_{32},\cdots, U_{3k})\cup(U_{41}, U_{42},\cdots, U_{4m})\cup(U_{51}, U_{52},\cdots, U_{5p})\cup(U_{61}, U_{62},\cdots, U_{6q}))\}$，可计算得出 248 个描述此类组合路径的智慧应急平台，举例

如下：

● PlatMath=$\{E_3 \cap T \cap U_{12}\}$，代表描述“公共卫生事件 E_3”“全过程 T”“省部级用户子用户 U_{12}”的平台。

● PlatMath=$\{E_1 \cap T \cap U_{32}\}$，代表描述“自然灾害事件 E_1”“全过程 T”“防汛抗旱专业子用户 U_{32}”的平台。

7)事件和过程与全用户组合

PlatMath=$\{(E\_set) \cap (T\_set) \cap (U\_all)\}=\{(E_1 \cup E_2 \cup E_3 \cup E_4) \cap (T_1 \cup T_2 \cup T_3 \cup T_4 \cup T_5 \cup T_6 \cup T_7) \cap (U)\}$，可计算得出 28 个描述此类组合路径的智慧应急平台，举例如下：

● PlatMath=$\{E_4 \cap T_5 \cap \mathrm{U}\}$，代表描述“社会安全事件 E_4”“善后过程 T_5”“全用户 U”的平台。

● PlatMath=$\{E_1 \cap T_3 \cap U\}$，代表描述“自然灾害事件 E_1”“处置过程 T_3”“全用户 U”的平台。

8)事件和子过程与全用户组合

PlatMath=$\{(E\_set) \cap (T\_sub) \cap (U\_all)\}=\{(E_1 \cup E_2 \cup E_3 \cup E_4) \cap ((T_{11}, T_{12}, \cdots, T_{1i}) \cup (T_{21}, T_{22}, \cdots, T_{2j}) \cup (T_{31}, T_{32}, \cdots, T_{3k}) \cup (T_{41}, T_{42}, \cdots, T_{4m}) \cup (T_{51}, T_{52}, \cdots, T_{5n}) \cup (T_{61}, T_{62}, \cdots, T_{6p}) \cup (T_{71}, T_{72}, \cdots, T_{7q})) \cap (U)\}$，可计算得出 232 个描述此类组合路径的智慧应急平台，举例如下：

● PlatMath=$\{E_1 \cap T_{26} \cap U\}$，代表描述“自然灾害事件 E_1”“舆情监控子过程 T_{26}”“全用户 U”的平台。

● PlatMath=$\{E_2 \cap T_{32} \cap U\}$，代表描述“事故灾难事件 E_2”“队伍施救子过程 T_{32}”“全用户 U”的平台。

9)子事件和全过程与用户组合

PlatMath=$\{(E\_sub) \cap (T\_all) \cap (U\_set)\}=\{((E_{11}, E_{12}, \cdots, E_{1i}) \cup (E_{21}, E_{22}, \cdots, E_{2j}) \cup (E_{31}, E_{32}, \cdots, E_{3k}) \cup (E_{41}, E_{42}, \cdots, E_{4m})) \cap (T) \cap (U_1 \cup U_2 \cup U_3 \cup U_4 \cup U_5 \cup U_6)\}$，可计算得出 438 个描述此类组合路径的智慧应急平台，举例如下：

● PlatMath=$\{E_{16} \cap T \cap U_2\}$，代表描述“冰雹灾害子事件 $E16$”“全过程 T”“建制单位用户 U_2”的平台。

● PlatMath=$\{E_{28} \cap T \cap U_3\}$，代表描述“工程施工事故子事件 E_{28}”“全过程 T”“专业单位用户 U_3”的平台。

10)子事件和全过程与子用户组合

PlatMath=$\{(E\_sub) \cap (T\_all) \cap (U\_sub)\}=\{((E_{11}, E_{12}, \cdots, E_{1i}) \cup (E_{21}, E_{22}, \cdots, E_{2j}) \cup (E_{31}, E_{32}, \cdots, E_{3k}) \cup (E_{41}, E_{42}, \cdots, \mathrm{E}_{4m})) \cap (T) \cap ((U_{11}, U_{12}, \cdots, U_{1i}) \cup (U_{21}, U_{22}, \cdots, U_{2j}) \cup (U_{31}, U_{32}, \cdots, U_{3k}) \cup (U_{41}, U_{42}, \cdots, U_{4m}) \cup (U_{51}, U_{52}, \cdots, U5\mathrm{n}) \cup (U_{61}, U_{62}, \cdots, U_{6p}))\}$，可计算得出 4 562 个描述此类组合路径的智慧应急平台，举例如下：

● PlatMath=$\{E_{124} \cap T \cap U_{24}\}$，代表描述“海啸灾害子事件 E_{124}”“全过程 T”“消防级用户子用户 U_{24}”的平台。

● PlatMath=$\{E_{26} \cap T \cap U_{34}\}$，代表描述“燃气与油(气)管道事故子事件 E_{26}”“全过程

T" "地质专业子用户 U_{34}"的平台。

11)子事件和过程与全用户组合

PlatMath={(E_sub) ∩ (T_set) ∩ (U_all)}={((E_{11}, E_{12},…, E_{1i}) ∪ (E_{21}, E_{22},…, E_{2j})∪(E_{31}, E_{32},…, E_{3k})∪(E_{41}, E_{42},…, E_{4m}))∩($T_1 \cup T_2 \cup T_3 \cup T_4 \cup T_5 \cup T_6 \cup T_7$)∩(U)},可计算得出 511 个描述此类组合路径的智慧应急平台,举例如下:

● PlatMath={ $E_{18} \cap T_1 \cap U$ },代表描述"低温灾害子事件 E_{18}" "准备过程 T_1" "全用户 U"的平台。

● PlatMath={ $E_{26} \cap T_2 \cap U$ },代表描述"燃气与油(气)管道事故子事件 E_{26}" "响应过程 T_2" "全用户 U"的平台。

12)子事件和子过程与全用户组合

PlatMath={(E_sub) ∩ (T_sub) ∩ (U_all)}={((E_{11}, E_{12},…, E_{1i}) ∪ (E_{21}, E_{22},…, E_{2j})∪(E_{31}, E_{32},…, E_{3k})∪(E_{41}, E_{42},…, E_{4m}))∩((T_{11}, T_{12},…, T_{1i})∪(T_{21}, T_{22},…, T_{2j})∪(T_{31}, T_{32},…, T_{3k})∪(T_{41}, T_{42},…, T_{4m})∪(T_{51}, T_{52},…, T_{5n})∪(T_{61}, T_{62},…, T_{6p})∪(T_{71}, T_{72},…, T_{7q}))∩(U)},可计算得出 4 234 个描述此类组合路径的智慧应急平台,举例如下:

● PlatMath={ $E_{33} \cap T_{32} \cap U$ },代表描述"重大食品和药品安全事件子事件 E_{33}" "灾害心理子过程 T_{32}" "全用户 U"的平台。

● PlatMath={ $E_{410} \cap T_{42} \cap U$ },代表描述"重大能源资源供给事件子事件 E_{410}" "施救技术子过程 T_{42}" "全用户 U"的平台。

13.2.4 第四层次平台路径:3 个对象组合

1)事件和过程与用户组合

PlatMath={(E_set) ∩ (T_set) ∩ (U_set)}={($E_1 \cup E_2 \cup E_3 \cup E_4$) ∩ ($T_1 \cup T_2 \cup T_3 \cup T_4 \cup T_5 \cup T_6 \cup T_7$)∩($U_1 \cup U_2 \cup U_3 \cup U_4 \cup U_5 \cup U_6$)},可计算得出 168 个描述此类组合路径的智慧应急平台,举例如下:

● PlatMath={ $E_1 \cap T_4 \cap U_6$ },代表描述"自然灾害事件 E_1" "保障过程 T_4" "非营利组织用户 U_6"的平台。

● PlatMath={ $E_2 \cap T_3 \cap U_5$ },代表描述"事故灾难事件 E_2" "处置过程 T_3" "社区及公众用户 U_5"的平台。

13.2.5 第五层次平台路径:2 个对象与子对象组合

1)事件和过程与子用户组合

PlatMath={(E_set) ∩ (T_set) ∩ (U_sub)}={($E_1 \cup E_2 \cup E_3 \cup E_4$) ∩ ($T_1 \cup T_2 \cup T_3 \cup T_4 \cup T_5 \cup T_6 \cup T_7$)∩((U_{11}, U_{12},…, U_{1i})∪(U_{21}, U_{22},…, U_{2j})∪(U_{31}, U_{32},…, U_{3k})∪(U_{41}, U_{42},…, U_{4m})∪(U_{51}, U_{52},…, U_{5n})∪(U_{61}, U_{62},…, U_{6p}))},可计算得出 1 736 个描述此类组合路径的智慧应急平台,举例如下:

● PlatMath={ $E_4 \cap T_3 \cap U_{14}$ }代表描述"社会安全事件 E_4" "处置过程 T_3" "县(区)级用户子用户 U_{14}"的平台。

● PlatMath={ $E_2 \cap T_2 \cap U_{24}$ },代表描述"事故灾难事件 E_2" "响应过程 T_2" "消防级用

户子用户 U24”的平台。

2）事件和子过程与用户组合

PlatMath={(E_set)∩(T_sub)∩(U_set)}={(E_1 ∪ E_2 ∪ E_3 ∪ E_4)∩((T_{11}, T_{12},⋯, T_{1i})∪(T_{21}, T_{22},⋯, T_{2j})∪(T_{31}, T_{32},⋯, T_{3k})∪(T_{41}, T_{42},⋯, T_{4m})∪(T_{51}, T_{52},⋯, T_{5n})∪(T_{61}, T_{62},⋯, T_{6p})∪(T_{71}, T_{72},⋯, T_{7q}))∩(U_1 ∪ U_2 ∪ U_3 ∪ U_4 ∪ U_5 ∪ U_6)}，可计算得出 1392 个不同对象组合路径智慧应急平台组合路径，举例如下：

- PlatMath={E_4 ∩ T_{58} ∩ U_6}，代表描述“社会安全事件 E_4”“体系调整子过程 T_{58}”“非营利组织用户 U_6”的平台。
- PlatMath={E_3 ∩ T_{42} ∩ U_5}，代表描述“公共卫生事件 E_3”“施救技术子过程 T_{42}”“社区及公众用户 U_5”的平台。

3）子事件和过程与用户组合

PlatMath={(E_sub) ∩ (T_set) ∩ (U_　set)}={((E_{11}, E_{12},⋯, E_{1i}) ∪ (E_{21}, E_{22},⋯, E_{2j})∪(E_{31}, E_{32},⋯, E_{3k})∪(E_{41}, E_{42},⋯, E_{4m}))∩(T_1 ∪ T_2 ∪ T_3 ∪ T_4 ∪ T_5 ∪ T_6 ∪ T_7)∩(U_1 ∪ U_2 ∪ U_3 ∪ U_4 ∪ U_5 ∪ U_6)}，可计算得出 3 066 个描述此类组合路径的智慧应急平台，举例如下：

- PlatMath={E_{111} ∩ T_1 ∩ U_2}，代表描述“沙尘暴灾害子事件 E_{111}”“准备过程 T_1”“建制单位用户 U_2”的平台。
- PlatMath={E_{29} ∩ T_2 ∩ U_1}，代表描述“人防工程事故子事件 E_{29}”“响应过程 T_2”“政府部门用户 U_1”的平台。

13.2.6　第六层次平台路径：1 个对象与子对象组合

1）事件和子过程与子用户组合

PlatMath={(E_set)∩(T_sub)∩(U_sub)}={(E_1 ∪ E_2 ∪ E_3 ∪ E_4)∩((T_{11},T_{12},⋯,T_{1i})∪(T_{21},T_{22},⋯,T_{2j})∪(T_{31},T_{32},⋯,T_{3k})∪(T_{41},T_{42},⋯,T_{4m})∪(T_{51},T_{52},⋯,T_{5n})∪(T_{61},T_{62},⋯,T_{6p})∪(T_{71},T_{72},⋯,T7q))∩((U_{11},U_{12},⋯,U_{1i})∪(U_{21},U_{22},⋯,U_{2j})∪(U_{31},U_{32},⋯,U_{3k})∪(U_{41},U_{42},⋯,U_{4m})∪(U_{51},U_{52},⋯,U_{5n})∪(U_{61},U_{62},⋯,U_{6p}))}，可计算得出 14 384 个描述此类组合路径的智慧应急平台，举例如下：

- PlatMath={E_1 ∩ T_{12} ∩ U_{13}}，代表描述“自然灾害事件 E_1”“标准规范子过程 T_{12}”“地（市）级用户子用户 U13”的平台。
- PlatMath={E_2 ∩ T_{24} ∩ U_{24}}，代表描述“事故灾难事件 E_2”“环境识别子过程 T_{24}”“消防级用户子用户 U_{24}”的平台。

2）子事件和过程与子用户组合

PlatMath={(E_sub) ∩ (T_set) ∩ (U_sub)}={((E_{11}, E_{12},⋯, E_{1i}) ∪ (E_{21}, E_{22},⋯, E_{2j})∪(E_{31}, E_{32},⋯, E_{3k})∪(E_{41}, E_{42},⋯, E_{4m}))∩(T_1 ∪ T_2 ∪ T_3 ∪ T_4 ∪ T_5 ∪ T_6 ∪ T_7)∩((U_{11},U_{12},⋯,U_{1i})∪(U_{21},U_{22},⋯,U_{2j})∪(U_{31},U_{32},⋯,U3k)∪(U_{41},U_{42},⋯,U4m)∪(U_{51},U_{52},⋯,U_{5n})∪(U_{61},U_{62},⋯,U6p))}，可计算得出 31 682 个描述此类组合路径的智慧应急平台，举例如下：

- PlatMath={E_{114} ∩ T_5 ∩ U_{23}}，代表描述“火山灾害子事件 E_{114}”“善后过程 T_5”“公安

级用户子用户 U_{23}”的平台。

● PlatMath=$\{E_{28} \cap T_2 \cap U_{14}\}$，代表描述“工程施工事故子事件 E_{28}”“处置过程 T_2”“县（区）级用户子用户 U_{14}”的平台。

3）子事件和子过程与用户组合

PlatMath=$\{(E\_sub) \cap (T\_sub) \cap (U\_set)\}=\{((E_{11}, E_{12}, \cdots, E_{1i}) \cup (E_{21}, E_{22}, \cdots, E_{2j}) \cup (E_{31}, E_{32}, \cdots, E_{3k}) \cup (E_{41}, E_{42}, \cdots, E_{4m})) \cap ((T_{11}, T_{12}, \cdots, T_{1i}) \cup (T_{21}, T_{22}, \cdots, T_{2j}) \cup (T_{31}, T_{32}, \cdots, T_{3k}) \cup (T_{41}, T_{42}, \cdots, T_{4m}) \cup (T_{51}, T_{52}, \cdots, T_{5n}) \cup (T_{61}, T_{62}, \cdots, T_{6p}) \cup (T_{71}, T_{72}, \cdots, T_{7q})) \cap (U_1 \cup U_2 \cup U_3 \cup U_4 \cup U_5 \cup U_6)\}$，可计算得出 25 404 个描述此类组合路径的智慧应急平台，举例如下：

● PlatMath=$\{E_{122} \cap T_{22} \cap U_1\}$，代表描述“海浪灾害子事件 E_{122}”“灾害心理子过程 T_{22}”“政府部门用户 U_1”的平台。

● PlatMath=$\{E_{46} \cap T_{33} \cap U_3\}$，代表描述“重大学校安全事件子事件 E_{46}”“施救装备子过程 T_{33}”“专业单位用户 U_3”的平台。

13.2.7 第七层次平台路径:3 个子对象组合

子事件和子过程与子用户组合

PlatMath=$\{(E\_sub) \cap (T\_sub) \cap (U\_sub)\}=\{((E_{11}, E_{12}, \cdots, E_{1i}) \cup (E_{21}, E_{22}, \cdots, E_{2j}) \cup (E_{31}, E_{32}, \cdots, E_{3k}) \cup (E_{41}, E_{42}, \cdots, E_{4m})) \cap ((T_{11}, T_{12}, \cdots, T_{1i}) \cup (T_{21}, T_{22}, \cdots, T_{2j}) \cup (T_{31}, T_{32}, \cdots, T_{3k}) \cup (T_{41}, T_{42}, \cdots, T_{4m}) \cup (T_{51}, T_{52}, \cdots, T_{5n}) \cup (T_{61}, T_{62}, \cdots, T_{6p}) \cup (T_{71}, T_{72}, \cdots, T_{7q})) \cap ((U_{11}, U_{12}, \cdots, U_{1i}) \cup (U_{21}, U_{22}, \cdots, U_{2j}) \cup (U_{31}, U_{32}, \cdots, U_{3k}) \cup (U_{41}, U_{42}, \cdots, U_{4m}) \cup (U_{51}, U_{52}, \cdots, U_{5n}) \cup (U_{61}, U_{62}, \cdots, U_{6p}))\}$，可计算得出 262 508 个描述此类组合路径的智慧应急平台，举例如下：

● PlatMath=$\{E_{11} \cap T_{21} \cap U_{31}\}$，代表描述“干旱灾害子事件 E_{11}”“快速反应子过程 T_{21}”“地震专业子用户 U_{31}”的平台。

● PlatMath=$\{E_{22} \cap T_{13} \cap U_{62}\}$，代表描述“交通事故子事件 E_{22}”“规章制度子过程 T_{13}”“社会公众子用户 U_{62}”的平台。

13.3 平台种类建设难易程度金字塔结构表达

13.3.1 平台建设难易程度金字塔结构

基于上述描述，355 248 个种类的智慧应急平台按建设难易程度依次排列形成七层次金字塔结构，其金字塔结构如图 13-1 所示。

塔尖种类的智慧应急平台建设难度系数最高，属于第一层次；塔底种类的智慧应急平台建设难度系数最低，属于第七层次，其他以此类推。

●第一层次平台：1 个，建设难度系数为 100。

●第二层次平台：210 个，建设难度系数为 90。

●第三层次平台：14 697 个，建设难度系数为 80。

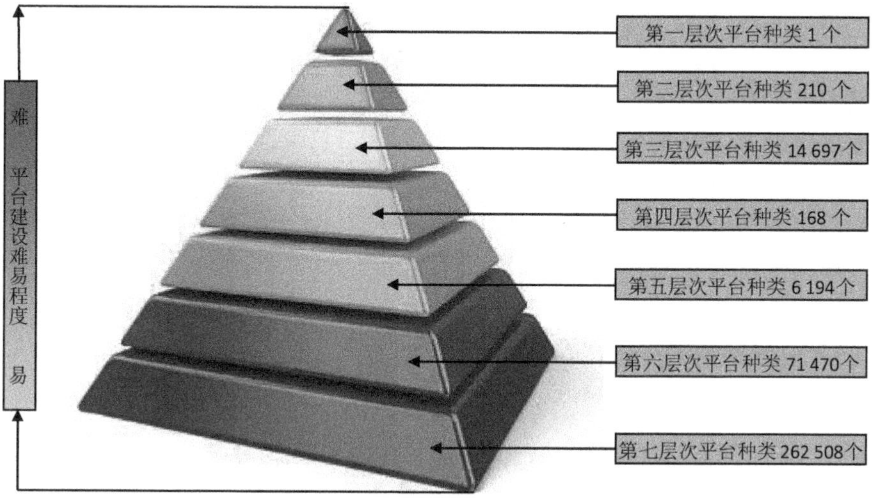

图 13-1 智慧应急平台建设难易程度七层次金字塔结构

- 第四层次平台:168 个,建设难度系数为 70。
- 第五层次平台:6 194 个,建设难度系数为 60。
- 第六层次平台:71 470 个,建设难度系数为 50。
- 第七层次平台:262 508 个,建设难度系数为 40。

13.3.2 平台建设种类数量金字塔结构

基于上述描述,355 248 个种类的智慧应急平台按建设数量程度依次排列形成七层次金字塔结构,其金字塔结构如图 13-2 所示。

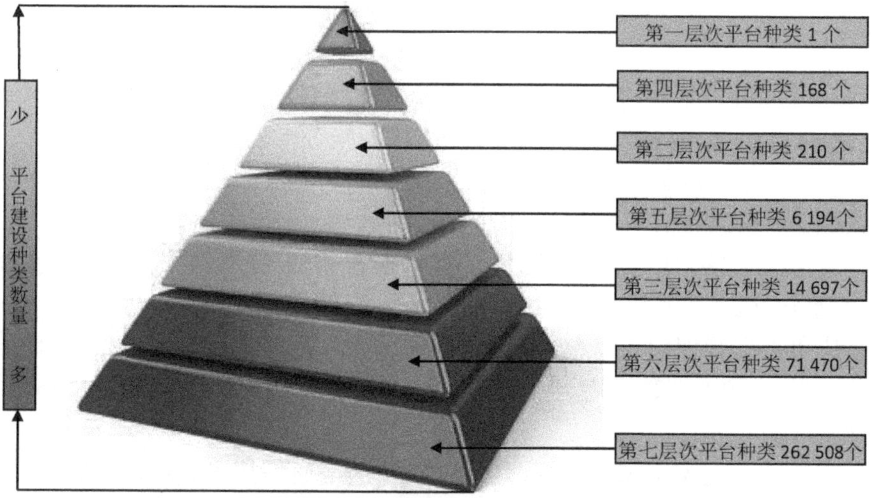

图 13-2 智慧应急平台建设数量程度七层次金字塔结构

塔尖种类的平台种类最少,属于第一层次;塔底种类的平台种类最多,属于第七层次,其它以此类推。

●第一层次平台：1 个。
●第四层次平台：168 个。
●第二层次平台：210 个。
●第五层次平台：6 194 个。
●第三层次平台：14 697 个。
●第六层次平台：71 470 个。
●第七层次平台：262 508 个。

13.4 平台内容顶层架构设计

13.4.1 平台内容顶层架构设计框架描述

基于智慧应急平台建设难易程度七层次金字塔结构，属于塔尖的第一层次智慧应急平台是面向全事件、全过程、全用户构建的，只有 1 个种类，建设难度系数最大，其建设内容是个全集，覆盖金字塔结构中所有其他层次种类的智慧应急平台，对第一层次智慧应急平台进行顶层架构设计，就可覆盖所有其他层次智慧应急平台架构。因此，只需对第一层次智慧应急平台进行顶层架构设计即可。经抽象和设计，针对自然灾害事件、事故灾难事件、公共卫生事件、社会安全事件，面向政府部门用户、建制单位用户、专业单位用户、企事业单位用户、社区及公众用户、非营利组织用户的第一层次智慧应急平台顶层架构如下（图 13-3）。

13.4.2 平台内容顶层架构设计组成描述

第一层次智慧应急平台顶层架构设计可概括为：“十大系统层”“六大对外接口”“五大运维体系”。

1）十大系统层

●智慧应急基础设施层 S_1。包括计算机设施、存储设施、输入设施、输出设施、软件设施、网络设施、通信设施、容错设施、安全设施、机房设施等十大基础设施。

●智慧应急网络通信层 S_2。包括互联网、有线通信网、无线通信网、移动通信网、政务通信网、卫星通信网、紧急通信网等七大网络通信。

●智慧应急接入感知层 S_3。包括社交感知、群智感知、视频感知、传感器感知、车（船）载感知、航空感知、航天感知等七大接入感知。

●智慧应急数据管理层 S_4。包括地理空间数据库、地理实体数据库、地名地址数据库、四大基础数据库、多源专业数据库、应急感知数据库、多源应急数据库、应急实体数据库等八大数据管理。

●智慧应急技术支撑层 S_5。包括微服务技术、网络通信技术、接入感知技术、云计算技术、物联网技术、大数据技术、地理信息技术、移动测量技术、人工智能技术、数据挖掘技术、决策支持技术、VR/AR/MR 技术等十二大技术支撑。

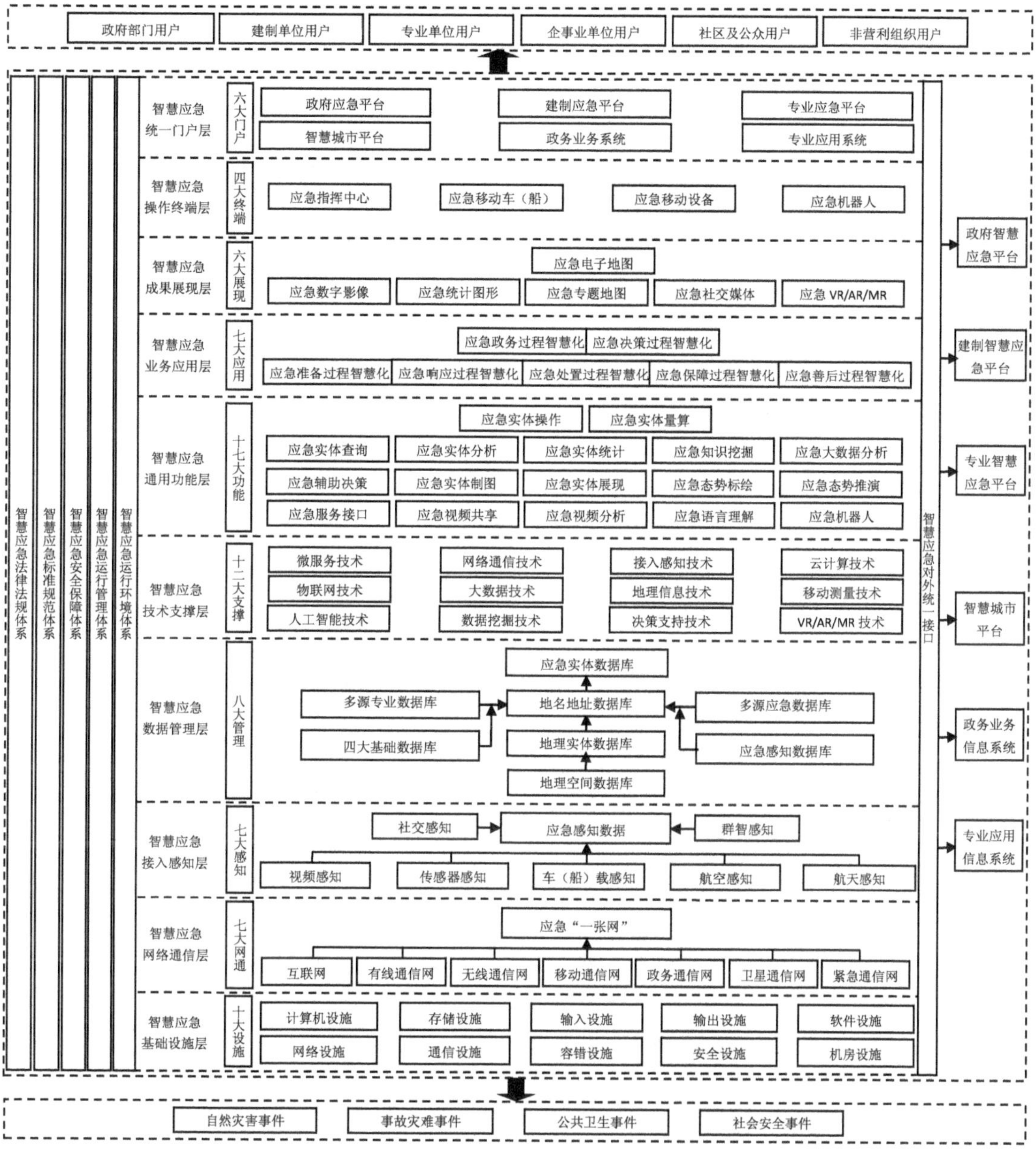

图 13-3　第一层次智慧应急平台顶层架构设计

●智慧应急通用功能层 S_6。包括应急实体操作、应急实体量算、应急实体查询、应急实体分析、应急实体统计、应急知识挖掘、应急大数据分析、应急辅助决策、应急实体制图、应急实体展现、应急态势标绘、应急态势推演、应急服务接口、应急视频共享、应急视频分析、应急语言理解、应急机器人等十七大通用功能。

●智慧应急业务应用层 S_7。包括应急准备过程智慧化、应急响应过程智慧化、应急处置过程智慧化、应急保障过程智慧化、应急善后过程智慧化、应急政务过程智慧化、应急决策过程智慧化等七大业务应用。

●智慧应急成果展现层 S_8。包括应急电子地图、应急数字影像、应急统计图形、应急专题地图、应急社交媒体、应急 VR/AR/MR 等六类成果展现。

●智慧应急操作终端层 S_9。包括应急指挥中心、应急移动车（船）、应急移动设备、应急机器人等四大操作终端。

●智慧应急统一门户层 S_{10}。包括政府应急平台、建制应急平台、专业应急平台、智慧城市平台、政务业务系统、专业应用系统户等六大统一门户。

2）六大对外接口

●与政府智慧应急平台接口 SS_1。实现本级智慧应急平台与国家级、省级、市级、县级智慧应急平台接口。

●与建制智慧应急平台接口 SS_2。实现本级智慧应急平台与建制单位（军队、武警、公安、消防、预备役等）智慧应急平台接口。

●与专业智慧应急平台接口 SS_3。实现本级智慧应急平台与各专业单位智慧应急平台接口。

●与智慧城市平台接口 SS_4。实现本级智慧应急平台与各智慧城市平台接口。

●与政务业务信息系统接口 SS_5。实现本级智慧应急平台与各政务业务信息系统接口。

●与专业应用信息系统接口 SS_6。实现本级智慧应急平台与各专业应用信息系统接口。

（3）五大运维体系

●智慧应急法律法规体系 SSS_1。包括国家宪法、应急管理法律、应急管理法规、应急管理规章等。

●智慧应急标准规范体系 SSS_2。包括基础设施标准、网络通信标准、接入感知标准、数据管理标准、技术支撑标准、通用功能标准、业务应用标准、成果展现标准、终端操作标准、服务用户标准、统一门户标准、对外接口标准、安全保障标准、运维管理标准等。

●智慧应急安全保障体系 SSS_3。包括物理安全、主机安全、网络安全、数据安全、应用安全、安全管理措施等。

●智慧应急运行管理体系 SSS_4。包括组织机构管理、风险控制管理、质量控制管理、运维工作管理等。

●智慧应急运行环境体系 SSS_5。包括硬件环境设计、软件环境设计、网通环境设计、安全环境设计、机房环境设计、运行环境设计等。

上述具体内容描述详见《智慧应急原理与方法》（邹逸江著，浙江大学出版社，2023 年 11 月）。

13.4.3 平台内容顶层架构设计理论数学表达式

基于上述智慧应急平台顶层架构设计描述，经抽象得出智慧应急平台内容顶层架构设计 Pquadruple 四元组数学表达式：Pquadruple=（P,PP,PPP,W），其中：

（1）$P=\{P_1,P_2,\cdots,P_i\}$，P 由系统层 P_i 集合组成，P_i 为 P 中的一个系统层。

（2）$PP=\{PP_1, PP_2,\cdots, PP_j\}$，$PP$ 由对外接口 PP_j 集合组成，PP_j 为 PP 中的一个对外接口。

（3）$PPP=\{PPP_1, PPP_2,\cdots, PPP_k\}$，$PPP$ 由运维体系 PPP_k 集合组成，PPP_k 为 PPP 中的

一个运维体系。

（4）$W=\{(PPP \in PP \in P),(PP \Rightarrow P \Rightarrow PPP)\}$，$PPP \in PP$ 表示运维体系 PPP_k 从属于对外接口 PP_j，$PP \in P$ 表示对外接口 PP_j 从属于系统层 P_i；$PP \Rightarrow P$ 表示对外接口 PP_j 依赖于系统层 P_i，$P \Rightarrow PPP$ 表示系统层 P_i 依赖于运维体系 PPP_k。

（5）i、j、k 都为 1~ ∞ 的正整数，$\Rightarrow$ 代表“依赖于”，$\in$ 代表“从属”。

13.5　平台业务应用通用框架设计

无论是上述那种组合，355 248 个种类的智慧应急平台都是围绕最核心的应急业务应用展开的，其应急业务应用通用框架表达都是相同的，即描述 Cube 中的应急准备过程 T_1 智慧化、应急响应过程 T_2 智慧化、应急处置过程 T_3 智慧化、应急保障过程 T_4 智慧化、应急善后过程 T_5 智慧化、应急政务过程 T_6 智慧化、应急决策过程 T_7 智慧化等内容，其中应急政务过程 T_6 智慧化、应急决策过程 T_7 智慧化则是凌驾于其他 5 个过程智慧化之上的。因此，智慧应急平台业务应用通用框架表达如下（图 13-4）。

13.5.1　应急准备过程智慧化

基于上述智慧应急平台顶层架构设计，得知应急准备过程智慧化是平台顶层架构设计智慧应急业务应用层中的一个，内容包括：

应急准备过程智慧化=（法律法规信息系统，标准规范信息系统，规章制度信息系统，预案制定信息系统，管理体系信息系统，组织机构信息系统，运行机制信息系统，监测预警信息系统，培训演练信息系统，宣传教育信息系统，行为素养信息系统，教育科技信息系统，灾害医学信息系统，灾害产业信息系统）。

上述具体内容描述详见《智慧应急原理与方法》（邹逸江著，浙江大学出版社，2023 年 11 月）。

13.5.2　应急响应过程智慧化

基于上述智慧应急平台顶层架构设计，得知应急响应过程智慧化是平台顶层架构设计智慧应急业务应用层中的一个，内容包括：

应急响应过程智慧化=（快速反应信息系统，心理干预系统，灾害识别信息系统，环境识别信息系统，社会动员信息系统，舆情监控信息系统）。

上述具体内容描述详见《智慧应急原理与方法》（邹逸江著，浙江大学出版社，2023 年 11 月）。

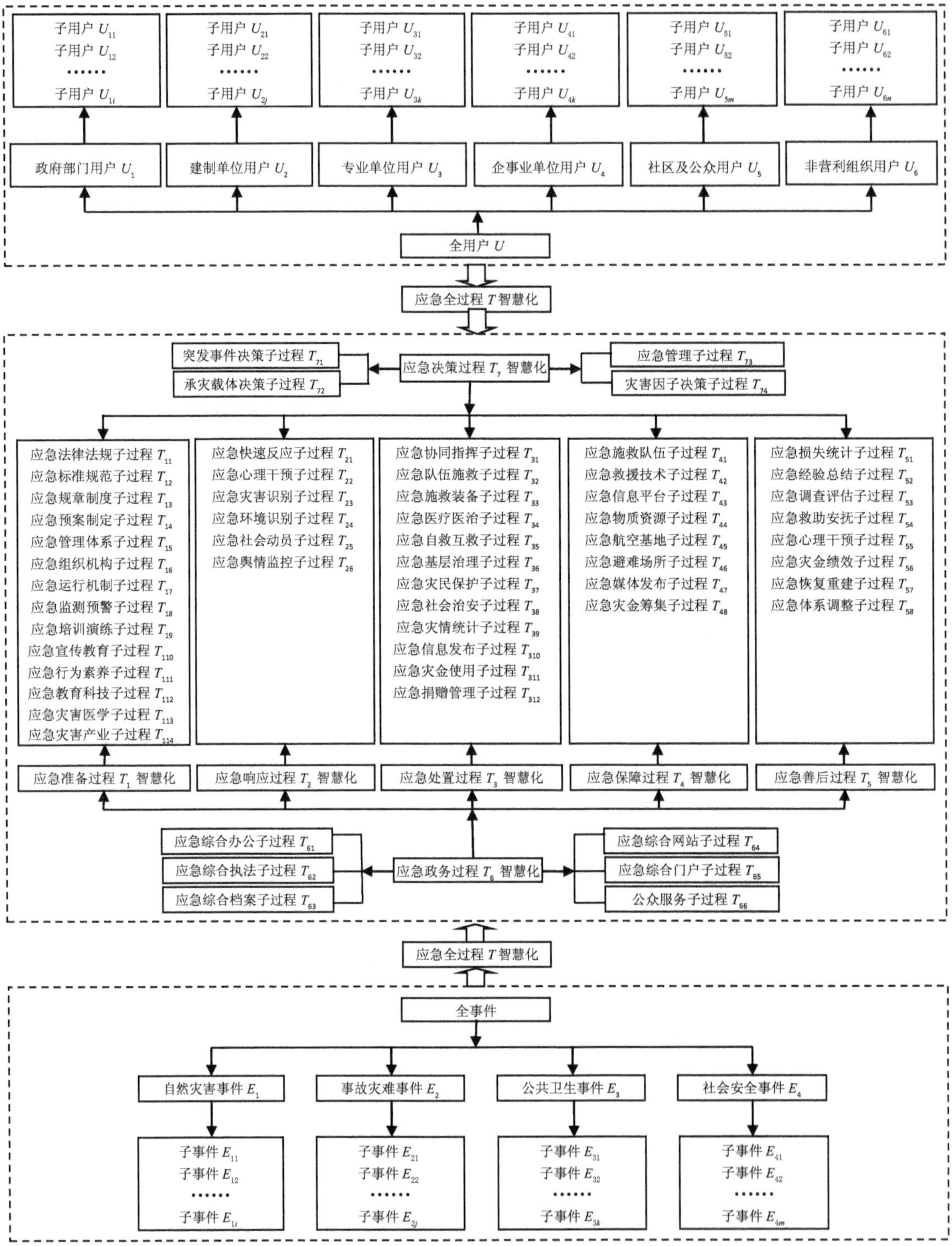

图 13-4 智慧应急平台业务应用内容通用框架

13.5.3 应急处置过程智慧化

基于上述智慧应急平台顶层架构设计，得知应急处置过程智慧化是平台顶层架构设计智慧应急业务应用层中的一个，内容包括：

应急处置过程智慧化=(协同指挥系统、队伍施救系统、施救装备系统、医疗医治系统，自救互救信息系统，基层治理信息系统，灾民保护信息系统，社会治安信息系统，灾情统计信息系统，信息发布信息系统，灾金使用信息系统，捐赠管理信息系统)。

上述具体内容描述详见《智慧应急原理与方法》(邹逸江著，浙江大学出版社，2023 年 11 月)。

13.5.4 应急保障过程智慧化

基于上述智慧应急平台顶层架构设计，得知应急保障过程智慧化是平台顶层架构设计智慧应急业务应用层中的一个，内容包括：

应急保障过程智慧化=(施救队伍信息系统，救援技术信息系统，信息平台信息系统，物质资源信息系统，航空基地信息系统，避难场所信息系统，媒体发布信息系统，灾金筹集信息系统)。

上述具体内容描述详见《智慧应急原理与方法》(邹逸江著，浙江大学出版社，2023 年 11 月)。

13.5.5 应急善后过程智慧化

基于上述智慧应急平台顶层架构设计，得知应急善后过程智慧化是平台顶层架构设计智慧应急业务应用层中的一个，内容包括：

应急善后过程智慧化=(损失统计信息系统，经验总结信息系统，调查评估信息系统，救助安抚信息系统，心理干预信息系统，灾金绩效信息系统，恢复重建信息系统，体系调整信息系统)。

上述具体内容描述详见《智慧应急原理与方法》(邹逸江著，浙江大学出版社，2023 年 11 月)。

13.5.6 应急政务过程智慧化

基于上述智慧应急平台顶层架构设计，得知应急政务过程智慧化是平台顶层架构设计智慧应急业务应用层中的一个，内容包括：

应急政务过程智慧化=(综合办公信息系统，综合执法信息系统，综合档案信息系统，综合网站信息系统，综合门户信息系统，公众服务信息系统)。

上述具体内容描述详见《智慧应急原理与方法》(邹逸江著，浙江大学出版社，2023 年 11 月)。

13.5.7 应急决策过程智慧化

基于上述智慧应急平台顶层架构设计，得知应急决策过程智慧化是平台顶层架构设计智慧应急业务应用层中的一个，内容包括：

应急决策过程智慧化=(突发事件决策信息系统，承灾载体决策信息系统，应急管理决策信息系统，灾害因子决策信息系统)。

上述具体内容描述详见《智慧应急原理与方法》(邹逸江著，浙江大学出版社，2023 年 11 月)。

参考文献

[1] 邹逸江. 综合应急救援能力提升理论架构描述及技术实现途径[M]. 杭州:浙江大学出版社,2022.

[2] 邹逸江. 智慧应急原理与方法[M]. 杭州:浙江大学出版社,2023.

[3] 邹逸江,孔家辉,斯港杰. 综合应急救援能力描述理论架构及提升内容研究[J]. 灾害学,2021,36(2):145-150.

[4] 邹逸江,孔家辉,斯港杰. 综合应急救援能力提升评价和专题统计地图表达[J]. 灾害学,2022,37(2):167-173,181.

[5] 邹逸江,斯港杰. 基于评价成绩的综合应急救援能力提升内容溯源修改[J]. 灾害学,2022,37(3):162-166.

[6] 邹逸江,孔佳辉,斯港杰. 综合应急救援能力评价指标体系架构及内容表示研究[J]. 中国应急救援,2021(1):18-22.

[7] 史睿仕·赖文,康馨尹.UN-SPIDER 联合国外空司灾害管理与应急反应天基信息平台[J]. 中国减灾,2015(17):31.

[8] 王阳,沈军军,江震. 美国公共卫生信息学框架在公共卫生应急准备中的作用分析及启示[J]. 竞争情报,2020,16(6):7-15.

[9] 姚国章,丁玉洁. 美国国家集成干旱信息系统的发展及启示[J]. 电子政务, 2010(8):104-112.

[10] 李国辉. 美国国内火灾事件报告系统[J]. 消防科学与技术,2019,38(5):606.

[11] 李晓北. 美国紧急预警系统运行特点及与我国应急广播系统的比较研究[J]. 中国应急管理,2016(9):79-82.

[12] 徐富海. 美国灾害管理信息化建设探索[J]. 中国减灾,2013(17):56-57.

[13] 李晓北. 美国紧急预警系统运行特点及与我国应急广播系统的比较研究[J]. 中国应急管理,2016(9):79-82.

[14] 李恒吉. 美日合作利用大数据来应对灾害管理[J]. 地球科学进展,2015,30(4):476.

[15] 吴大明. 加拿大应急管理战略规划分析研究与启示[J]. 安全,2019,40(8):17-21,27.

[16] 李艳艳. 德国灾害管理系统[J]. 消防科学与技术,2013,32(6):684.

[17] 胡斌. 澳大利亚发布灾害管理数字化技术与服务报告[J]. 创新科技,2013(1):51.

[18] 闫恩辉,龙海云. 日本地震灾害评估信息系统概述[J]. 地震科学进展, 2020, 50(4):28-33.

[19] 雷紫雯. 日本突发公共卫生事件中的信息管理及沟通机制[J]. 传媒,2021(7):79-82.

[20] 钟开斌. 日本灾害监测预警的做法与启示[J]. 行政管理改革,2011(5):39-43.

[21] 姚乐野,胡康林.2000—2016 年国外突发事件的应急信息管理研究进展[J]. 图书情报工作,2016,60(23):6-15.

[22] 周利敏. 灾害管理:国际前沿及理论综述[J]. 云南社会科学,2018(5):17-26,185.
[23] 丁琦,博庆贺. 应急管理体系信息化建设的国际经验[J]. 中国电信业,2020(2):73-76.
[24] 程芳芳. 中美应急管理体系与科技支撑的现况及比较研究[D]. 广州:暨南大学,2011.
[25] 赵飞,傅承主,娇涌本,等. 国内外突发公共卫生事件应急指挥系统建设研究[J]. 中国卫生信息管理杂志,2012(2):25-29,61.
[26] 柴会明,陈兰杰. 国内外突发事件中公众应急信息行为研究述评[J]. 图书馆学研究,2020(1):7-15.
[27] 夏倩倩. 国内外应急管理信息共享研究现状与趋势分析[J]. 科技创业月刊,2018(1):150-154.
[28] 姚克勤,都率,孟月莉,等. 部分国家突发事件应急信息管理建设经验与启示[J]. 医学信息学杂志,2022(2):18-22.
[29] 王蒙. 国外应急决策信息平台建设的典型模式及其对我国的启示[J]. 办公室业务,2017(21):45.
[30] 张海波. 中国第四代应急管理体系:逻辑与框架[J]. 中国行政管理,2022(4):112-122.
[31] 袁维海. 我国应急信息系统及其管理架构[J]. 安徽行政学院学报,2011(4):32-38.
[32] 周清华. 我国突发公共事件应急信息系统建设[J]. 科技创业月刊,2013(2):74-75,78.
[33] 袁宏永. 我国应急管理信息化技术平台发展的研究与实践[J]. 人民论坛,2020(33):27.
[34] 张海波,戴新宇,钱德沛,等. 新一代信息技术赋能应急管理现代化的战略分析[J]. 中国科学院院刊,2022(12):1 727-1 737.
[35] 于强. 智慧应急管理信息系统建设分析[J]. 科技创新与生产力,2017(8):7-10.
[36] 伊长新. 智慧应急系统的研究及应用[J]. 科技创新与应用,2021(7):172-174.
[37] 马宝成. 中国特色大国应急管理体系的显著特色与独特优势[J]. 中国党政干部论坛,2021(7):70-74.
[38] 杨海波. 关于我国当前应急管理部门信息化建设的思考[J]. 中华建设,2018(12):74-75.
[39] 陈翔,许云林,戴超,等. 公众应急信息发布系统应用现状研究[J]. 中国无线电,2014(12):32-37.
[40] 秦智超. 基层应急管理信息化现状及对策[J]. 中国应急救援,2020(5):21-27.
[41] 陈翔,许云林,戴超,等. 公众应急信息发布系统应用现状研究[J]. 中国无线电,2014(12):32-37.
[42] 沈慧. 基于智慧城市建设下智慧应急管理制约因素及发展对策初探[J]. 中国新通信,2018(19):49-50.
[43] 刘晓云. 基于智慧城市视角的智慧应急管理系统研究[J]. 中国科技论坛,2013(12):123-128.
[44] 陶振. 迈向智慧应急:组织愿景、运作过程与发展路径[J]. 广西社会科学,2022(6):120-129.
[45] 刘唤宇. 从传统治理到现代"智"理—— "智慧应急"试点建设情况综述(上)[J]. 吉林劳动保护,2022(3):36-38.

[46] 常健."智慧应急"的应用与发展[J]. 中国应急管理,2018(6):44-45.
[47] 赵中超."智慧应急"推动应急管理跨越式发展[J]. 奋斗,2022(22):62-64.
[48] 陈硕. 超大型城市智慧应急的发展路径研究——基于深圳实践的观察[J]. 中国应急管理,2023(11):74-77.
[49] 应急管理部信息研究院"大安全大应急框架研究"课题组. 对大安全大应急框架的思考研究[J]. 中国安全生产,2023(1):34-37.
[50] 闪淳昌. 建立新时代大安全大应急框架的思考[J]. 劳动保护,2023(9):21-23,5.
[51] 闪淳昌. 建立新时代大安全大应急框架 完善公共安全体系[J]. 中国减灾,2023(1):14-17.
[52] 马小飞. 建立大安全大应急框架的几点思考[J]. 中国应急救援,2023(5):4-8.
[53] 李雪峰. 建立大安全大应急框架的实践路径探析[J]. 中国应急管理,2023(11):56-59.
[54] 罗云. 试论大安全大应急框架下的安全与应急科学治理[J]. 中国应急管理科学,2023(4):13-25.
[55] 王宏伟. 在大安全框架下完善中国特色应急管理体系[J]. 中国安全生产,2022(12):32-33.
[56] 赵正宏. 基于大安全大应急框架的应急管理方略探索[J]. 劳动保护,2023(5):44-46.
[57] 王宏伟. 总体国家安全观下的公共安全与应急管理[J]. 社会治理,2015(4):51-60.
[58] 刘奕,张宇栋,张辉,等. 面向 2035 年的灾害事故智慧应急科技发展战略研究[J]. 中国工程科学,2021(4):117-125.
[59] 彭凌,谭彦秋,许文浩,等. 应急管理信息化"五大主攻方向"探索与研究[J]. 中国应急管理科学,2021(4):75-82.
[60] 陈桂龙. 中国智慧城市迈入 3.0+时代[J]. 中国建设信息化,2023(3):60-61.
[61] 温志强,李永俊. 加快我国智慧应急产业发展的对策建议[J]. 改革与开放,2019(11):22-24.
[62] 陈安. 现代应急管理:理论体系与应用实践[J]. 安全,2019(6):1-14,88.
[63] 王伯辰. 新兴科技在应急管理领域的应用与展望[J]. 城市与减灾,2020(1):42-45.
[64] 张鑫. 智慧赋能应急管理决策的范式转变与使能创新[J]. 江苏社会科学,2021(5):55-62.
[65] 周利敏,罗运泽. 数智赋能:智慧城市时代的应急管理[J]. 理论探讨,2023(2):69-78.
[66] 周利敏,邓安琪. 数字平台赋能下的应急管理创新[J]. 贵州社会科学,2023(6):91-99.
[67] 南京东大智能化系统有限公司. 智慧应急安全大脑综合管理平台[J]. 自动化博览,2022(9):46-49.
[68] 滕五晓. 智慧应急的机遇与挑战[J]. 张江科技评论,2021(3):28-30.
[69] 闫绪娴,刘杨,王俊丽,等. 智慧应急赋能城市减灾:本土建构、现实困境与提升路径[J]. 灾害学,2024(2):201-207.
[70] 李瑞昌. 技术赋能城市综合应急管理的路径[J]. 求索,2021(3):118-125.
[71] 李耀庭,杨西龙,李绍斌. 军民融合应急物流信息平台建设[J]. 军事交通学院学报,2017(4):53-56.

[72] 王通海. 理清信息化建设的内在逻辑 实现“主动应急”与“智慧应急”目标[J]. 中国应急管理,2019(7):44-45.
[73] 杨佳,丁宗广. 应急管理科技支撑研究综述[J]. 中国应急管理科学,2021(1):63-75.
[74] 许志峰,王真震,万晓峰,等. 应急管理领域新一代信息技术应用研究[J]. 智能城市,2023(9):68-71.
[75] 彭凌,谭彦秋,许文浩,等. 应急管理信息化“五大主攻方向”探索与研究[J]. 中国应急管理科学,2021(4):75-82.
[76] 林炜炜,王庆燕. 应急管理与科技创新协同发展研究[J]. 中国应急管理,2019(3):44-46.
[77] 王梅娟,马建炜. 应急管理中的信息技术及研究趋势分析[J]. 现代信息科技,2023(13):117-121.
[78] 黄宏纯. 应急管理科技支撑体系研究[D]. 武汉:武汉理工大学,2014.
[79] 彭凌,许文浩,苏耀墀,等.“新基建”与智慧应急[J]. 中国应急管理科学,2020(9):39-47.
[80] 赵一归. 应急管理的若干理论视角及启示[J]. 中国应急管理,2021(8):38-39.
[81] 王燕青,陈红. 应急管理理论与实践演进:困局与展望[J]. 管理评论,2022(5):290-303.
[82] 周利敏,罗运泽. 数字时代应急管理的理论基础与实践图景[J]. 广州大学学报(社会科学版),2023(6):51-60.
[83] 罗通元. 应急科学的基础理论研究进路[J]. 灾害学,2023(3):198-204,211.
[84] 童星. 应急管理研究的理论模型构建方法[J]. 阅江学刊,2023(1):28-41,171-172.
[85] 张海波. 中国应急管理的适应性:理论内涵与生成机理[J]. 理论与改革,2022(4):99-113,167.
[86] 王志秋. 应急管理理论体系构建探析[J]. 中国应急救援,2021(6):4-9.
[87] 杨青. 基于“五维整合”框架的国家应急预案体系架构研究[J]. 中国应急管理科学,2021(2):4-13.
[88] 刘梦园. 现代应急管理体系构建研究[J]. 内蒙古科技与经济,2023(13):36-40.
[89] 王宏伟. 在大安全框架下完善中国特色应急管理体系[J]. 中国安全生产,2022(12):32-33.
[90] 杨灵芝. 智慧城市应急管理体系研究[J]. 经济研究导刊,2022(23):147-149.
[91] 范春竹,韩毅. 学科交叉研究的可持续发展识别——以应急管理领域为例[J]. 情报资料工作,2022(6):30-37.
[92] 焦建彬,王海燕,詹伟. 应急管理 2.0:基于数字化及多学科交叉融合的智慧应急管理[J]. 工程研究——跨学科视野中的工程,2022(1):40-47.
[93] 王志秋. 应急管理的跨学科借鉴[J]. 中国应急管理,2020(5):40-41.
[94] 张文春. 应急管理学科建设的几点思考[J]中国安全生产,2020(7):22-24.
[95] 王雷,丁肇炜,王欣,等. 应急警务的内涵、学科认识与专业建设[J]. 现代商贸工业,2018(5):165-167.
[96] 唐彦东,于汐. 灾害经济学研究综述[J]. 灾害学,2013(1):117-120,145.

[97] 王子平. 灾害社会学研究的哲学领悟[J]. 华北理工大学学报(社会科学版)，2019(4)：5-9.
[98] 庞有智. 灾害地理学课程教学改革探讨[J]. 科教文汇(上旬刊)，2018(22)：74-75，90.
[99] 孙福胜. 我国突发事件应急预案体系的形成与发展[J]. 湖南安全与防灾，2023(6)：50-52.
[100] 杨健. 我国突发公共卫生事件应急预案体系的发展、现状与完善[J]. 中国卫生法制，2023(3)：95-99.
[101] 张志鹏，刘柏，史建虎. 应急预案体系现状及优化提升[J]. 中国应急管理，2020(7)：28-29.
[102] 刘铁民. 新时代应急管理体系建设现状与展望[J]. 中国消防，2019(3)：9-12.
[103] 曹海峰. 新时期国家应急预案体系再定位与系统重构[J]. 国家行政学院学报，2018(6)：68-72，188-189.
[104] 卢文刚，舒迪远. 基于突发公共事件生命周期理论视角的城市公交应急管理研究——以广州"7·15"公交纵火案为例[J]. 广州大学学报(社会科学版)，2016(4)：19-27.
[105] 尹念红. 面向突发公共事件生命周期的应急决策研究[D]. 成都：西南交通大学，2017.
[106] 段汉明. 钱学森复杂巨系统理论与城市系统的复杂性[J]. 钱学森研究，2016(2)：58-68.
[107] 钱洪伟，郭晶，李甜甜. 复杂适应系统理论视角下我国应急科技系统发展研究[J]. 科技进步与对策，2022(17)：19-29.
[108] 彭金梅. 基于复杂系统理论的突发公共事件应急管理研究评述[J]. 价值工程，2013(32)：140-142.
[109] 于博. 复杂性科学视角下的重大突发公共事件综合应急管理体系研究[J]. 青海科技，2020(3)：20-24.
[110] 王刚桥，刘奕，杨盼，等. 面向突发公共事件的复杂系统应急决策方法研究[J]. 系统工程理论与实践，2015(10)：2 449-2 458.
[111] 韩田田. 基于复杂系统的应急管理协调研究[D]. 吉林：吉林大学，2012.
[112] 郭跃. 灾害范式及其历史演进[J]. 地理科学，2016(6)：935-942.
[113] 张鑫. 智慧赋能应急管理决策的范式转变与使能创新[J]. 江苏社会科学，2021(5)：55-62.
[114] 杨旎. 大数据时代利益相关者理论视角下突发公共事件的研究范式与治理模式[J]. 青海民族研究，2017(3)：55-59.
[115] 佘廉，张美莲. 突发公共事件应急指挥系统研究范式——一个概念框架[J]. 中国社会公共安全研究报告，2016(1)：17-30.
[116] 肖花，刘春年，尹小莉. 应急资源信息建模与数据建模：方法与范式[J]. 图书馆学研究，2015(2)：54-59.
[117] 闪淳昌. 强化应急管理能力系统工程建设[J]. 紫光阁，2014(8)：79-80.
[118] 杨列勋，余乐安，汤铃. 系统工程与非常规突发公共事件应急管理专辑序言[J]. 系统

工程理论与实践,2015(3):1-4.

[119] 赵宇,周海兵. 系统科学视域下非常规突发公共事件内涵、特征与分类研究[J]. 领导科学,2013(17):16-19.

[120] 陈海燕. 笛卡尔和直角坐标系[J]. 初中生世界,2015(6):45.

[121] 陈硕. 超大型城市智慧应急的发展路径研究——基于深圳实践的观察[J]. 中国应急管理,2023(11):74-77.

[122] 范维澄,霍红,杨列勋,等."非常规突发事件应急管理研究" 重大研究计划结题综述[J]. 中国科学基金,2018(3): 297-305.